ŒUVRES COMPLÈTES
DE
EUGÈNE SCRIBE

DE L'ACADÉMIE FRANÇAISE

OPÉRAS

COMIQUES

LE FIDÈLE BERGER

MARGUERITE — LA FIGURANTE

RÉGINE

PARIS

E. DENTU, LIBRAIRE-ÉDITEUR

PALAIS-ROYAL, 17-19, GALERIE D'ORLÉANS.

1879

Paris.-Imp. PAUL DUPONT, 41, rue Jean-Jacques-Rousseau. — (892 10-78.)

ŒUVRES COMPLÈTES

DE

EUGÈNE SCRIBE

DE L'ACADÉMIE FRANÇAISE

RÉSERVE DE TOUS DROITS

DE PROPRIÉTÉ LITTÉRAIRE

En France et à l'Étranger.

LE
FIDÈLE BERGER

OPÉRA-COMIQUE EN TROIS ACTES

En société avec M. de Saint-Georges

MUSIQUE DE A. ADAM.

Théâtre de l'Opéra-Comique. — 11 Janvier 1838.

PERSONNAGES.	ACTEURS.
ISIDORE COQUEREL, confiseur, rue des Lombards, à l'enseigne du *Fidèle Berger*. . . . . . MM.	Chollet.
LE COMTE DE COASLIN.	Tilly.
SERREFORT, exempt de police.	Grignon.
DUBOIS, valet de chambre du comte	Deslandes.
GERMAIN, domestique de la comtesse	Provost.
Mme BERGAMOTTE, parfumeuse, voisine d'Isidore Coquerel. . . . . Mmes	Boulanger.
ANGÉLIQUE, sa fille.	Jenny Colon.
LA COMTESSE DE COASLIN	Rossi.
TOINON, demoiselle de boutique de Coquerel . .	—

Poissardes. — Hommes et Femmes du peuple. — Demoiselles de boutique. — Exempts. — Valets.

A la fin du règne de Louis XV. — A Paris, chez Coquerel, au premier et au troisième actes. — A Chaville, dans le château du comte de La Vrillière, au deuxième acte.

LE
FIDÈLE BERGER

ACTE PREMIER

La boutique d'un confiseur. — Au fond, une porte vitrée donnant sur la rue des Lombards. A droite, une porte donnant sur une petite rue. A gauche, une porte conduisant dans la chambre de Coquerel.

SCÈNE PREMIÈRE.

Au lever du rideau, TOINON et PLUSIEURS DEMOISELLES DE BOUTIQUE sont assises autour d'une table et enveloppent des bonbons avec des devises dans des papiers de différentes couleurs qu'on appelle *Papillotes*.

INTRODUCTION.

LES JEUNES FILLES.
Ah! quel état plein de douceurs,
Qu'ils sont heureux, les confiseurs!

PREMIÈRE DEMOISELLE.
Tortillons, mesdemoiselles,
Ces papillotes nouvelles.

TOINON.
Mais d'abord examinons :
Voyons par expérience
La qualité des bonbons;
Car dans ce que nous vendons
Il faut de la conscience!

(Toutes se mettent à manger des bonbons.)

LES JEUNES FILLES.
Ah! quel état plein de douceurs,
Qu'ils sont heureux les confiseurs!

SCÈNE II.

LES MÊMES ; COQUEREL, poudré à blanc, le tablier attaché à la ceinture et tenant à la main un tamis plein de marrons glacés. Il entre au moment où toutes les jeunes filles sont levées et mangent des bonbons.

COQUEREL.
A merveille, mesdemoiselles!...
(Elles retournent vivement s'asseoir près de la table et se remettent à travailler.)
Je vous y prends, car j'étais là!
(A part.)
On n'est pas plus gourmandes qu'elles,
Et tout mon fonds y passera!
(S'avançant au bord du théâtre.)
Est-il un état plus critique?
En ce jour, ma prospérité
Dépend de la fidélité
Des demoiselles de boutique!

LES JEUNES FILLES, tout en travaillant.
Ah! quel état plein de douceurs,
Qu'ils sont heureux les confiseurs!

COQUEREL, toujours sur le devant.
Dans mon cœur, où l'amour fit brèche,

Pas un seul instant de repos !
Et plus encor que mes fourneaux,
L'amour me brûle et me dessèche.

LES JEUNES FILLES.

Ah ! quel état plein de douceurs,
Qu'ils sont heureux les confiseurs !

COQUEREL, avec impatience et se retournant vers elles.

Taisez-vous donc !... ici leur maudit bavardage
M'empêche de rêver à l'objet qui m'engage.

(A part.)

Belle Angélique !... ô mes amours !
O ma gentille parfumeuse !
Toi que mon cœur attend toujours,
Viens calmer ma flamme amoureuse !...

(Regardant par la porte du fond.)

O ciel !... ô ciel !... en croirai-je mes yeux !
C'est Angélique !... et sa mère en ces lieux !

SCÈNE III.

LES MÊMES ; Mme BERGAMOTTE et ANGÉLIQUE, entrant par la porte du fond.

COQUEREL, allant au-devant d'elles.

Madame Bergamotte, et sa fille avec elle !

Mme BERGAMOTTE.

Oui, mon très-cher voisin.

COQUEREL.

Vous du quartier Lombard
La plus riche marchande... ainsi que la plus belle,
A quoi d'un tel bonheur dois-je ici le hasard ?

ANGÉLIQUE.

COUPLETS.

Premier couplet.

Je suis marraine !
Le parrain s'en rapporte à nous,

Ma volonté sera la sienne !
De vos bonbons choisissez-nous
Et les meilleurs et les plus doux...
Je suis marraine !

Deuxième couplet

Je suis marraine !
On pourrait, à ce bouquet blanc,
Croire qu'un autre nœud m'enchaîne ;
Mais il n'en est rien cependant,
Et je me dis en soupirant :
Je suis marraine !

COQUEREL, vivement, à Angélique et à demi-voix.

Ah ! s'il ne dépendait que de nous !...

Mme BERGAMOTTE.

Eh bien ! donc,
Servez-nous !

COQUEREL.

Ah ! de moi vous serez satisfaites !

Mme BERGAMOTTE.

Notre aimable parrain, en homme de bon ton,
Viendra prendre tantôt et payer nos emplettes...
  (A sa fille.)
Ainsi donc, mon enfant, choisissons sans façon !
(Elle s'approche du comptoir où sont plusieurs corbeilles de bonbons dont elle lit les étiquettes.)

COQUEREL.

RONDE.

Premier couplet.

A plaire à chacun je m'attache
Et l'on trouve à mon magasin
Les chocolats et la pistache;
La praline et le diablotin !
De mon enseigne souveraine
La vertu doit me protéger...
Jeune parrain, jeune marraine,
Venez au *Fidèle Berger!*

LES JEUNES FILLES.

Jeune parrain, jeune marraine,
Venez au *Fidèle Berger!*

ANGÉLIQUE.

Deuxième couplet.

Souvent une enseigne est trompeuse,
Et l'on dit que plus d'une fois,
Comptant sur l'annonce flatteuse,
On s'est repenti de son choix !
Mais moi, monsieur, j'ai confiance
Et ne crains pas un tel danger...
Voilà pourquoi de préférence
Je viens au *Fidèle Berger!*

COQUEREL.

Troisième couplet.

Bonbons de noce et de baptême,
Ici j'en ai pour tous les goûts.

ANGÉLIQUE.

Eh bien! choisissez-les vous-même.

COQUEREL.

Ah! je choisirais les plus doux!

ANGÉLIQUE.

Oui, vous aurez ma clientèle.

COQUEREL.

Surtout n'allez jamais changer
Et demeurez toujours fidèle.

TOUS.

Toujours fidèle
Au *Fidèle Berger!*

SCÈNE IV.

Les mêmes ; Poissardes et Hommes du peuple.

LES POISSARDES, tenant des bouquets et entrant dans la boutique.
Pour nous quelle bonne aubaine !
Nous apportons en ces lieux,
Au parrain, à la marraine,
Et nos bouquets et nos vœux !

Mme BERGAMOTTE, aux poissardes qui l'entourent.
De pareils dons je suis peu curieuse,
De vos bouquets je ne veux pas !

PREMIÈRE POISSARDE.
Mais voyez donc la parfumeuse,
Fait-elle ici ses embarras !

DEUXIÈME POISSARDE.
Flairez-moi ça !

Mme BERGAMOTTE.
Je n'en veux pas !

PREMIÈRE POISSARDE.
Les belles fleurs !...

Mme BERGAMOTTE.
Je n'en veux pas !

LES POISSARDES, l'environnant.
Pour nous quelle bonne aubaine ! etc.

Mme BERGAMOTTE, avec impatience.
Ah ! c'en est trop !

PREMIÈRE POISSARDE.
Prenez donc garde,
Madame compromet son rang !

Mme BERGAMOTTE.
Ce n'est pas nous que ça regarde ;
C'est le parrain !

LES POISSARDES.
Le parrain!

COQUEREL.
Oui vraiment!

PREMIÈRE POISSARDE.
Où donc est-il, ce beau parrain?

COQUEREL.
Absent!
Vous le voyez!

PREMIÈRE POISSARDE.
Eh bien! qu'importe?
De quoi se mêle ici ce roi des Céladons?

DEUXIÈME POISSARDE.
C'est tout sucre et tout miel!

PREMIÈRE POISSARDE.
C' n'est pas comm' ses bonbons!

COQUEREL, avec dignité.
Sortez!

PREMIÈRE POISSARDE.
Quoi, nous mettre à la porte?
Jour de Dieu!

Mme BERGAMOTTE.
Quel ton!

ANGÉLIQUE.
Quelle horreur!

Ensemble.

LES POISSARDES et LE PEUPLE.
Voyez donc ces bégueules!
On dirait qu'elles seules
Sav'nt parler comme il faut!
Madame fait la fière...
(A Coquerel.)
Redoute ma colère,
Nous nous r'verrons bientôt!

1.

COQUEREL.

Les traiter de bégueules !
(Aux poissardes et les menaçant.)
Ah ! si vous étiez seules
Pour vous il ferait chaud !
Voulez-vous bien vous taire !
Redoutez ma colère !
N'ajoutez pas un mot !

Mme BERGAMOTTE.

Nous traiter de bégueules !
Quelle horreur d'être seules
Des femmes comme il faut...
De cette harengère
Éloignons-nous, ma chère,
Car c'est un vrai complot !

ANGÉLIQUE.

Nous traiter de bégueules !
Quelle horreur d'être seules
Des femmes comme il faut...
De cette harengère
Éloignons-nous, ma mère,
Car c'est un vrai complot !

COQUEREL.

Sortez !... sortez !... ou j'appelle la garde !

PREMIÈRE POISSARDE.

Eh quoi ! le galant confiseur
Se montre ici leur défenseur !

DEUXIÈME POISSARDE.

Vois donc plutôt comme il la r'garde,
De la petit' c'est l'amoureux !

Mme BERGAMOTTE, avec indignation.

L'amoureux !...

DEUXIÈME POISSARDE.

Ou plutôt de la mère.

PREMIÈRE POISSARDE.

Il en est capable, ma chère,
Tant il paraît audacieux !

Mme BERGAMOTTE.

Je n'y tiens plus... quittons ces lieux !

Ensemble.

LES POISSARDES.

Voyez donc ces bégueules !
On dirait qu'elles seules
Sont des dam's comme il faut !
(A Coquerel.)
Et toi, beau dromadaire,
Redoute ma colère,
Nous nous r'verrons bientôt !

COQUEREL.

Les traiter de bégueules !
(Aux poissardes et les menaçant.)
Ah ! si vous étiez seules,
Pour vous il ferait chaud !
Voulez-vous bien vous taire !
Redoutez ma colère,
N'ajoutez pas un mot !

Mme BERGAMOTTE.

Nous traiter de bégueules !
Lorsqu'ici c'est nous seules
Qui sommes comme il faut !
De cette harengère
Éloignons-nous, ma chère,
Car c'est un vrai complot !

ANGÉLIQUE.

Nous traiter de bégueules !
Lorsqu'ici c'est nous seules
Qui sommes comme il faut !
De cette harengère
Éloignons-nous, ma mère,
Car c'est un vrai complot !

(Madame Bergamotte sort par la porte du fond en emmenant Angélique; les poissardes sortent un instant après en menaçant Coquerel.)

SCÈNE V.

COQUEREL, seul ; puis LE COMTE.

COQUEREL.

C'est le seul désagrément qu'on ait rue des Lombards... la proximité des Halles et la société intime de ces dames qui, sous prétexte qu'elles sont poissardes, offrent à tout le monde des injures et des bouquets... heureux encore qu'elles n'aient pas cassé mes bocaux ; je tremblais pour eux... et pour cette pauvre Angélique ; car pour madame Bergamotte, sa mère, je n'y tiens pas... (Regardant au fond.) Qui vient là ?... un homme comme il faut.

LE COMTE, au fond du théâtre.

Je n'aperçois pas la jolie parfumeuse à son comptoir... ni même dans sa boutique... Est-ce qu'il y aurait quelque événement ?... au fait, cela regarde Dubois que j'ai envoyé à la découverte.

COQUEREL.

Monsieur vient, sans doute, pour des bonbons, dragées de noce et de baptême, conserves d'abricots, gelée de pommes, sirops, confitures, et généralement tout ce qui concerne mon état ?

LE COMTE, regardant autour de lui.

En effet... je suis chez un confiseur.

COQUEREL.

Isidore Coquerel, au *Fidèle Berger*, rue des Lombards ; un jeune homme qui vient de s'établir, qui n'a pas encore payé son fonds et qui a besoin de vendre.

LE COMTE.

En vérité ?... En ce cas, donnez-moi...

COQUEREL.

Des pastilles, des pistaches, des marrons glacés?...

LE COMTE.

Non... donnez-moi... une chaise... (A part.) Autant attendre ici que dans la rue... la boutique de la petite parfumeuse est juste en face... c'est très-commode... (A Coquerel, qui lui apporte une chaise.) Bien obligé !

COQUEREL.

Maintenant, que vous offrirai-je ? j'ai des fruits confits... j'ai des citrons... j'ai du cédrat... j'ai de l'orange...

LE COMTE, à part.

Si je pouvais savoir ce qu'il n'a pas... (Haut.) Je voudrais, mon cher, des... des... Comment appelez-vous cela ?

COQUEREL.

Des pralines à la Pompadour.

LE COMTE.

Du tout... ce sont des bonbons... ou plutôt une manière de bonbons que je ne puis définir.

COQUEREL.

Des chinois confits ?... On est venu m'en demander hier une corbeille pour Trianon... pour madame de Pompadour, et il ne m'en reste plus.

LE COMTE, vivement.

Voilà justement ce que je voulais !... il m'en fallait quinze ou vingt livres... et vous n'en avez plus !... c'est jouer de malheur !

COQUEREL.

Pourquoi donc ?... on peut vous en faire glacer. (Criant.) Chinois au marasquin et à la vanille !

LE COMTE.

Écoutez, mon cher, j'aime mieux payer le double et que ce soit vous... vous-même... entendez-vous ?

COQUEREL, s'inclinant.

Trop de bontés... confiance honorable dont je me rendrai digne... et je vais me hâter...

LE COMTE, regardant au fond.

Mais du tout... ne vous pressez pas... j'attendrai, je suis ici à merveille.

COQUEREL.

Que ces grands seigneurs sont aimables! Je vais me mettre au feu pour vous! (Criant en sortant.) Chinois au marasquin, très-soignés!

SCÈNE VI.

LE COMTE, puis DUBOIS.

LE COMTE.

Ce monsieur est souverainement ennuyeux... (Voyant Dubois qui entre.) Eh bien! Dubois, quelles nouvelles?

DUBOIS, à demi-voix.

Mauvaises, monseigneur, mauvaises de tous les côtés.

LE COMTE.

Comment cela?

DUBOIS.

Madame la comtesse votre femme...

LE COMTE.

Eh bien?

DUBOIS.

Eh bien, c'est elle qui me fait peur; elle est jalouse en diable, et je crains qu'elle ne se doute de quelque chose.

LE COMTE.

Ce sont mes affaires!

DUBOIS.

Et les miennes; madame m'interroge tous les jours, moi,

votre valet de chambre, sur ce que vous faites, sur vos visites...

LE COMTE.

Tant mieux... car tu ne lui dis, j'espère, que ce qu'il faut dire.

DUBOIS.

Certainement... mais si madame découvre que je l'ai trompée...

LE COMTE.

Eh bien ?...

DUBOIS.

Eh bien ! avec elle, il ne s'agit pas de bonbons, mais de prison ; madame est la fille du duc de La Vrillière, de celui qui distribue les lettres de cachet ; elle obtient tout de son père, et je pourrais bien être coffré pour le bon plaisir de madame et pour le vôtre !

LE COMTE.

Allons donc !... ne suis-je pas là ?... Continue seulement à me servir avec zèle et intelligence... et dis-moi d'abord, comment Angélique n'est-elle pas dans son comptoir ?

DUBOIS.

Elle est à l'église en ce moment ; elle est marraine !... mais dès hier, et sans vous nommer, j'avais fait les propositions les plus brillantes.

LE COMTE.

Après ?...

DUBOIS.

Refusées !...

LE COMTE.

Et ma lettre ?

DUBOIS.

Refusée ! la mère n'a pas même voulu la lire, et l'a jetée au feu.

LE COMTE, regardant la boutique de la parfumeuse.

Cette maison est donc inaccessible !... cette madame Bergamotte est donc un argus, un cerbère... une femme qui ne sait pas vivre !...

DUBOIS.

Que voulez-vous ? elle a des idées à elle... elle tient avant tout à marier sa fille !

LE COMTE.

Elle a parbleu raison !... il vaudrait cent fois mieux qu'elle fût mariée... un mari raisonnable... et honnête... il y en a tant !

DUBOIS.

On dit qu'elle en cherche dans ce moment.

LE COMTE.

Nous l'y aiderons !... nous lui trouverons cela... J'ai toujours été l'ami et le protecteur des maris... il s'agit seulement que celui-là soit sous ma main... dans ma dépendance...

SCÈNE VII.

Les mêmes ; COQUEREL.

COQUEREL.

Les quinze livres demandées seront prêtes dans un moment.

DUBOIS.

Quinze livres !

COQUEREL.

Où faudra-t-il les envoyer ?

LE COMTE.

A M. le comte de Coaslin, en son hôtel.

COQUEREL.

Quoi ! j'ai eu l'honneur de servir et d'accommoder M. le

comte de Coaslin!... Monsieur le comte me favoriserait de sa clientèle...

LE COMTE.

Pourquoi pas ?... vous m'avez l'air d'un garçon fort entendu... et madame Coquerel, est-elle jolie ?

COQUEREL.

Hélas! monsieur le comte, je ne suis pas encore, comme on dit, dans les nœuds de l'hyménée !

LE COMTE.

C'est dommage... il est aisé de voir à votre physionomie que vous feriez un excellent mari.

COQUEREL.

C'est ce que tout le monde dit... et pourtant je suis toujours garçon. Vous voyez un fidèle berger qui n'a pas de bergère... il ne manque que cela dans mon comptoir... car pour l'activité, l'imagination et le talent... Je veux que monseigneur puisse en juger... voici un échantillon des chinois que je viens de composer pour lui... Qu'en dit monseigneur... (En offrant à Dubois.) et sa société ?

LE COMTE.

C'est très-fin... très-délicat.

DUBOIS.

Ça fond dans la bouche.

COQUEREL.

C'est de mon invention... (Se touchant le front.) c'est parti de là ; car avec moi c'est toujours la tête qui travaille, et non pas les doigts ; je suis le seul qui traite le chinois au marasquin, et j'ose me flatter que madame de Pompadour sera comme vous... elle sera contente de la corbeille que je lui ai adressée hier.

LE COMTE.

Je le lui demanderai !...

DUBOIS, qui s'était approché de la porte du fond, redescend le théâtre et dit à demi-voix au comte.

La belle Angélique vient de rentrer dans son magasin.

LE COMTE.

Il suffit... Adieu, mon cher Coquerel, à bientôt... je vais faire une visite et je reviendrai peut-être moi-même emporter dans ma voiture ce que je vous ai demandé... j'ai des idées sur vous !

COQUEREL.

Des idées !...

LE COMTE.

Que justifient d'avance vos talents, et surtout votre heureuse figure... Adieu, mon cher... adieu !

(Il sort avec Dubois.)

SCÈNE VIII.

COQUEREL, seul.

Voilà un véritable Mécène !... voilà un grand seigneur qui devine et encourage le talent... ça m'échauffe... ça m'anime ; et si je n'étais pas obligé de tout surveiller dans ma boutique, je ferais quelque chose de grand, j'en suis sûr... j'ai là un plan, une idée de pâte de pomme à l'abricot qui demanderait le calme et le silence du cabinet ; aussi, et pour travailler tranquille, j'attends depuis deux jours une première demoiselle de magasin, une personne de confiance que doit m'envoyer ma tante Mignonnette de Gisors, mademoiselle Dorothée... une ancienne religieuse qui se connaît en vertus... et en confitures... mais tout cela ne vaut pas une femme. O ma charmante voisine !... ô Angélique !... quel nom !... Angélique ! voilà une femme que le destin semble avoir mise au monde pour être l'épouse d'un confiseur... Aussi j'ai idée qu'elle ne me hait pas !

mais comment le savoir... comment me déclarer, moi qui n'ose lui parler?... Si je lui écrivais.

AIR.

Amour, viens, je t'implore,
Donne-moi de l'esprit,
Sous mes doigts fais éclore
Ce qui touche et séduit;
Par des traits pleins de flamme
Peins-lui ma vive ardeur;
Fais passer dans son âme
Ce qu'éprouve mon cœur.

Composons!...
(Il cherche et ne trouve rien, il se frotte le front, s'assied près de la table, et développant des diablotins dont il mange les bonbons et dont il lit la devise.)

« Beauté cruelle!... je soupire,
« Prenez pitié de mon martyre! »
(Mettant la devise de côté.)

Voilà ce qu'il me faut! que mon état m'inspire!...
(Il ouvre une autre devise qu'il jette.)

Mauvais!
(En ouvrant une autre.)

« Si vous préférez un amant,
« Choisissez-le tendre et constant! »
Je n'aurais pas mieux dit, je crois,
Ce vers-là semble fait pour moi!
(Lisant une autre devise.)

« En prenant femme on est heureux...
« N'en prenez pas, c'est encor mieux!... »

Détestable!
(Lisant.)

« Choisissez-moi, car mes amours
« Ne finiront qu'avec mes jours! »
(Avec enthousiasme.)

Ah! si comme ceux-là j'en trouve une douzaine,
Je suis sauvé! je sais que de nos jours
Les bons vers donnent de la peine!

(Fouillant dans la corbeille et retirant une poignée de diablotins.)
Mais en cherchant on les trouve toujours !
(Lisant.)
« Qu'à ma destinée,
« Tu sois enchaînée ! »

Bravo !
(Lisant.)
« Sois ma Dulcinée
« Pour un jour ou deux ! »
(Jetant la devise avec colère.)

Fi donc !
(Lisant.)
« C'est par l'hyménée
« Que l'on est heureux ! »

Ah ! quels excellents vers ! quels vers délicieux !
C'est du Racine !
(Lisant une autre devise.)
« Vivent les grisettes
« Jeunes et coquettes ! »
(La jetant.)

C'est trop marivaudage et trop licencieux !
(Lisant.)
« Deviens ma bergère... »

A la bonne heure au moins, c'est pur et vertueux !
(Lisant.)
« Le bonheur sur terre
« Ne se trouve guère
« Que quand on est deux ! »

C'est superbe, c'est du Voltaire,
C'est Apollon qui m'inspira !
Relisons ! relisons ! ah ! quels vers que ceux-là !

(Il a attaché avec une épingle toutes les devises qu'il a réservées et adoptées et les lit l'une après l'autre ; ce qui forme le *cantabile* et la *cavatine* suivants.)

« Beauté cruelle, je soupire,
« Prenez pitié de mon martyre !
« Si vous préférez un amant,
« Choisissez-le tendre et constant !
« Choisissez-moi !... car mes amours

« Ne finiront qu'avec mes jours !
« Belle Angélique, mes amours
« Ne finiront qu'avec mes jours ! »
(S'interrompant.)
J'ajoute ici... belle Angélique,
Quoique ce ne soit pas écrit ;
Mais c'est étonnant, c'est unique,
Combien l'amour donne d'esprit !
Et ce n'est rien encor,
Ce qui termine est bien plus fort !
(Lisant le reste des devises.)
« Que ma destinée
« Te soit enchaînée !
« C'est par l'hyménée
« Que l'on est heureux !
« Deviens ma bergère,
« Le bonheur sur terre
« Ne se trouve guère
« Que quand on est deux ! »

Mon épitre est composée... il ne s'agit plus maintenant que de l'écrire et de l'envoyer à son adresse. (Remontant le théâtre.) Ce n'est pas loin... rien que la rue à traverser !... la boutique en face... la voilà... la voilà... je la vois... (S'avançant sur le pas de la porte, et ayant l'air de parler à la boutique en face.) Bonjour, ma voisine... ma jolie voisine... (S'interrompant.) Elle se lève, elle est sur le pas de la porte. (A la boutique de la parfumeuse.) Je vois que chez vous on ne pense guère à moi... et aux gants que j'ai commandés hier... c'est bien mal de négliger ainsi ses pratiques... (Redescendant le théâtre.) Ah ! que c'est ingénieux... elle a pris sur le comptoir plusieurs paquets de gants... (Apercevant Angélique qui paraît à la porte.) C'est elle !... la voici !

SCÈNE IX.

COQUEREL, ANGÉLIQUE.

ANGÉLIQUE, tenant à la main plusieurs paquets de gants et les présentant en tremblant à Coquerel.

Voici, monsieur, ce que vous avez demandé.

COQUEREL, dans l'extase et n'osant parler.

Ah ! mademoiselle !...

ANGÉLIQUE, lui présentant toujours les paquets et baissant les yeux.

Il y en a plusieurs douzaines... vous pourrez choisir !

COQUEREL, de même et timidement.

Je le vois bien... et je vous remercie...

ANGÉLIQUE.

J'ai vu que vous étiez très-mécontent de ce qu'on vous avait fait attendre...

COQUEREL.

Oh ! non, mademoiselle... non, ça n'est pas ça que je voulais vous dire...

ANGÉLIQUE.

Ni moi non plus...

COQUEREL.

Ni vous non plus ?... ni elle non plus !... Ça va vous paraître bien hardi... mais j'avais à vous parler de quelque chose de bien essentiel...

ANGÉLIQUE.

Et moi aussi...

COQUEREL.

Et vous aussi ?... et elle aussi !... Depuis un an, mademoiselle, depuis un an... tous les jours... matin et soir... je suis ici dans ma boutique à regarder la vôtre.

ANGÉLIQUE.

Je le vois bien !

COQUEREL, vivement.

Vous l'avez vu ?... elle l'a vu !...

ANGÉLIQUE, baissant les yeux.

Dame !... quand on est en face !

COQUEREL, vivement.

Oh ! alors... (Apercevant madame Bergamotte qui entre.) Dieu ! la mère !

SCÈNE X.

Mme BERGAMOTTE, ANGÉLIQUE, COQUEREL.

Mme BERGAMOTTE.

Qu'est-ce que ça signifie, mademoiselle ? Que faites-vous ici ?

ANGÉLIQUE.

J'apportais à monsieur des gants qu'il avait commandés hier... Il appelait, il se fâchait, il était dans une colère épouvantable.

COQUEREL.

Moi, mamzelle !... me fâcher contre vous !... Oh ! non pas !

ANGÉLIQUE, à part.

Mon Dieu ! qu'il est bête !

Mme BERGAMOTTE.

Et quand ce serait, était-ce une raison pour venir vous-même ?

ANGÉLIQUE.

Vous n'y étiez pas... il n'y avait là ni fille de magasin, ni garçon...

Mme BERGAMOTTE.

Et vous laissez la boutique toute seule... moi qui vous

croyais bien tranquillement dans notre comptoir... On ne peut donc pas, quand on a une fille, la quitter un instant des yeux?... et les propositions qu'on a osé me faire hier !... et les amoureux qui rôdent autour de ma maison!

COQUEREL.

Il y a des amoureux?...

Mme BERGAMOTTE.

Il y en a... il faut marier cela, il en est temps.

COQUEREL.

Vous croyez?...

Mme BERGAMOTTE, sèchement.

Qu'est-ce que ça vous regarde?... Nous disons une douzaine de gants glacés... c'est vingt-quatre livres.

COQUEREL.

Je vais vous les donner.

ANGÉLIQUE.

Mais, ma mère, ça n'est pas convenable, M. Coquerel ne les a ni vus ni essayés...

COQUEREL.

C'est juste... et je ne les prendrai pas sans les essayer!

ANGÉLIQUE, à part.

A la bonne heure, au moins!

Mme BERGAMOTTE.

Eh! mon Dieu! on ne vous en empêche pas... Croyez-vous qu'on veuille vous tromper?... Essayez tant que vous voudrez, pourvu que ça ne soit pas long!

TRIO.

ANGÉLIQUE, à sa mère.

Prenez un peu de patience!

COQUEREL, regardant Angélique.

O moment séduisant et doux!

Mme BERGAMOTTE, à Angélique qui défait le paquet de gants.

Allons vite, dépêchons-nous !

COQUEREL, s'asseyant.

Je tiens beaucoup à l'élégance ;
Il faut d'abord qu'un gant ne soit
Ni trop large, ni trop étroit.

ANGÉLIQUE, s'approchant de Coquerel qui est assis, et lui présentant une paire de gants qu'elle vient de préparer.

Celui-ci conviendra peut-être ?

COQUEREL, à demi-voix et ayant l'air d'essayer les gants.

Ah ! de mon trouble, en vous voyant,
A peine, hélas ! si je suis maître.

ANGÉLIQUE, de même.

On nous observe en ce moment !

COQUEREL, de même.

Je le vois bien !

ANGÉLIQUE, de même.

J'ai cependant
A vous apprendre une nouvelle !

COQUEREL, de même.

Une nouvelle !... à moi ! laquelle ?

ANGÉLIQUE, voyant sa mère qui s'approche.

Prenez garde !

COQUEREL, à voix haute.

Le maudit gant !

Mme BERGAMOTTE, s'approchant.

Ça ne va donc pas ?

COQUEREL, cherchant à entrer sa main dans le gant.

Non vraiment !

Ensemble.

COQUEREL.

Ah ! quelle gêne ! ah ! quelle peine !
(A part.)
Lorsque la crainte vous enchaîne !

Oui, les mamans,
Dans tous les temps,
Sont des tourments
Pour les amants.

ANGÉLIQUE.

Ah! quelle gêne! ah! quelle peine!
Et quelle contrainte est la mienne!
Oui, les mamans,
Dans tous les temps,
Sont des tourments
Pour les amants.

Mme BERGAMOTTE, avec ironie.

Je vois sans peine que ça vous gêne,
Essayons une autre douzaine!
(A part.)
J'ai des soupçons en ce moment,
Observons-les adroitement!

COQUEREL, à madame Bergamotte.

Comme moi vous devez comprendre,
Quand on veut se donner des gants,
Qu'à son goût il faut bien les prendre!

Mme BERGAMOTTE.

Sans doute! et ceux-ci sont plus grands.
(Les donnant à sa fille, qui s'approche de Coquerel.)

ANGÉLIQUE, à Coquerel et les présentant.

Voulez-vous essayer?

COQUEREL.

Ah! vous êtes trop bonne!

ANGÉLIQUE, à demi-voix et tout en lui donnant les gants.

Apprenez donc qu'on veut me donner un mari!

COQUEREL, de même.

O ciel!... et quand donc?

ANGÉLIQUE, de même.

Aujourd'hui!

COQUEREL, poussant un cri.

Ah!

Mme BERGAMOTTE, s'approchant vivement.
Qu'est-ce donc?

COQUEREL, lui montrant les gants.
Rien! je soupçonne
Qu'ils ont craqué!

Mme BERGAMOTTE, les regardant.
Mais non, vraiment,
Ils vont bien... vous devez enfin être content!

COQUEREL, à part et regardant Angélique tout en mettant ses gants.
Oui, joliment... joliment!

Ensemble.

Mme BERGAMOTTE.
Rien ne vous gêne! plus de peine!
C'est fort heureux qu'il vous convienne! etc.

COQUEREL.
Ah! quelle gêne! ah! quelle peine! etc.

ANGÉLIQUE.
Ah! quelle gêne! ah! quelle peine! etc.

Mme BERGAMOTTE, montrant à sa fille la douzaine d'où elle a tiré la dernière paire.
Voilà ceux que monsieur veut prendre.

ANGÉLIQUE, refermant le paquet avec une ficelle.
Oui, maman, je vais les serrer!
(Bas à Coquerel, tout en renouant le paquet.)
Cela doit aussi vous apprendre
A ne jamais vous déclarer!

COQUEREL, à demi-voix.
J'y pensais!... et j'allais...

ANGÉLIQUE.
Cela sert à grand'chose!

COQUEREL.
Me déclarer en vers!

ANGÉLIQUE, avec impatience.
Mon Dieu, parlez en prose !

COQUEREL, vivement.
Vous croyez ?

ANGÉLIQUE, de même.
Dam ! ce soir il ne sera plus temps !

COQUEREL, de même.
Moi qui me meurs d'amour !

Mme BERGAMOTTE, qui s'est approchée, passant sa tête entre eux deux.
Dieu ! qu'est-ce que j'entends ?

COQUEREL, stupéfait.
Elle écoutait !... quel orage s'apprête !
(Haut et balbutiant.)
Oui, c'est moi... qui pour vous...
(Se reprenant.)
Non... qui pour elle épris
D'un sentiment...

Mme BERGAMOTTE, avec colère.
Monsieur !

COQUEREL, vivement.
Concentré... mais honnête,
N'osais et n'ose encor, dans le trouble où je suis...

Mme BERGAMOTTE, en fureur.
Qu'est-ce à dire, monsieur ?

ANGÉLIQUE.
Ça veut dire qu'il m'aime !

COQUEREL.
Oui, voilà le vrai mot : je l'aime !

ANGÉLIQUE.
Et qu'il demande à m'épouser !

COQUEREL.
Oui, je demande à l'épouser !

ANGÉLIQUE.
Vous priant par grâce suprême...

COQUEREL.
Vous priant par grâce suprême...
ANGÉLIQUE.
De... de ne pas le refuser!
COQUEREL.
Oui, n'allez pas me refuser!
Elle a tout dit mieux que moi-même!
ANGÉLIQUE et COQUEREL.
Parlez! parlez! daignez ne pas nous refuser!

Ensemble.

Mme BERGAMOTTE.
Non, non, point d'alliance,
Ma fierté doit s'y refuser;
Et c'est déjà trop d'insolence
Que d'oser me le proposer.

ANGÉLIQUE et COQUEREL.
Qu'ai-je entendu? point d'alliance!
Sa fierté doit s'y refuser;
Et c'est déjà trop d'insolence
Que d'oser le lui proposer.

Mme BERGAMOTTE, avec dédain.
Un confiseur! qui n'a rien que des dettes!
COQUEREL.
J'ai de l'amour! il donne du talent!
Mme BERGAMOTTE.
Bonbons sans sucre! et pralines mal faites!
COQUEREL.
En les goûtant vous disiez autrement!
Mme BERGAMOTTE.
Une boutique au beau monde fermée!
COQUEREL, avec enthousiasme.
Bientôt la gloire y peut venir loger;
Et je sens là qu'un jour la renommée
Dira le nom du *Fidèle Berger!*

2.

Mme BERGAMOTTE.

En attendant fortune et renommée,
Mon choix est fait!... l'hymen va l'engager!

Ensemble.

Mme BERGAMOTTE.

Entre nous deux point d'alliance,
Ma fierté doit s'y refuser;
Et c'est déjà trop d'insolence
Que d'oser me le proposer!
  Ainsi j'entends
  Et je prétends
  Qu'un tel amant
  Soit au néant!
(Angélique.)
Rentrez... rentrez, et désormais
Tous deux séparés à jamais!

ANGÉLIQUE.

Ah! c'en est fait, plus d'espérance!
Sa fierté doit le refuser;
Et c'est déjà trop d'insolence
Que d'oser le lui proposer!
  Ah! quels tyrans
  Que les parents,
  Et quels tourments
  Pour les enfants!
Ah! quel malheur! ah! quels regrets!
Quoi, séparés!... et pour jamais!

COQUEREL.

Ah! c'en est fait, plus d'espérance!
Sa fierté doit me refuser;
Et c'est déjà trop d'insolence
Que d'oser le lui proposer!
  Ah! quels tyrans
  Que les parents,
  Et quels tourments
  Pour les enfants!

Ah! quel malheur! ah! quels regrets!
Quoi, séparés!... et pour jamais!

(Madame Bergamotte sort en emmenant sa fille.)

SCÈNE XI.

COQUEREL, seul, se jetant dans un fauteuil.

Tout est fini!... plus d'espoir!... On me refuse, on ne veut pas de moi! et on la donne à un autre... elle en épouse un autre... aujourd'hui même!... Tous les malheurs à la fois! mais je me le suis toujours dit : quand le diable est à la porte d'un confiseur...

SCÈNE XII.

COQUEREL, SERREFORT.

SERREFORT, parlant à la cantonade.

Attendez-moi là, je ne fais qu'entrer dans cette boutique.

COQUEREL.

Qu'y a-t-il, monsieur?

SERREFORT.

Rien, monsieur, ce sont mes gens que j'ai laissés dans la rue.

COQUEREL.

Faites-les entrer!

SERREFORT.

Bien obligé... ils y sont habitués!

COQUEREL.

Comme vous voudrez, monsieur... (Poussant un soupir.) Ah!...

SERREFORT, avec intérêt.

Vous êtes affligé, monsieur?

COQUEREL, sans se détourner.

Immensément, monsieur!... mais l'état avant tout! Qu'y a-t-il pour votre service?

SERREFORT.

Un mot va vous l'apprendre... Je suis parrain...

COQUEREL.

Quelle que soit mon affliction, j'honore les parrains.

SERREFORT.

Je l'ai été ce matin avec la fille de madame Bergamotte, la riche parfumeuse, (A part.) et j'espère être bientôt autre chose que son compère. (Haut.) Je viens, en attendant, prendre les boîtes de bonbons que ces dames ont choisies et vous les payer.

COQUEREL.

Tout est prêt... où faut-il les envoyer?

SERREFORT.

Chez moi, rue de la Ferronnerie... M. Serrefort, officier du roi.

COQUEREL.

J'y suis... huissier au Grand ou au Petit-Châtelet?

SERREFORT.

Fi donc! monsieur, je n'exerce point au civil. Ma charge me met en rapport avec ce qu'il y a de mieux à la cour. Je suis attaché au château royal de la Bastille.

COQUEREL.

Monsieur est exempt?

SERREFORT.

A votre service. Un cachet vert, un morceau de parchemin signé La Vrillière, et avec cela, j'arrêterai qui vous voudrez... j'arrête tout le monde.

COQUEREL.

Un drôle d'état!

SERREFORT.

C'est dans ce moment un des meilleurs et des plus productifs... Les lettres de cachet sont d'un usage si facile et si répandu que la moitié du monde arrête l'autre moitié... ce qui me donne une clientèle magnifique ; tous les grands seigneurs s'adressent à moi : *Mon cher Serrefort, je vous recommande cette affaire-là ; c'est un créancier qui m'ennuie, c'est un mari qui me gêne... arrangez cela pour le mieux.* Et moi, je suis là, mon ordre en poche... plein d'égards, d'attentions et de bonnes manières ! Le jabot et les gants blancs... aussi je suis généralement aimé et estimé de tous ceux que j'arrête.

COQUEREL.

En vérité !...

SERREFORT.

Oui, monsieur... honnête et gracieux... mais inflexible, dur et poli...

COQUEREL.

Comme l'acier.

SERREFORT.

Comme vous dites !... J'arrêterais mon père... je m'arrêterais moi-même si j'en avais l'ordre ; aussi ce n'est pas la besogne qui me manque, et j'ai ce matin une journée qui s'annonce bien... deux ou trois ordres que j'ai trouvés en rentrant et qui venaient d'arriver de la part de madame de Pompadour.

COQUEREL, l'écoutant avec admiration.

Ah bah !... est-ce amusant !

SERREFORT.

J'ai à peine eu le temps de les regarder, tant j'étais pressé à cause de ce baptême... tout cela se fera plus tard... mon monde est là qui m'attend... payons d'abord... Vous dites que c'est...

COQUEREL.

Soixante-trois livres tournois... nous mettrons soixante... un compte rond.

SERREFORT.

C'est trop honnête... enchanté de vos procédés... Et vous me répondez de la qualité des dragées?

COQUEREL.

Vous pouvez les goûter.

SERREFORT, en mangeant.

Excellentes!... Il y a là une finesse, un parfum...

COQUEREL.

Si monsieur, qui voit beaucoup de monde, veut en faire part à ses amis et connaissances, mon adresse est sur toutes les boîtes... Isidore Coquerel.

SERREFORT, surpris.

Coquerel!... que me dites-vous là?... Je croyais être *Au Fidèle Berger*.

COQUEREL.

L'un n'empêche pas l'autre; Coquerel, confiseur, *Au Fidèle Berger*, rue des Lombards, n° 46.

SERREFORT, mettant ses gants blancs.

Ah! monsieur, comme ça se rencontre!... quel bonheur de vous trouver là sous ma main et sans me déranger... moi qui ce matin ai tant d'affaires! Monsieur, j'ai l'honneur de vous arrêter.

COQUEREL.

Comment, m'arrêter!...

SCÈNE XIII.

LES MÊMES; LE COMTE, qui pendant ces derniers mots est entré par la porte du fond.

LE COMTE.

Quoi?... que se passe-t-il?

SERREFORT, s'inclinant.

Monsieur le comte de Coaslin...

LE COMTE.

Arrêter ce pauvre diable!... D'où vient cet ordre?...

COQUEREL.

Oui, d'où vient cet ordre?

SERREFORT.

Il est en bonne forme... signé de M. votre beau-père, le duc de La Vrillière... et à la requête de madame de Pompadour.

COQUEREL.

Qu'est-ce que j'ai fait à madame de Pompadour?

LE COMTE.

Et pour quel motif?

COQUEREL.

Oui, pour quel motif?

SERREFORT.

En général, il nous est défendu de donner des raisons... mais avec les gens de votre rang et de votre qualité...

LE COMTE.

Eh bien, donc?

SERREFORT.

Il s'agit d'une corbeille de bonbons envoyée hier chez madame de Pompadour, et qui renfermait contre elle une satire infâme.

COQUEREL.

Permettez: les bonbons sont de moi, je m'en vante, et il y a de quoi; mais la satire n'en est pas.

LE COMTE.

J'en suis persuadé, (A Serrefort.) et vous prie...

COQUEREL, montrant ses devises.

Voilà les seuls vers que j'aie faits de ma vie.

LE COMTE.

Et vous prie, monsieur Serrefort, de vouloir bien suspendre cet ordre, dont je vais obtenir la révocation.

COQUEREL.

Ah! monseigneur...

SERREFORT.

Je connais le crédit de monsieur le comte; mais jusqu'à la révocation de cet ordre, je ne puis me dessaisir de mon prisonnier.

LE COMTE.

C'est ainsi que je l'entends, vous ne le quitterez pas. (A demi-voix.) Mais au lieu de le conduire à la Bastille, vous allez...

(Il lui parle bas en lui faisant le signe de lui bander les yeux.)

SERREFORT, s'inclinant.

Trop heureux d'obéir à monseigneur, mais je ne le quitterai pas. (A ses gens.) Entrez, vous autres.

SCÈNE XIV.

Les mêmes; SERREFORT, rentrant avec PLUSIEURS DE SES GENS; puis DUBOIS, et plus tard ANGÉLIQUE.

FINALE.

SERREFORT.

Nous voici prêts, nous voici tous.

COQUEREL.

Hélas! je tremble au fond de l'âme.

SERREFORT.

Oui, tous mes gens
Sont diligents
Dès que le devoir les réclame.

COQUEREL.

Que me veut-on? Hélas! je tremble au fond de l'âme.

SERREFORT.
A la Bastille on vous attend.

COQUEREL.
Ne peut-on attendre un instant?

SERREFORT.
Non, vraiment; sur-le-champ,
Allons, il faut nous suivre.

COQUEREL.
En prison, moi? pauvre Coquerel!...
(Au comte.)
Que votre nom me sauve et me délivre !

LE COMTE.
Je n'y puis rien, l'ordre est formel.

COQUEREL.
J'avais pour aujourd'hui des affaires en foule :
Laissez-moi du moins les finir.

SERREFORT.
Non, non, vraiment, le temps s'écoule;
Allons, allons, il faut partir.

DUBOIS, accourant, au comte.
Je viens de voir et la mère et la fille.

SERREFORT.
On nous attend à la Bastille.

COQUEREL.
Eh quoi! partir ainsi soudain!
Si nous remettions à demain?

SERREFORT.
Non, non, l'on ne peut pas remettre.
Même il faut, en quittant ces lieux,
Que ce bandeau couvre vos yeux.

COQUEREL, au comte.
Ah! si vous daignez le permettre,
J'aime mieux y voir clair.

LE COMTE.
Il vaut mieux se soumettre,
Sur les dangers fermer les yeux.
(On attache le bandeau sur les yeux de Coquerel.)

COQUEREL.
Ah! je vais donc courir des dangers bien affreux?

LE COMTE, à Dubois.
Et pour mener à fin cette aventure,
Qu'on fasse avancer la voiture.

DUBOIS.
Monseigneur, vous serez obéi !

SERREFORT.
Monseigneur, monseigneur, que ferons-nous de lui?
(Le comte lui parle à l'oreille. — Dubois sort.)

ANGÉLIQUE, entrant, sans être vue.
Je l'aperçois d'ici.
(Bas à Coquerel.)
Un grand danger pour vous dans ce moment s'apprête.

COQUEREL.
Tous mes sens sont paralysés.
Un danger, et lequel?

ANGÉLIQUE, lui donnant un billet.
Prenez vite et lisez.
(Elle sort.)

COQUEREL.
Mais attendez ! Dieu, que c'est bête!
Lisez!... quand j'ai les yeux bandés!

Ensemble.

COQUEREL.
O fatal voyage!
Qui m'effraye, hélas!
Il faut du courage
Et je n'en ai pas.

LE COMTE.

Allons, du courage,
Et ne tremble pas ;
Car dans ce voyage
On guide tes pas.

SERREFORT.

Pour un tel voyage
On peut bien, hélas !
Manquer d'un courage
Que je n'aurais pas.

DUBOIS, rentrant.

Oui, tout est prêt, on a suivi l'ordr' d' monseigneur.

COQUEREL.

Ah ! que j'ai peur !
Hélas ! je tremble au fond du cœur.

DUBOIS, LE COMTE, SERREFORT.

Voici l'instant, dépêchons-nous.
Allons, éloignons-nous !

(Serrefort, Dubois et les exempts entraînent Coquerel ; le comte les suit.)

ACTE DEUXIÈME

Un salon élégant, richement éclairé. — Portes au fond et deux croisées.
Deux portes latérales.

SCÈNE PREMIÈRE.

COQUEREL, les yeux bandés, amené par SERREFORT et LES EXEMPTS.

INTRODUCTION.

SERREFORT.
Rassurez-vous, soyez sans crainte !
Allons, n'ayez pas peur, et calmez-vous enfin.

COQUEREL.
Se rassurer, quelle contrainte !
Je sens de la prison l'air humide et malsain.

SERREFORT.
Qu'on lui retire son bandeau.

COQUEREL.
Me voici donc à la Bastille,
Je suis dans cet affreux château
Où la lumière en aucun temps ne brille !
              (Un exempt lui ôte son bandeau.)

SERREFORT.
Vous allez en juger.

COQUEREL, pendant qu'on le détache.
         Verrous et double grille...
(Regardant.)
Mais non, vraiment tout est fort bien ici.

SERREFORT.

C'est là votre prison.

COQUEREL.

Messieurs, j'en suis ravi ;
Je croyais voir quelque cachot bien sombre,
Et des figures de brigands ;
Mais vous m'avez tous l'air de fort honnêtes gens ;
(A part.)
Je mens comme un coquin ; mais je crois, vu leur nombre,
Prudent de les flatter...
(Haut.)
Ici, messieurs, que puis-je faire?

SERREFORT.

Tout ce que vous voudrez, hormis de nous quitter.

COQUEREL.

Et voilà justement ce qui pourrait me plaire.

SERREFORT.

En ces lieux veuillez ordonner
Tout ce que vous voudrez.

COQUEREL.

Qu'on me donne à dîner !
Car je me meurs de faim !

SERREFORT.

Voici la table.
(Deux domestiques apportent la table.)

AIR.

COQUEREL, qui s'est mis à table.

On avait tout prévu ; quel repas admirable !
Eh ! mais, c'est convenable !...
Je suis... et c'est ma qualité,
En prisonnier d'État traité !...
Mes geôliers... à votre santé !

Tous ces cachots
Sont fort beaux !
Et mon sort

Me plaît fort
A la Bastille !
Ma foi, vidons
  Ces flacons ;
  Délivrons
  Ce bouchon
  De prison !

Douce liqueur !
  Plus de peur
  En mon cœur,
  Qui d'ardeur
Brûle et pétille !
Et je ne crain
  Rien enfin
  Que la fin
  De ce vin
Rare et divin !

Tous ces cachots
  Sont fort beaux !
  Et mon sort
  Me plaît fort
A la Bastille !
Gaîment vidons
  Ces flacons ;
  Délivrons
  Ce bouchon
  De prison !

Sous les verrous,
Un sort si doux
Ferait bien des jaloux !

Hélas ! pendant que j'extermine
Ces vins au fumet séduisant,
Et ces compotes dont la mine
Ferait revenir un mourant,
Peut-être une drogue ennemie...
N'importe ! Pour un confiseur,
Dans un repas perdre la vie...
C'est expirer au champ d'honneur !

Tous ces cachots, etc.

(A la fin de ce morceau, Coquerel se lève de table ; Serrefort fait signe aux exempts de se retirer; deux domestiques rangent la table sans l'emporter.)

SCÈNE II.

COQUEREL, SERREFORT.

COQUEREL.

Je suis traité en prisonnier d'Etat ! Ils s'en vont, ils nous laissent. (A Serrefort.) Et vous, mon cher ami ?

SERREFORT.

J'ai l'ordre de rester ici jusqu'à l'arrivée de monseigneur.

COQUEREL.

Monseigneur le gouverneur de la Bastille ?

SERREFORT.

Et jusque-là je ne puis vous quitter.

COQUEREL.

Cela va être bien ennuyeux pour vous.

SERREFORT.

C'est mon état, et il est souvent bien pénible.

COQUEREL, avec attendrissement.

Voilà de l'humanité.

SERREFORT, s'asseyant.

Car j'ai moi-même des affaires : un souper, un contrat de mariage, et je perds ici mon temps à vous garder; et à attendre monseigneur qui ne vient pas.

COQUEREL, à part.

Il se plaint encore, c'est lui qui se fâche et me tourne le dos ; si je pouvais pendant ce temps lire le billet qu'Angélique m'a glissé au moment du départ. (Il ouvre le billet et le lit en s'interrompant de temps en temps, chaque fois que dans sa mauvaise humeur Serrefort fait un mouvement pour se retourner.) « Monsieur « Isidore... » mon petit nom ! « j'ignore ce qui se passe, « mais il y a quelque chose. » Je crois bien. « Un monsieur « de la cour est venu parler à ma mère, et nous allons « partir tout à l'heure pour son château, qui est à deux « lieues d'ici, à Chaville ; tâchez d'y venir... » Comme c'est aisé, quand on est enfermé à la Bastille ! « J'ai idée qu'il « s'agit d'un mariage pour moi, car ma mère m'avait déjà « annoncé que nous signerions ce soir mon contrat de ma- « riage avec un exempt de police, M. Serrefort... »

SERREFORT, se retournant à son nom.

Qu'y a-t-il ?

COQUEREL, très-agité.

Rien ; je pensais à vous, et je prononçais votre nom.

SERREFORT.

Je vous en remercie.

COQUEREL.

Il n'y a pas de quoi. (A part.) Un nom affreux ! Et ce serait celui de mademoiselle Angélique ! (Achevant de lire.) « Tâchez de retarder ce mariage, et par tous les moyens « possibles d'arrêter M. Serrefort. » Cette recommandation, quand c'est lui, au contraire... (Se retournant et regardant par le fond.) Dieu ! monsieur le comte !

SERREFORT.

C'est bien heureux !

SCÈNE III.

Les mêmes ; LE COMTE, DUBOIS.

LE COMTE, donnant son chapeau à Dubois.

Tu es sûr que ma femme va ce soir au bal de l'ambassadeur ?

DUBOIS.

Quand j'ai quitté l'hôtel, madame s'habillait et allait partir.

(Il sort.)

LE COMTE, à part.

C'est bien ! rien à craindre de ce côté.

COQUEREL.

Quoi ! c'est vous, monsieur le comte, qui daignez venir vous-même me faire visite ici, à la Bastille ?

LE COMTE, souriant.

N'avais-je pas promis de parler en ta faveur ? J'ai obtenu la révocation de cette lettre de cachet.

COQUEREL.

Quel bonheur !

SERREFORT.

Alors, je m'en vais.

COQUEREL.

Moi aussi.

LE COMTE, à Serrefort.

Un instant ; c'est à des conditions que M. Coquerel refusera peut-être ; dans ce cas, l'ordre subsiste, et il reste ton prisonnier.

COQUEREL.

Quelles que soient ces conditions, monseigneur, je les accepte, je consens.

LE COMTE.

Et de plus, tu jures de n'en parler à personne ; à personne, entends-tu ? il y va de ta tête.

COQUEREL.

Je serai muet ; mais achevez, monseigneur, je suis dans le caramel bouillant.

LE COMTE.

D'abord, tu as des dettes ?

3.

COQUEREL.

C'est vrai.

LE COMTE.

Eh bien ! on les paie !

COQUEREL, stupéfait.

Ah ! mon Dieu !

LE COMTE.

Il te faut ensuite quelque argent pour ton établissement, huit ou dix mille livres ? tu en recevras vingt.

COQUEREL, stupéfait.

Est-il possible ?

LE COMTE.

De plus, tu m'as dit que dans un magasin comme le tien il fallait une femme... on t'en donne une.

COQUEREL.

A moi ? et laquelle ?

LE COMTE.

Ça ne te regarde pas.

COQUEREL.

Mais la future ?

LE COMTE.

Elle est choisie ; elle y consent.

COQUEREL.

Mais les parents !

LE COMTE.

Tu en auras aussi ; on te fournit de tout.

COQUEREL.

C'est possible ! mais permettez, j'aimerais mieux me fournir moi-même.

LE COMTE.

Fort bien, je retire ma proposition. (Appelant.) Serrefort ! allons, Serrefort !

SERREFORT.

Monseigneur a raison, ça sera plus tôt fini.

COQUEREL, avec colère.

Un instant, que diable! ce gros exempt est mon ennemi mortel!... Écoutez donc, monseigneur, se marier comme ça à l'improviste, sans préparation; on donne au moins cinq minutes pour réfléchir.

LE COMTE, tirant sa montre.

Je te les donne, montre en main.

COQUEREL, à part.

Quelle position! un mariage ou la Bastille!... Des deux côtés la prison, et partout des chaînes! Je crois pourtant que j'aime encore mieux celles du mariage; avec ça que cet animal d'exempt va épouser Angélique; qu'il n'y a plus d'espoir pour moi, et qu'une fois marié je serai libre de mourir de chagrin dans mon ménage, bien plus à mon aise que dans un cachot.

LE COMTE.

Eh bien?

COQUEREL.

Eh bien! monseigneur, je ne dis pas absolument non; mais je suis sûr que l'épouse est affreuse, c'est quelque horreur, sans doute, tortue, bossue, bancale.

LE COMTE.

C'est possible, mais si ce n'est que cela qui t'inquiète, tranquillise-toi, on y a pourvu, car tu quitteras la mariée aussitôt le mariage fait.

COQUEREL, étonné.

Je la quitterai!

SERREFORT, de même.

Il la quittera!

LE COMTE.

Au sortir de la chapelle, une voiture t'attendra pour te conduire à trente lieues d'elle; à Rouen, par exemple.

COQUEREL et SERREFORT, surpris.

A Rouen !

LE COMTE.

Où tu établiras une fabrique de gelée de pommes; on tient à cela par-dessus tout.

COQUEREL, de plus en plus surpris.

A la gelée de pommes?

SERREFORT, riant.

C'est charmant, monseigneur, c'est très-piquant! aussitôt marié... je comprends!

COQUEREL, stupéfait.

Et moi, je n'y comprends rien du tout; se marier à une inconnue, et partir pour aller faire de la gelée de pommes de Rouen à Rouen; si c'était à Paris...

LE COMTE.

C'est de rigueur. Allons, Serrefort...

COQUEREL.

Il n'est pas question de cela, monseigneur, je consens, j'épouse; je ne vous demande qu'une grâce, une seule!

LE COMTE.

Parle *.

COQUEREL.

Est-ce qu'avant le mariage je ne pourrais pas voir cette prétendue?

LE COMTE.

Si vraiment. (On entend une voiture.) Entends-tu? c'est elle qui arrive, et par cette fenêtre tu peux la voir descendre de voiture.

★ Voir la variante à la fin.

COQUEREL.

Je n'ose pas, je n'ai plus de jambes.

SERREFORT.

Ma foi, voyons, moi qui n'y suis pour rien. (Il va à la fenêtre, et s'écrie à part.) Dieu! qu'ai-je vu! Angélique, ma future!

COQUEREL, regardant Serrefort.

Il est tout pâle, et si la vue seulement produit cet effet-là sur un étranger... (A Serrefort.) Eh bien! qu'en dites-vous?

SERREFORT.

N'épousez pas.

COQUEREL.

Mais la prison?

SERREFORT.

Le mariage est encore plus horrible.

COQUEREL.

Elle est donc bien affreuse?

LE COMTE, près de la fenêtre.

Elle entre dans le salon, elle a disparu!

SERREFORT, à part.

Et comment m'opposer à ce complot et ravoir ma future?... Ah! ce moyen, c'est le seul! si je pouvais gagner du temps...

COQUEREL, de même.

Si je pouvais gagner la porte.

LE COMTE.

Adieu, je vais tout disposer, et je reviens. Toi, Serrefort, va prévenir ton monde, et tenez-vous prêts à conduire monsieur.

COQUEREL.

Où donc, monseigneur?

LE COMTE.

A Rouen! Allons, Serrefort...

SERREFORT.

Je vous suis, monseigneur, je vous suis.

(Le comte sort par le fond et Serrefort par la droite.)

SCÈNE IV.

COQUEREL, seul.

Ils s'en vont tous les deux ; ils me laissent seul, et si j'osais... (Regardant autour de lui.) Oui, mais le moyen de s'évader quand on est à la Bastille... Rien qu'en voyant l'horrible femme qu'on me destine, ce pauvre exempt a manqué mourir de frayeur. C'est quelque monstre, quelque Barbe-Bleue femelle, qui égorge les gens assez simples pour l'épouser ! Et je serais son innocente victime ! Non, morbleu ! j'aime mieux la Bastille ! j'implore la Bastille ! On y dîne bien ; et puis d'ailleurs, prisonnier on en revient quelquefois ; mais mort... Mon parti est pris ! qu'elle paraisse maintenant, cette mégère, cette infernale fiancée !... Dieu ! qu'est-ce que je vois là ?

SCÈNE V.

COQUEREL, ANGÉLIQUE.

ANGÉLIQUE.

Monsieur Isidore !

COQUEREL.

Angélique ! est-ce bien vous ? Comment avez-vous pu pénétrer jusqu'ici ?

ANGÉLIQUE.

Je suis venue avec ma mère.

COQUEREL.

Et c'est pour moi ?...

ANGÉLIQUE.

Oui, sans doute.

COQUEREL.

Que vous venez en cet affreux château?

ANGÉLIQUE.

Pas si vilain! moi je le trouve très-gentil depuis la nouvelle qu'on vient de m'y apprendre. Mon mariage est rompu avec M. Serrefort.

COQUEREL.

Est-il possible! elle est libre! (A part.) Et moi qui ne le suis plus!

ANGÉLIQUE.

Et l'on me propose à la place un autre prétendu, qui a sur-le-champ convenu à ma mère et à moi aussi!

COQUEREL, furieux.

A vous aussi, traîtresse! et vous osez me le dire?

DUO.

ANGÉLIQUE.

Il est aimable et tendre,
Il a bien des talents,
Quoique à se faire entendre
Il tarda bien longtemps.
Mais il m'aime et m'adore,
Et ce nouvel époux,
Ah! monsieur Isidore,
C'est vous-même, c'est vous!

COQUEREL, avec joie.

Qu'entends-je, ô ciel?

ANGÉLIQUE.

D'une union si prompte
Vous êtes étonné... mais c'est monsieur le comte...

COQUEREL, stupéfait.

Quoi! c'est monsieur le comte!

ANGÉLIQUE.

Lui-même!...

COQUEREL.

Ah! quel soupçon!
Bonheur fatal que je redoute,
Il serait vrai?

ANGÉLIQUE.

Eh! oui, sans doute.

Ensemble.

COQUEREL.

Ah! quel tourment!
Quel agrément!
J'en perds la tête...
Pour moi s'apprête
Un grand malheur,
Un grand bonheur.
C'est la tempête,
C'est une fête,
Qui sur moi fait
Un tel effet,
Que j'en suis bête
Et perds la tête,
Et je ne puis
Dire où j'en suis.

ANGÉLIQUE.

Ah! mais vraiment!
C'est étonnant!
Il est tremblant,
Il m'inquiète;
C'est pour son cœur
Trop de bonheur!
Et cette fête
Que l'on apprête
A sur lui fait
Un tel effet,
Qu'il devient bête
Et perd la tête :

Son cœur épris
En est surpris.

COQUEREL.

Répétez-moi ce que vous m'avez dit ;
Quoi ! c'est ici ?

ANGÉLIQUE.

C'est dans cette demeure
Qu'on va nous marier.

COQUEREL.

Tous les deux ?

ANGÉLIQUE.

Tout à l'heure.

COQUEREL.

Et c'est bien monseigneur ?

ANGÉLIQUE.

C'est lui qui nous unit.
(A part.)
Ah ! dans ses yeux quel transport brille !
Mais le bonheur lui donne un air hagard.

COQUEREL.

Et ma promesse et la Bastille,
Et mon hymen et ce départ ?

Ensemble.

COQUEREL.

Ah ! quel tourment ! etc.

ANGÉLIQUE.

Ah ! mais, vraiment ! etc.

ANGÉLIQUE.

Quel trouble en votre esprit s'élève,
Qui semble ainsi vous occuper ?

COQUEREL.

Je n'y puis croire... c'est un rêve
Que le réveil va dissiper !

ANGÉLIQUE.

Un rêve!... alors que moins sévère
Le sort sourit à tous les deux!
Un rêve, lorsqu'ici ma mère
Me permet d'écouter vos vœux!
Est-ce une erreur, lorsque j'exprime
Ma joie et mon bonheur? Enfin,
Est-ce une erreur, lorsque sans crime
Dans votre main je sens ma main?

COQUEREL.

En l'écoutant, hélas! je tremble :
Est-ce de crainte ou de plaisir?
Mais à chaque instant il me semble
Voir mon rêve s'évanouir.

Ah! si c'est un songe,
Que le ciel prolonge
Un heureux mensonge,
Qui ravit mon cœur!

ANGÉLIQUE.

Ce n'est pas sans peine!
Son âme incertaine
Osait croire à peine
A tant de bonheur!

Ah! je suis trop bonne;
Mais je vous pardonne,
Et mon cœur se donne
A vous pour toujours.

COQUEREL.

L'amour me l'ordonne,
Mon cœur s'abandonne
Et se donne
Au dieu des amours,
Toujours.

ANGÉLIQUE.

Toujours!

Ensemble.

COQUEREL.

Ah! si c'est un songe, etc.

ANGÉLIQUE.

Ce n'est pas sans peine, etc.

COQUEREL.

Oui, ma femme, ma chère femme! à toi, toujours à toi, jusqu'au trépas et au delà! je ne te quitte plus! Dieu! qu'est-ce que je dis? J'oubliais... j'oublie tout auprès d'elle!

ANGÉLIQUE.

Eh bien! voilà que ça lui reprend... Venez donc, ma mère, venez donc!

SCÈNE VI.

Les mêmes; Mme BERGAMOTTE.

ANGÉLIQUE.

Voilà monsieur Coquerel qui ne sait plus ce qu'il dit, il perd la tête.

Mme BERGAMOTTE.

C'est comme ton père, mon enfant! c'est toujours ainsi dans ce moment-là.

COQUEREL, qui a rêvé pendant ce temps.

Oui, mon parti est pris! l'essentiel est d'épouser et de sortir d'ici, parce qu'une fois dehors, une fois marié, je me révolterai.

ANGÉLIQUE, qui s'est approchée.

Par exemple! mais du tout, monsieur, vous marcherez droit et vous m'obéirez!

Mme BERGAMOTTE.

Oui, ma fille, il nous obéira, comme ton père!

COQUEREL.

C'est ce que je voulais dire. Mais vous ne savez pas, Angélique, vous ne pouvez pas savoir, ni votre mère non plus... Mais j'espère bien qu'on ne nous mariera pas ici, en prison.

Mme BERGAMOTTE.

Qu'est-ce qu'il dit? il n'y est plus!

COQUEREL.

Si fait! j'y suis encore, et je désire n'y plus être.

Mme BERGAMOTTE.

Où ça?

COQUEREL.

A la Bastille!

ANGÉLIQUE, à sa mère.

La! quand je vous disais que sa raison déménage!

COQUEREL.

C'est possible; mais je voudrais faire comme elle!

Mme BERGAMOTTE.

Vous êtes ici à Chaville, mon gendre.

COQUEREL, stupéfait.

A Chaville!

Mme BERGAMOTTE.

Dans le château de M. le comte de Coaslin, qui vous protége, vous dote et vous marie avec une générosité, un désintéressement! ce vertueux seigneur!

COQUEREL, à part.

Ah! quelle scélératesse! si j'osais parler... je vais tout lui dire. (Haut.) Sachez donc... Dieu! monseigneur!...

Mme BERGAMOTTE.

Saluez donc, mon gendre, saluez monseigneur.

SCÈNE VII.

Les mêmes ; LE COMTE.

LE COMTE.

Tout est disposé pour le contrat... il n'y a plus qu'à signer, et si monsieur Coquerel est décidé...

COQUEREL.

Certainement. (A part.) Je ne suis plus à la Bastille, je ne risque rien ; mais après cela nous verrons.

(Il offre son bras à Angélique.)

Mme BERGAMOTTE.

Du tout, mon gendre ; c'est à moi, c'est à la belle-mère que vous devez donner le bras.

LE COMTE.

C'est juste, c'est d'étiquette. On est en train de dresser le contrat, voyez si les conditions vous conviennent ; après, nous signerons. Les grands-parents et le futur d'abord, c'est de droit, et après, la mariée.

COQUEREL, à part.

Oui, je vais signer, je vais signer mon bonheur avec fureur ! mais l'on verra plus tard ce que peut un confiseur au désespoir !

Mme BERGAMOTTE, avec dignité, lui offrant son bras.

Monsieur Coquerel, j'ai failli attendre !

(Ils sortent tous deux.)

SCÈNE VIII.

LE COMTE, ANGÉLIQUE.

LE COMTE, retenant Angélique qui veut les suivre.

Un instant, mon enfant ; et mon présent de noces à moi, celui que vous m'avez promis ?

ANGÉLIQUE.

Quoi donc?

LE COMTE.

Un baiser!

ANGÉLIQUE, naïvement.

Dame! si vous voulez, monsieur le comte...

LE COMTE.

C'est charmant.

ANGÉLIQUE.

Je suis si heureuse!

LE COMTE.

C'est de la résignation; car ce mari que je vous ai choisi au hasard, vous ne le connaissiez pas beaucoup.

ANGÉLIQUE.

Si vraiment!

LE COMTE, stupéfait.

Plaît-il? qu'est-ce que j'entends là? Expliquez-vous.

ANGÉLIQUE.

ROMANCE.

Premier couplet.

Sa boutique est près de la nôtre,
Et depuis un an à peu près
Nous nous regardions l'un et l'autre,
Sans oser nous parler jamais!
Car c'est la timidité même...
Et c'est ce matin seulement
Qu'il m'a dit enfin : Je vous aime!
Mais je le savais bien avant!...
     (Geste de colère du comte.)
Ah! que je suis contente!
Que cet hymen m'enchante!
C'est à vous, monseigneur,
Que je dois mon bonheur!

La cause de notre bonheur,
C'est vous, c'est vous, oui, c'est vous, monseigneur!
(Fausse sortie d'Angélique; le comte la ramène.)

Deuxième couplet.

Il a le don d'aimer, de plaire!
Mais il n'a pas un seul écu!
Moi, je voulais bien!... mais ma mère
Sans vous n'aurait jamais voulu!
Et quand tout à l'heure, ici même,
Pour moi vous cherchiez un mari,
Vous avez pris celui que j'aime
Et celui que j'aurais choisi!
(Geste de colère du comte.)
Ah! que je suis contente!
Que cet hymen m'enchante!
C'est à vous, monseigneur,
Que je dois mon bonheur!
Et c'est à vous, monseigneur,
Que nous devrons notre bonheur!
(Fausse sortie; le comte la ramène.)

LE COMTE.

Un instant, j'ai à vous parler. (A part.) J'aurais été dupe à ce point! Non, morbleu! elle ne l'épousera pas! Tout autre, peu importe, pourvu que ce ne soit point celui-là.

SCÈNE IX.

LE COMTE, ANGÉLIQUE, SERREFORT, puis DUBOIS.

SERREFORT.

Monseigneur, monseigneur...

LE COMTE.

Qu'est-ce donc? qu'as-tu besoin de me déranger quand je suis ici avec du monde? (A Angélique.) Je suis à vous dans l'instant.

ANGÉLIQUE.

Ce ne sera pas long, monseigneur ?

SERREFORT, au comte.

J'ai à vous parler. Votre femme...

LE COMTE.

Ma femme, qui devait aller au bal de l'ambassadeur...

SERREFORT.

Sa voiture entre dans la cour, je l'ai vue...

LE COMTE.

Et qu'est-ce donc qui l'amène ?

SERREFORT, à part.

Mon message qu'elle a reçu. Qu'il s'en tire maintenant comme il pourra, voilà le mariage rompu.

(Il sort.)

DUBOIS, accourant.

Monseigneur, monseigneur...

LE COMTE.

A l'autre, maintenant !

ANGÉLIQUE, à part.

Qu'est-ce qu'ils ont donc tous ?

DUBOIS.

Votre femme...

LE COMTE.

Eh ! je le sais de reste ! (A part.) Elle, si jalouse, que ne dira-t-elle pas en me trouvant ici avec cette jeune fille !

DUBOIS.

Il faut prendre un parti !

LE COMTE.

Il n'y en a qu'un, c'est de conduire le mari avec sa prétendue en bas, dans la chapelle.

DUBOIS.

Y pensez-vous ?

LE COMTE.

Qu'on les marie à l'instant. (A Dubois.) Toi, reste ici avec ma femme, et dis-lui ce qu'il faut lui dire.

ANGÉLIQUE.

Eh bien! monseigneur, et mon mari qui attend toujours?

LE COMTE.

Nous allons le trouver. (Entraînant Angélique.) Partons.

ANGÉLIQUE, le suivant.

Oui, monseigneur, partons.

(Ils sortent, excepté Dubois.)

SCÈNE X.

LA COMTESSE, en costume de bal, suivie de GERMAIN, son domestique, à qui elle fait signe de la main de l'attendre dans la pièce à côté ; DUBOIS.

LA COMTESSE, entrant par le fond et voyant sortir par la porte à droite le comte et Angélique.

On ne m'a pas trompée : mon mari et une jeune fille ! le billet qu'un inconnu vient de m'apporter disait vrai.

DUBOIS, allant à elle.

Madame la comtesse ici, à Chaville, quand M. le comte la croyait à Paris.

LA COMTESSE, avec une vive émotion.

Approche ici, Dubois, et réponds-moi. M. le comte devait être à Versailles, où se traite ce soir une importante affaire au conseil du roi ! Comment est-il ici, à Chaville, dans sa maison de campagne, avec toi et une jeune fille ?

DUBOIS, feignant la surprise.

Une jeune fille !

LA COMTESSE, d'un ton affirmatif.

Je l'ai vue !

DUBOIS.

Alors il n'y a moyen de rien cacher à madame, et quoique M. le comte m'ait recommandé le secret...

LA COMTESSE.

Je t'ordonne, moi, de parler ; et prends garde à ce que tu vas dire. Car si mon mari est l'ami de madame de Pompadour, je suis l'amie de la reine, moi, et il y a des moments où ce pouvoir-là vaut bien l'autre. Eh bien ?

DUBOIS, avec sensibilité.

Eh bien ! madame, il y avait à Paris, rue des Lombards, un jeune confiseur, M. Coquerel, que M. le comte protégeait. Il a voulu le marier aujourd'hui même, ici, dans son château.

LA COMTESSE.

Et tu crois que je serai dupe d'une pareille histoire ?

DUBOIS, avec indignation.

Une histoire ! Tenez, tenez, madame, entendez-vous la cloche ? c'est la cérémonie, et par cette fenêtre vous pouvez voir le cortége entrer dans la chapelle du château.

LA COMTESSE, regardant.

C'est vrai ! une jeune fille en mariée !

DUBOIS.

Mademoiselle Angélique !

LA COMTESSE.

Un jeune homme pâle !

DUBOIS.

M. Coquerel.

LA COMTESSE.

Une autre femme plus âgée !

DUBOIS.

La parfumeuse douairière, la mère de la mariée !

LA COMTESSE.

Sa mère !

DUBOIS.

J'espère que vous n'avez plus de doutes ?

LA COMTESSE, avec hésitation.

Non, certainement ; mais pourquoi ne pas m'en parler ? pourquoi mon mari se cache-t-il de moi ?

DUBOIS.

Il est comme madame, il aime à cacher le bien qu'il fait, et si madame veut descendre voir les mariés, sa présence leur causera une surprise et un plaisir !

LA COMTESSE.

Non, non, demain je leur enverrai mon cadeau de noce ! Mais aujourd'hui que personne, pas même M. le comte, ne sache le ridicule accès de jalousie qui lui donnerait trop d'avantage sur moi. (Appelant.) Germain ! (Son domestique entre, elle lui parle bas en lui montrant la porte à droite ; à Dubois.) Par cet escalier et la petite porte qui donne sur le bois, je partirai sans que M. le comte se doute seulement que je suis venue !

DUBOIS.

Oui, madame.

LA COMTESSE, continuant, à Dubois.

Toi, pour qu'il l'ignore, retourne auprès de lui.

DUBOIS, s'inclinant.

Madame sera satisfaite. (A part.) Et nous aussi. Elle s'éloigne, et, grâce au ciel, nous en voilà délivrés ! C'est égal, nous l'avons échappé belle !

(Il sort.)

SCÈNE XI.

LA COMTESSE, seule.

COUPLETS.

Premier couplet.

Écoutez donc les calomnies !
Voyez donc ces bonnes amies !
A les entendre, l'on croirait
Que mon mari me trahissait ;
Après deux ans de mariage,
Mon amour est son seul trésor !
Toujours fidèle et toujours sage,
Je le vois bien, il m'aime encore.

Deuxième couplet.

Je sais qu'en leurs volages flammes,
Souvent les maris de ces dames,
Au lieu d'un amour, en ont deux !
Mais mon mari n'est pas comme eux :
Toujours fidèle et toujours sage,
De l'accuser j'aurais grand tort,
Malgré l'hymen qui nous engage,
J'en suis bien sûre, il m'aime encor !

SCÈNE XII.

LA COMTESSE, ANGÉLIQUE ; puis GERMAIN.

ANGÉLIQUE, un bougeoir à la main.

Ah ! mon Dieu, mon Dieu ! conçoit-on ça ?... C'est inimaginable !

LA COMTESSE.

Qui vient là ? c'est la jeune mariée !

ANGÉLIQUE, apercevant la comtesse.

Quelqu'un d'ici, quelqu'un du château, qui l'aura peut-être aperçu? (S'approchant de la comtesse.) Dites-moi, madame, l'auriez-vous vu?

LA COMTESSE.

Et qui donc?

ANGÉLIQUE.

Mon mari !

LA COMTESSE.

Votre mari, M. Coquerel le confiseur?

ANGÉLIQUE.

Oui, madame.

LA COMTESSE.

Que vous venez d'épouser?

ANGÉLIQUE.

Oui, madame.

LA COMTESSE.

Et que lui est-il donc arrivé?

ANGÉLIQUE, pleurant.

Il est perdu, madame !

LA COMTESSE.

Perdu !

ANGÉLIQUE.

Évanoui, disparu, impossible de le retrouver! Avec ça que depuis une heure il avait un air si singulier! A l'église même, il n'était pas du tout à ce qu'il faisait ; il me regardait avec des soupirs, des airs de tendresse, des choses qui étaient bien... mais il me serrait la main à me faire mal, comme s'il eût eu peur de me quitter ; et puis quand il a fallu dire oui, j'ai vu le moment où il disait non ! Il l'aurait dit, si je ne lui avais pas soufflé l'autre mot, et sans mauvaise intention, car il m'aime bien, le pauvre garçon, et moi aussi je l'aime!... et au sortir de la chapelle, M. le comte me donnait la main, mon mari nous suivait; je me retourne, je ne le vois plus! Ça m'inquiétait, mais je n'osais

4.

pas le dire ; pourtant un mari, ça ne doit pas disparaître si vite.

LA COMTESSE.

Non certainement.

ANGÉLIQUE.

N'est-ce pas, madame ? Mais voici ce qui est bien plus singulier. Arrivés dans le salon, M. le comte me dit : « Une commande extraordinaire de sirops et de rafraîchissements pour le bal de l'ambassadeur oblige ce pauvre Coquerel à retourner sur-le-champ à Paris... »

LA COMTESSE, effrayée.

Ah ! mon Dieu !

ANGÉLIQUE.

« Et il ne pourra revenir que demain. »

LA COMTESSE.

Demain !

ANGÉLIQUE.

Oui, madame, demain. (Pleurant.) Il a dit demain !

LA COMTESSE.

Vous en êtes bien sûre ?

ANGÉLIQUE, naïvement.

Je le lui ai fait dire deux fois !

LA COMTESSE, réfléchissant.

Qu'est-ce que cela signifie ?

ANGÉLIQUE.

Oui, madame, qu'est-ce que ça signifie ? Est-ce que c'est bien ? est-ce que c'est convenable ? Je suis sûre que ma mère serait furieuse si elle était là ! mais elle était déjà partie.

LA COMTESSE, vivement.

Partie aussi ?

ANGÉLIQUE.

Pour Paris. Ils partent tous !

LA COMTESSE, avec une colère concentrée.

Mais moi je reste, et nous verrons, nous verrons ce qui arrivera !

ANGÉLIQUE.

Oui, nous verrons ce qui arrivera. C'est ce que je me dis, ça ne peut pas se passer comme ça ! M. le comte est comme vous, il est désolé ; il m'a dit : « Calmez-vous ! ne vous faites pas de chagrin, vous resterez ici au château, vous y aurez la plus belle chambre, la chambre jaune... »

LA COMTESSE, montrant la porte à droite.

Celle-ci !

ANGÉLIQUE.

Oui, madame, j'y allais. « Et soyez sûre, a-t-il continué, que tous les soins, tous les égards... » Car il est si aimable, M. le comte, il a tant d'égards !...

LA COMTESSE, à part, avec colère.

Ah ! la lettre anonyme ne m'a pas trompée !

ANGÉLIQUE, continuant.

Mais c'est égal, ce n'est pas la même chose, et M. Coquerel ne devait pas s'en aller ainsi à l'improviste et sans me dire adieu, sans me prévenir au moins ; n'est-ce pas, madame ?

LA COMTESSE.

Et c'est ce qu'il a fait, mon enfant.

ANGÉLIQUE.

Comment cela ?

LA COMTESSE.

Je l'ai vu tout à l'heure, et obligé en effet de retourner à l'instant même à Paris, il m'a priée de vous emmener, de vous conduire chez lui.

ANGÉLIQUE, vivement.

Rue des Lombards, n° 46.

LA COMTESSE.
Comme vous dites.

ANGÉLIQUE.
Quel bonheur ! et qui donc êtes-vous, madame ?

GERMAIN, rentrant par la porte de droite.
La voiture de madame la comtesse !

ANGÉLIQUE.
Une comtesse !

LA COMTESSE.
La maîtresse de ce château. Vous pouvez vous fier à moi ! Germain, conduisez mademoiselle...

ANGÉLIQUE, la reprenant.
Comment, mademoiselle ?

LA COMTESSE, se reprenant.
C'est juste, madame Coquerel, conduisez-la, dans ma voiture, rue des Lombards, numéro...

ANGÉLIQUE.
Numéro 46.

LA COMTESSE.
Chez son mari, chez elle.

GERMAIN, s'inclinant.
Oui, madame.

LA COMTESSE, à Angélique.
Partez, mon enfant, par cet escalier dérobé, et que personne ne vous voie !

ANGÉLIQUE, faisant une fausse sortie.
Oui, madame la comtesse, oui. Ah ! j'oubliais : mes remerciements et mes adieux à M. le comte votre mari ! Ne m'oubliez pas, dites-lui qu'il vienne nous voir le plus tôt possible !

LA COMTESSE, la faisant sortir.

C'est bien! c'est bien! je m'en charge. Partez, partez, vous dis-je.

(Elle fait passer Angélique et Germain par le petit escalier à droite.)

SCÈNE XIII.

LA COMTESSE, seule, avec agitation.

Oui, oui, je lui parlerai, à M. le comte, dès ce soir même, et, comme tout me le dit, tout me le prouve, s'il est coupable, je veux le convaincre, le confondre. On vient! c'est lui!
(Elle rentre la lumière dans la chambre à droite. On voit s'ouvrir la fenêtre du salon.)

SCÈNE XIV.

LA COMTESSE, COQUEREL, entrant par la fenêtre.

COQUEREL.

Grâce au ciel et à la nuit, dans ce bois de Meudon que nous traversions, je leur ai échappé, et je reviens dans ce château près de ma femme. Deux murs à franchir, ce n'est rien, l'amour fait passer par-dessus tout.

LA COMTESSE, à part.

Je tremble... C'est lui!...

FINALE.

Ensemble.

COQUEREL.

Dans l'ombre et le mystère,
Je sens battre mon cœur!
Que l'amour fasse taire
Une indigne frayeur!

LA COMTESSE.

Dans l'ombre et le mystère,
C'est lui ! ce séducteur !
Ah ! tâchons de nous taire
Pour doubler son erreur !

COQUEREL, s'avançant.

Eh mais ! un voile blanc, une femme ! c'est elle !...
(A voix basse.)
Angélique ! Angélique ! est-ce toi ?

LA COMTESSE, contrefaisant sa voix.

Oui, moi-même !

COQUEREL.

Ah ! l'amour veille sur moi.
(La serrant contre son cœur, et l'embrassant.)
Ma douce amie !

LA COMTESSE, à part.

Ah ! l'infidèle !

COQUEREL.

Bien malgré moi tantôt j'ai disparu d'ici ;
Si tu savais pourquoi !...

LA COMTESSE, à part.

Grand Dieu ! ce n'est pas lui !

COQUEREL.

Si tu savais, tous deux, quel danger nous menace ?

LA COMTESSE.

Quel danger ?

COQUEREL.

D'y penser... ah ! tout mon sang se glace.

LA COMTESSE.

Parlez, parlez...

COQUEREL, toujours à voix basse.

Cet indigne seigneur...

LA COMTESSE, l'interrogeant.

Le comte ?

COQUEREL.

C'est un suborneur !

LA COMTESSE.

Un suborneur ?...

COQUEREL.

Un homme infâme !
Qui veut bien que tu sois ma femme,
Pourvu que ton époux ici
Ne devienne pas ton mari !

LA COMTESSE, avec colère.

Ah ! quelle affreuse trahison !

COQUEREL, avec désespoir.

Ou le départ... ou la prison !

Ensemble.

LA COMTESSE.

Le dépit, la vengeance,
Font palpiter mon cœur !
Je maudis ma constance
Pour un pareil trompeur !

COQUEREL.

La fureur, la vengeance,
Font palpiter mon cœur,
Et je frémis d'avance
De ce choix plein d'horreur !

LA COMTESSE, entendant venir.

On accourt...

COQUEREL.

Ah ! je tremble !
(Voulant emmener la comtesse.)
Fuyons... fuyons, ils me viennent chercher !

LA COMTESSE, à part.

Je ne veux pas que l'on nous voie ensemble !
(Montrant la porte à droite.)
Ah ! là... dans ma chambre à coucher.
(Elle s'y élance et referme vivement la porte sur elle.)

COQUEREL, avec effroi.

Angélique ! es-tu folle ? Angélique, à l'instant,
Ouvre-moi cet appartement !

SCÈNE XV.

LE COMTE, SERREFORT, DUBOIS, Exempts et Valets du
Comte ; Paysans et Paysannes ; ils entrent tous avec des flambeaux ; COQUEREL, frappant toujours à la porte.

LE CHŒUR.

Au voleur, au voleur !
Au voleur, au voleur !
(Désignant Coquerel.)
Oui, ce doit être
Un malfaiteur,
Il est entré par la fenêtre.
Au voleur, au voleur !
Par escalade et dans la nuit
Dans ces lieux il s'est introduit,
Au voleur, au voleur !

COQUEREL.

Écoutez-moi, messieurs, vous êtes dans l'erreur,
Ah ! croyez-moi, je suis un honnête homme.

TOUS.

C'est un voleur !

COQUEREL.

Ma femme est là ! là qui m'attend,
Et j'en fais le serment.

TOUS.

Allons, c'est un mensonge ;
Votre femme vous ouvrirait !

COQUEREL, frappant.

Messieurs, je ne sais pas à quoi ma femme songe.

(Frappant plus fort.)
Angélique! Angélique!

(Avec douleur.)
Ah! quel horrible trait!

TOUS, criant.
Au voleur, au voleur!

COQUEREL, hors de lui.
C'est un mari qui vous implore,
Et le voleur, le vrai voleur,
Mes chers amis, c'est monseigneur!

TOUS, avec indignation.
Il ose insulter monseigneur!
Au voleur, au voleur!

SERREFORT.
C'est notre prisonnier qui nous est échappé.

COQUEREL.
Quoi! toujours cet exempt...

SERREFORT.
Le voilà rattrapé.

TOUS.
Nous savions bien que c'était un voleur,
Le voilà pris, quel bonheur!

SERREFORT et LES EXEMPTS.
Nous le tenons, il est à nous;
Mes chers amis, retirez-vous.
De par le roi nous l'emmenons,
Du prisonnier nous répondons.

COQUEREL.
Quoi! l'on m'entraîne!
Ame inhumaine,
Qu'hélas! ma peine
Ne peut fléchir!
Quand je réclame
En vain ma femme,
La mort dans l'âme
Il faut partir!...

Je me sens défaillir,
Tant mon cœur est ému !
Grand Dieu, veillez sur sa vertu ;
Si je m'en vais je suis perdu !

(On entraîne Coquerel ; au même moment le comte se glisse dans la chambre à droite. Coquerel rentre précipitamment et veut courir après le comte ; mais les exempts et les paysans lui barrent le passage ; il s'évanouit.)

ACTE TROISIÈME

La chambre de Coquerel. — Au fond, à droite de l'acteur, une porte; au coin, à gauche, un escalier tournant praticable qui traverse le théâtre du haut en bas. Il est censé donner dans le magasin du rez-de-chaussée et conduire par le haut au grenier; une porte latérale à droite; commode, siéges, mobilier simple.

SCÈNE PREMIÈRE.

ANGÉLIQUE, en toilette de mariée, seule, assise près d'une table où brûle une bougie qui va s'éteindre.

AIR.

De Saint-Jacques ★ j'entends l'horloge solitaire,
Qui sonne lentement les heures de la nuit !
Et près de ce flambeau qui, seule, hélas ! m'éclaire,
J'attends... et sens mon cœur tressaillir de dépit !

    Ah ! c'est bien la peine
    D'avoir un mari;
    Ah ! c'est bien la peine
    De n'aimer que lui !

    Quand l'hymen m'enchaîne,
    Seule me voici !
    Et j'ai peur ici...
    Oui, j'ai peur ici...
    Ah ! c'est bien la peine

★ Saint-Jacques-la-Boucherie, ancienne paroisse de la rue des Lombards.

D'avoir un mari !
(Regardant autour d'elle avec crainte.)
Hélas !... jeune fille,
J'avais quelque espoir
D'être assez gentille...
Et dans mon miroir
Mes yeux croyaient lire
Qu'un jour je plairais !...
Qui peut donc me dire
Si je me trompais !...

Ah ! c'est bien la peine
D'avoir un mari !
Ah ! c'est bien la peine
De compter sur lui !
(Détachant les épingles de sa coiffure.)
Quand l'hymen m'enchaîne,
Déjà me voici
A l'attendre ainsi !...
Seule... oui, seule ici...
Ah ! c'est bien la peine
D'avoir un mari !

(Mouvement de valse.)
Détachons ces dentelles,
Ces parures nouvelles,
Inutiles, hélas !...
Dans ma douleur mortelle,
A quoi sert d'être belle ?
Il ne me verra pas !
(Elle ôte son bouquet de mariée, qu'elle jette sur la table, puis tout à coup elle écoute.)
Dans l'ombre et le silence
Quel bruit a retenti ?
Quelqu'un monte ou s'avance...
Ah ! c'est lui ! c'est bien lui !...
(Reprenant son bouquet et rajustant sa coiffure.)
Rajustons ces dentelles
Et ces parures nouvelles,
Tout mon cœur bat d'espoir !
Que mon dépit s'oublie,

Je veux être jolie,
Puisque je vais le voir.
Enfin je vais le voir !

(Écoutant encore.)

Mais non... je m'abusais... partout même silence !
Tout est calme... excepté mon cœur.
C'est trop longtemps souffrir une pareille offense,
Et je me vengerai, j'en jure sur l'honneur !

O ma mère !... ô ma mère !...
Qu'en ma juste colère
Votre exemple m'éclaire ;
Que j'apprenne de vous
Par quel art, quelle adresse,
Ma haine vengeresse
Pourra faire sans cesse
Enrager mon époux !

Ah ! cette fois, je ne m'abuse pas !
On vient en bas de refermer la porte.
Oui, j'entends le bruit de ses pas !
Le voici !... mais n'importe !
Il est trop tard ! à mon tour, à présent !
Et dans ma chambre enfermons-nous, de sorte
Qu'il aura beau frapper... oui, frappe maintenant.
Qu'il gronde ! qu'il se fâche ! et mon cœur est content.

O ma mère !... ô ma mère !...
Qu'en ma juste colère
Votre exemple m'éclaire ;
Que j'apprenne de vous
Par quel art, quelle adresse,
Ma haine vengeresse
Pourra faire sans cesse
Enrager mon époux !

(Elle entre dans la chambre à droite, et on lui entend fermer trois verrous ; au moment où s'ouvre la porte du fond, paraît madame Bergamotte.)

SCÈNE II.

Mme BERGAMOTTE, seule.

Il est déjà grand jour... et point de nouvelles des mariés... personne ne paraît encore... Je n'y tiens pas... d'autant que dans les convenances c'est la mère qui, le lendemain, doit être la première à féliciter le jeune époux!... Avec ça que ma fille était si inquiète hier soir... à minuit... quand je l'ai quittée avec les pleurs et les bénédictions d'usage... (Avec une petite voix.) « Ah! ma mère... M. Coquerel... — Il va venir, mon enfant!... c'est son état qui le retient... l'état avant tout, c'est ainsi dans le commerce... c'est fort exigeant!... — Ah! ma mère, ne vous en allez pas! — Il le faut, mon enfant, rassure-toi... De la raison, madame Coquerel, de la raison... » et elle n'en manque pas. Il est impossible que cette enfant-là ne tienne pas de sa mère. (S'approchant de la porte.) Je n'entends rien. (Frappant doucement.) On ne répond pas... ma foi, au risque de les réveiller... (Elle frappe plus fort; puis plus fort encore.) Il est impossible de dormir à ce point-là... c'est d'une inconvenance!...
(Pendant qu'elle frappe de nouveau, la porte du fond s'ouvre et paraît la comtesse vêtue en bourgeoise, la cornette, le tablier noir, etc.)

SCÈNE III.

Mme BERGAMOTTE, frappant toujours; LA COMTESSE.

Mme BERGAMOTTE, se retournant.

Qui vient là, à cette heure-ci? Que demandez-vous, madame?

LA COMTESSE.

M. Coquerel...

Mme BERGAMOTTE.

Il n'y est pas... c'est-à-dire il y est; mais il n'est pas visible, il dort encore...

LA COMTESSE.

Alors, je l'attendrai...

Mme BERGAMOTTE.

C'est étonnant, une étrangère !... car madame n'est pas du quartier, je ne la connais pas... Et que voulez-vous à mon gendre ? car c'est mon gendre... que lui voulez-vous, s'il vous plaît ?

LA COMTESSE, avec embarras.

Lui parler !... pour ses intérêts; c'est pour cela que j'arrive... que je viens...

Mme BERGAMOTTE.

Je devine !... vous êtes la demoiselle de boutique qu'il attend... mademoiselle Dorothée, que lui envoie sa tante Mignonnette de Gisors.

LA COMTESSE, vivement.

Oui, madame, c'est justement cela...

Mme BERGAMOTTE.

Eh bien ! ma chère demoiselle, si vous veniez ici pour être à la tête de la maison... il y a bien du changement depuis hier. M. Coquerel est marié... marié, entendez-vous ?... c'est vous dire assez que votre présence ne convient guère à ma fille ni à moi; car il n'y a plus qu'une personne qui doit commander ici... c'est ma fille, que j'ai élevée à m'obéir... J'entends du bruit chez elle. (Frappant.) Ma fille... mon gendre !... (A la comtesse.) Nous allons avoir une explication à ce sujet... C'est moi, ma fille... c'est ta mère bien-aimée. (A la porte qui s'entr'ouvre.) Peut-on entrer, madame Coquerel ?

ANGÉLIQUE, dans la chambre.

Oui, ma mère !...

Mme BERGAMOTTE.

Ah ! enfin ! (A la comtesse.) Vous pouvez attendre ici... ce ne sera pas long.

(Elle entre sur la pointe du pied; la porte se referme.)

SCÈNE IV.

LA COMTESSE, puis COQUEREL.

LA COMTESSE.

Voilà une belle-mère charmante!... et pour son réveil de noces, ce pauvre Coquerel va avoir une scène!... Enfin et malgré la lettre de cachet, il est revenu hier soir chez lui, près de sa femme!... c'est l'essentiel; et maintenant il faut, sans me faire connaître, empêcher M. le comte... Dieu!... que vois-je?

COQUEREL, paraissant à la porte du fond, pâle, en désordre et se soutenant à peine; il s'arrête un instant, puis entre rapidement et sans voir la comtesse qui reste derrière lui.

Quelle nuit!... quel voyage!... Je suis entré par le grand escalier, n'osant passer par la boutique, de peur qu'on ne me vît; car, à cette heure-ci... (S'approchant de l'escalier.) J'entends parler!... toutes ces demoiselles y sont... et avant qu'on soit de nouveau sur mes traces, prenons de l'argent et partons; car il me restait pour fuir à l'étranger un petit écu! (Apercevant la comtesse.) Dieu! l'on m'a vu... Qui va là... d'où venez-vous?

LA COMTESSE.

De Gisors...

COQUEREL, lui sautant au cou.

Ah! Dorothée! ma chère Dorothée!... c'est vous que m'envoie ma tante Mignonnette! Bénis soient le ciel et la diligence qui vous amènent!

LA COMTESSE, se dégageant de ses bras.

Prenez donc garde... une pareille manière de faire connaissance...

COQUEREL.

Que voulez-vous?... c'est le malheur, le malheur qui rapproche la distance, et m'a fait perdre la tête... depuis hier soir... quand j'ai vu M. le comte entrer dans cette chambre... dans la chambre jaune... au moment même où ce scélérat d'exempt m'entraînait, il m'a pris comme un vertigo... un délire... Je ne pensais plus qu'à ma femme... car je suis marié, Dorothée... marié depuis hier... Je n'ai pas eu le temps de vous en faire part.

LA COMTESSE, feignant la surprise.

Marié ?

COQUEREL.

Quand je dis marié !... c'est une manière de parler... Tant il y a, Dorothée, qu'ils m'emmenaient... et cette fois, impossible de me sauver... ce n'est qu'au pont de Saint-Cloud, au moment où nous traversions la Seine... une fièvre chaude... une idée... et encore une idée... je ne sais pas si j'en avais dans ce moment ; mais je me suis précipité...

LA COMTESSE, effrayée.

Par désespoir !...

COQUEREL.

Par-dessus le pont. Il est vrai que nous sommes au mois d'août, et que par malheur je sais nager ; aussi, lorsque j'ai été là... l'envie de périr m'a passé tout de suite... c'est étonnant comme ça s'en va vite... mais j'avais dépisté mes alguazils, qui m'auront cru mort. J'ai abordé près du bois de Boulogne, à Longchamps, où je me suis promené en amateur ; ce qui m'a séché et a empêché la fluxion de poitrine... Voilà, Dorothée, comment j'ai passé la nuit de mes noces.

LA COMTESSE.

Pauvre garçon !...

COQUEREL.

Ce n'est rien encore, et je suis bien heureux de trouver une amie... une personne de confiance... Je vais vous re-

5.

mettre mes notes, mes instructions, et vous placer à la tête de ma maison en mon absence ; car moi, je pars... je devrais être parti ! (A demi-voix.) La Bastille, ma chère amie !... la Bastille qui me poursuit...

LA COMTESSE.

Il y a peut-être des moyens de vous en préserver.

COQUEREL.

Je m'étais marié pour ça... et tout a tourné contre moi. Il y a de quoi rendre misanthrope... et je suis, Dorothée, le plus infortuné des maris et des confiseurs.

LA COMTESSE.

Quoi !... vous pouvez croire que votre femme...

COQUEREL.

M'a trahi indignement...

LA COMTESSE.

Allons donc !...

COQUEREL.

Je l'ai vu !...

LA COMTESSE.

Ce n'est pas possible !

COQUEREL.

Je l'ai vu !...

LA COMTESSE.

Vous vous êtes trompé !

COQUEREL.

Ah ! Dorothée !... vous venez bien de chez ma tante Mignonnette ; car voilà déjà que vous m'impatientez comme elle !... Quand un mari vous dit qu'il a des preuves... qu'il a vu de ses yeux...

LA COMTESSE.

Ce n'est pas une raison... Silence !... on vient !

SCÈNE V.

Les mêmes ; DUBOIS.

DUBOIS, s'avançant mystérieusement près de Coquerel qui est sur le devant du théâtre.

Vous qui êtes de la maison, pourriez-vous me faire parler à madame Coquerel ?

COQUEREL.

Moi ?

DUBOIS, à part.

Le mari !... que je croyais à la Bastille... (Passant près de la comtesse.) Ma chère enfant, un louis pour vous si vous éloignez cet original et me faites parler à votre jeune maîtresse.

LA COMTESSE, se retournant.

En vérité !

DUBOIS, stupéfait et à voix basse.

Dieu !... madame la comtesse !... Je perds la tête, je deviens absurde !

COQUEREL, bas à la comtesse de l'autre côté.

Ce valet sait que je suis ici, c'est fait de moi.

LA COMTESSE, de même.

Ne craignez rien. (Haut à Dubois.) Vous n'avez pas vu monsieur, entendez-vous ?

DUBOIS, tremblant.

Oui, oui, madame.

LA COMTESSE.

Ou je vous fais jeter par la fenêtre.

COQUEREL, effrayé.

Y pensez-vous ?

LA COMTESSE.

Puisque vous m'avez mis à la tête de votre maison, il faut bien que je commande.

COQUEREL.

Je ne demande pas mieux, Dorothée, surtout de pareilles choses; ça me fera même plaisir.

LA COMTESSE.

Écrivez les notes que vous deviez me donner, et laissez-moi faire.

COQUEREL, se mettant à table et écrivant.

Tout ce que vous voudrez, pourvu que vous me tiriez de là.

LA COMTESSE.

Je m'en charge. (Faisant signe de la main à Dubois de s'approcher d'elle, et à demi-voix.) Tu sais ce que tu as mérité et ce qui t'attend?

DUBOIS, tremblant.

Oui, madame la comtesse.

LA COMTESSE.

Ton maître lui-même ne pourrait te sauver; ta franchise seule peut le faire.

DUBOIS, de même.

Oui, madame la comtesse.

LA COMTESSE.

Qu'est-ce qui t'amène ici? quel motif?... Et d'abord que s'est-il passé hier à Chaville après ce mariage? Prends garde, car je saurai la vérité.

DUBOIS.

Aussitôt après le mariage, M. Serrefort, l'exempt, a emmené M. Coquerel pour le conduire, disait-on, en prison.

LA COMTESSE.

C'est vrai!

DUBOIS.

Et dans la chambre du premier, dans la vôtre qu'on avait donnée à mademoiselle Angélique, la jeune mariée, j'ai vu dans l'obscurité se glisser M. le comte.

LA COMTESSE.

C'est vrai!

DUBOIS.

Il n'y avait pas cinq minutes qu'il y était, sans obtenir, m'a-t-il dit depuis, un seul mot de la jeune mariée, qu'est arrivé un coureur de Versailles, un ordre du roi.

LA COMTESSE.

C'est vrai! (A part.) Sans cela, j'allais le démasquer et le confondre.

DUBOIS.

Un ordre qui l'appelait à l'instant même à un conseil extraordinaire, au milieu de la nuit; il a fallu partir, et M. le comte était furieux, ce qui prouvait bien qu'il n'était point coupable.

LA COMTESSE.

Il suffit!

DUBOIS.

Et voilà pourquoi M. le comte m'envoie lui dire ce matin qu'il va venir déjeuner en tête-à-tête avec elle.

COQUEREL, qui s'est levé en entendant ces derniers mots.

En tête-à-tête?

LA COMTESSE, le renvoyant à la table.

Écrivez donc, écrivez toujours; je vous ai dit que ça me regardait. (A Dubois.) Approche ici; M. le comte connaît-il ton écriture?

DUBOIS.

A peine si j'en ai une, et encore je ne m'en sers jamais, par égard pour mes maîtres.

LA COMTESSE.

C'est bien, attends-moi là.

DUBOIS, avec respect, et se retirant quelques pas à l'écart.

Oui, madame.

COQUEREL, à part.

Quelle femme! comme elle commande! c'est là ce qu'il fallait dans ma maison (Haut.) Voici les clefs de tout, et mes pleins pouvoirs que je vous remets.

LA COMTESSE, prenant les clefs et les papiers qu'il lui présente.

J'accepte; et pour commencer, vous, Coquerel, cachez-vous.

COQUEREL.

Je le préfère, Dorothée; il y a là-haut un grenier où je serre mes provisions...

LA COMTESSE.

Restez-y, ne vous montrez pas, je saurai assurer votre bonheur et votre liberté; ayez confiance en moi qui ne veux pas vous tromper.

COQUEREL.

Oui, Dorothée, et moi, de mon côté, je doublerai vos gages, et vous commanderez toujours.

(La comtesse fait un signe à Dubois, qui sort après elle en tremblant.)

SCÈNE VI.

COQUEREL, seul.

Au fait, pourquoi me tromperait-elle? elle n'est pas ma femme, et elle a de l'aplomb, du sang-froid, de la tête, tout ce qui me manque; et quoi qu'il arrive, je suis déterminé à la seconder; ce qu'elle me demande d'abord, c'est de me cacher; allons, du cœur, et cachons-nous.

(Il monte lentement l'escalier à gauche.)

SCÈNE VII.

COQUEREL, ANGÉLIQUE, sortant de la porte à droite.

ANGÉLIQUE, en peignoir blanc, et parlant à la cantonade.

Oui, ma bonne mère, je suivrai vos conseils.

COQUEREL, à part.

Dieu! ma femme chez moi! en déshabillé du matin... et elle est seule!... Ah! je ne me sens pas d'amour et de colère !

(A chaque phrase, il a redescendu une marche et se trouve en scène près d'Angélique.)

ANGÉLIQUE.

Certainement, je ferai ce que m'a conseillé ma mère, et pour commencer, je le déteste déjà. (Se retournant et apercevant Coquerel.) Ah! le voici!

COQUEREL, à part.

Elle m'a vu! Allons, Coquerel, du caractère!... et après ce qui s'est passé, de la férocité même au besoin; c'est à moi de lui parler le premier.

DUO.

ANGÉLIQUE, d'un air piqué et sans lui laisser le temps de la questionner.
Peut-on savoir, monsieur, d'où vous venez ainsi ?

COQUEREL, à part, indigné.
Elle ose encor m'interroger ici !...
En honneur, son audace est grande.

ANGÉLIQUE.
Eh bien donc, cette nuit... veuillez me regarder,
Qu'avez-vous fait ?... je le demande.

COQUEREL, à part.
Moi, je n'ose le demander.

ANGÉLIQUE, pleurant presque.
Depuis le soir jusqu'à l'aurore,
Oui, monsieur, j'attendais...

(Avec un soupir.)
Comme j'attends encore !...

COQUEREL, furieux.
Vous m'attendiez !... c'est une horreur !...
Vous m'attendiez en compagnie !...
Quel sang-froid !... quelle perfidie !...

ANGÉLIQUE.
J'étais seule, et j'avais bien peur.

COQUEREL, avec indignation.
Vous étiez seule !... cœur trompeur !...
Quand hier, ce n'est pas un songe,
J'ai vu le comte entrer chez vous !...

ANGÉLIQUE, révoltée.
Monsieur le comte !... ah ! quel mensonge !...

COQUEREL.
Je l'ai vu !... vu !... de mes deux yeux d'époux !..

Ensemble.

ANGÉLIQUE, pleurant.
C'est indigne !... c'est infâme !...
Qui de lui m'eût dit cela ?...
A peine suis-je sa femme
Qu'il me querelle déjà !
    Ah !... ah !... ah !... ah !... ah !...
Il me fait pleurer déjà,
    Ah !... ah !... ah !... ah !...

COQUEREL.
C'est indigne, c'est infâme !...
Qui d'elle m'eût dit cela ?...
A peine est-elle ma femme
Qu'elle me trompe déjà !...
    Ah !... ah !... ah !... ah !... ah !...
Ah ! elle pleure déjà !...
    Ah !... ah !... ah !... ah !...

COQUEREL, voulant calmer ses pleurs.
Écoute-moi !

ANGÉLIQUE, pleurant.
Quel mauvais caractère !...

COQUEREL.
Écoute-moi !...

ANGÉLIQUE, de même.
Quels indignes détours !...

COQUEREL.

Un mot, de grâce!...

ANGÉLIQUE, pleurant et appelant.

Ah! ma mère! ma mère!...

COQUEREL.

Écoute-moi!...

ANGÉLIQUE, sanglotant.

Venez à mon secours!...

COQUEREL, suppliant.

Taisez-vous donc! taisez-vous, Angélique!...
Entre nous deux que tout s'explique!...

ANGÉLIQUE, criant plus fort.

Non, non, monsieur, c'est à maman
A me venger de mon tyran!...

COQUEREL, révolté.

Un tyran!... moi! le confiseur
Le plus connu par sa douceur!...

Ensemble.

ANGÉLIQUE.

C'est indigne!... c'est infâme!... etc.

COQUEREL.

C'est indigne!... c'est infâme!... etc.

SCÈNE VIII.

LES MÊMES ; Mme BERGAMOTTE.

TRIO.

Mme BERGAMOTTE, sortant de la droite.

Quel est ce bruit?

ANGÉLIQUE, courant à sa mère.

Maman!...

Mme BERGAMOTTE, avec dignité.
Eh quoi! c'est vous, mon gendre?

COQUEREL.
Écoutez-moi!...

Mme BERGAMOTTE, impérieusement.
Vous avez tort.

COQUEREL.
Je veux vous expliquer comment...

Mme BERGAMOTTE, impérieusement.
Vous avez tort!

COQUEREL.
Laissez-moi vous faire comprendre...

Mme BERGAMOTTE.
Ma fille m'a tout dit... et j'ai compris d'abord
Que vous seul, mon gendre, aviez tort!

ANGÉLIQUE, pleurant.
N'est-il pas vrai, maman?

Mme BERGAMOTTE.
Oui, ma fille, il a tort!

ANGÉLIQUE, à Coquerel.
Vous voyez bien que même ma famille
Est contre vous...

COQUEREL.
J'en conviens! mais encor...

Mme BERGAMOTTE, d'un air triomphant et en interrompant Coquerel.
C'est bien heureux! il convient qu'il a tort.

COQUEREL.
Du tout!... du tout!... je n'ai pas tort.

Ensemble.

Mme BERGAMOTTE.
Votre ton me choque,
Votre air me suffoque,
Et mon cœur invoque .

Le ciel en courroux!
Fais, Dieu tutélaire,
Qu'un arrêt sévère
Punisse sur terre
Tout coupable époux!

COQUEREL.

De moi l'on se moque!
D'honneur, je suffoque,
Et mon cœur invoque
Le dieu des époux,
Qui, dans sa colère,
A mis sur la terre
Chaque belle-mère
Pour nous damner tous!

ANGÉLIQUE.

Conduite équivoque,
Dont mon cœur suffoque!
Contre lui j'invoque
Le ciel en courroux!
Fais, Dieu tutélaire,
Qu'un arrêt sévère
Punisse sur terre
Tout coupable époux!

Mme BERGAMOTTE.

Allez! allez! c'est un outrage insigne
Qu'à sa place, moi, jamais
Je ne vous pardonnerais!

COQUEREL.

Qu'ai-je donc fait?

ANGÉLIQUE, pleurant.

Ah! c'est trop fort!
Il demande quel est son tort.

COQUEREL, à Angélique.

Mais permettez...

ANGÉLIQUE, toujours pleurant.

Ah! vous avez eu tort.

COQUEREL, à madame Bergamotte.

Quand vous saurez...

Mme BERGAMOTTE.

Vous avez eu grand tort.

COQUEREL, s'impatientant.

Quel tort enfin ?

Mme BERGAMOTTE, avec dignité.

Monsieur, cessez de feindre.
Vous n'avez pas besoin d'efforts
Pour reconnaître tous vos torts.

Mme BERGAMOTTE et ANGÉLIQUE.

Un jour de noces, avoir tant de torts...

COQUEREL.

C'en est trop ! je ne puis plus longtemps me contraindre !

ANGÉLIQUE, tombant dans les bras de sa mère.

Ah !... ah !...

Mme BERGAMOTTE.

Mon gendre !...

COQUEREL.

Eh bien ?...

Mme BERGAMOTTE.

O contre-temps fatal !...
De l'éther ! du vinaigre !... elle se trouve mal !

Ensemble.

Mme BERGAMOTTE.

Dieux !... elle suffoque !...
Votre aspect la choque,
Et mon cœur invoque
Le ciel en courroux !
Fais, Dieu tutélaire,
Qu'un arrêt sévère
Punisse sur terre
Tout coupable époux !

COQUEREL.

Dieux !... elle suffoque !...
L'effroi m'interloque,
En tremblant j'invoque
Le dieu des époux,
Qui, dans sa colère,
A mis sur la terre
Chaque belle-mère
Pour nous damner tous.

ANGÉLIQUE.

Hélas ! je suffoque !...
En lui tout me choque,
Et mon cœur invoque
Le ciel en courroux !
Fais, Dieu tutélaire,
Qu'un arrêt sévère
Punisse sur terre
Tout coupable époux !

(Sur la ritournelle de cet ensemble, Angélique, qui s'est assise, revient à elle peu à peu.)

Mme BERGAMOTTE.

Mon gendre, mon gendre, elle revient ; elle va mieux, et je suis sûre que si vous lui demandiez pardon...

COQUEREL.

Moi ! (Indigné.) Par exemple !

ANGÉLIQUE, à sa mère en poussant un cri.

Ah !

Mme BERGAMOTTE.

Ça lui reprend.

COQUEREL, effrayé et à part.

O ciel ! (Haut.) Eh bien ! Angélique, ma petite Angélique, ne sois pas malade ; je te crois, je te pardonne, non, je te demande pardon.

ANGÉLIQUE.

A la bonne heure! depuis hier soir que je suis ici, chez vous, à vous attendre...

COQUEREL, étonné.

Chez moi?

ANGÉLIQUE.

Oui, monsieur, j'y suis venue dans la voiture de madame la comtesse; demandez à ma mère.

COQUEREL.

Et le comte?

ANGÉLIQUE.

Resté à Chaville, tout seul!

COQUEREL.

Non, non, ce n'est pas possible.

ANGÉLIQUE.

Il en doute encore!

UNE DEMOISELLE DE BOUTIQUE, appelant du bas de l'escalier.

Madame Bergamotte! Madame Coquerel!

Mme BERGAMOTTE, courant à l'escalier.

Qu'est-ce que c'est?

LA DEMOISELLE DE BOUTIQUE, toujours d'en bas.

Une voiture pour vous! une voiture de la cour!

Mme BERGAMOTTE.

La cour!... dans la rue des Lombards...

LA DEMOISELLE DE BOUTIQUE.

C'est M. le comte de Coaslin...

TOUS TROIS, avec un sentiment différent.

M. le comte!

Mme BERGAMOTTE.

Qu'il n'entre pas dans la boutique... mais par la grande porte... c'est plus noble!... et plus large! (Descendant l'escalier tournant.) Dieu! M. le comte!... je cours le recevoir!...

SCÈNE IX.

ANGÉLIQUE, COQUEREL.

COQUEREL.

Et moi, je me sauve !

ANGÉLIQUE, le retenant.

Non, monsieur... vous resterez !... pour demander à M. le comte lui-même ce qui en est.

COQUEREL, à part.

Miséricorde !... s'il me voit je suis perdu... (Dans le plus grand trouble.) Je vous crois, Angélique ! je vous crois... sans comprendre... mais il faut que je m'en aille...

ANGÉLIQUE.

Encore !...

COQUEREL.

Il le faut !...

ANGÉLIQUE.

Et pourquoi donc ?

COQUEREL.

Je vous l'ai dit hier, à Chaville... quand je suis entré par la fenêtre !... (Avec impatience.) après notre mariage... et que je vous ai tout raconté... vous savez !...

ANGÉLIQUE.

Moi !... je ne vous ai ni vu ni parlé... c'est ce dont je me plains !...

COQUEREL, hors de lui.

C'est à en perdre la tête... c'est égal... je n'ai pas le temps de me remettre en colère !... j'ai trop peur... tout ce que je vous demande, Angélique, c'est de ne pas dire à M. le comte que je suis ici et que vous m'avez vu !

ANGÉLIQUE.

A cause ?

COQUEREL.

A cause que s'il le sait... je suis anéanti... je suis mort... obligé de vous quitter... de ne plus vous voir...

ANGÉLIQUE, vivement.

Je ne dirai rien... je me tairai...

COQUEREL, avec douleur.

Ah ! l'on croirait encore qu'elle m'aime !...

ANGÉLIQUE, tendrement.

Si je vous aime, ingrat !

COQUEREL, emporté par son amour.

Angélique !...

ANGÉLIQUE, baissant les yeux.

Eh bien ! monsieur...

COQUEREL, la pressant contre son cœur.

Angélique !... (S'éloignant vivement.) J'ai cru que l'on venait... que l'on montait l'escalier... (Avec désespoir.) Et s'éloigner dans un pareil moment... céder sa place à un rival... ce ne sera pas du moins sans vengeance. (Il embrasse vivement Angélique sur le cou, puis il se retourne tout effrayé.) Non... personne... (S'animant.) Arrivera ce qu'il pourra ! la peur me donne du courage... et dans la rage que j'éprouve ! (Second baiser ; puis il se retourne en tremblant.) Hein ! j'ai cru entendre... que m'importe, après tout ?... c'est mon bien !... c'est ma femme !... et quand la mort serait là... en face !...

ANGÉLIQUE, pendant qu'il l'embrasse.

A la bonne heure, au moins !...

COQUEREL, se retournant vivement en tremblant.

O ciel !... non, personne encore !... (S'exaltant.) Tant pis !... ce baiser-là m'a donné du cœur... je ne crains plus rien... qu'il vienne... qu'il se présente...

LE COMTE, en dehors, à la porte du fond.

C'est bien, madame Bergamotte, ne vous donnez pas de peine.

COQUEREL, s'enfuyant sur l'escalier.

Dieu !... le voilà !...

ANGÉLIQUE, se retournant et ne voyant plus son mari.

Eh bien !... déjà ?...

SCÈNE X.

ANGÉLIQUE, LE COMTE, COQUEREL, sur l'escalier.

LE COMTE, à la cantonade.

Je vous répète que c'est trop de cérémonies... que c'est me désobliger...

ANGÉLIQUE.

Qu'est-ce donc, monsieur le comte ?

LE COMTE.

Votre mère, ma belle enfant, qui, sachant que je déjeune ici, prépare un repas à trois services et met à contribution toute la boutique de son gendre.

COQUEREL, à part sur l'escalier.

Il ne manquait plus que cela.

LE COMTE.

Ce qui est parfaitement inutile ; car tout ce que je veux... tout ce que je demande... c'est de déjeuner avec vous... avec vous seule... le ciel me doit ce dédommagement.

ANGÉLIQUE.

Vous êtes bien bon, monseigneur.

LE COMTE.

Convenez aussi, ma chère enfant, qu'il n'y a jamais eu de contrariété pareille !... être obligé, hier au soir, de vous quitter aussi brusquement...

COQUEREL, redescendant une marche.

Hein ?

ANGÉLIQUE, étonnée.

Que voulez-vous dire ?...

LE COMTE.

Sans avoir obtenu de vous un mot, un seul mot ; et pourquoi, je vous le demande, ce silence obstiné ?...

ANGÉLIQUE, très-surprise.

Comment, monseigneur ?...

LE COMTE.

Que démentaient votre trouble, votre émotion...

COQUEREL, redescendant une marche.

Ah ! mon Dieu !...

LE COMTE.

Ce baiser même, que vous n'avez pas repoussé...

COQUEREL, de même.

C'est fait de moi !...

ANGÉLIQUE, naïvement.

Quoi !... ce baiser d'hier... avant mon mariage... quand je vous ai dit que j'aimais M. Isidore Coquerel...

COQUEREL, avec joie remontant une marche.

Quel bonheur !...

ANGÉLIQUE.

Que j'étais bien heureuse de l'épouser...

COQUEREL, à demi-voix.

Je suis sauvé !

ANGÉLIQUE.

Et que je vous embrassais de bon cœur pour vous en remercier... Si ce n'est que cela, monseigneur, il n'y a pas de quoi être ravi !...

COQUEREL, remontant la dernière marche.

Mes actions remontent.

LE COMTE.

Non pas !... non pas !... entendons-nous... je veux dire après le départ de Coquerel...

COQUEREL, redescendant une marche.

Mes actions redescendent !

LE COMTE.

Quand... dans votre appartement...

COQUEREL, de même.

Je frissonne...

LE COMTE.

Et seule avec moi...

COQUEREL, de même.

Je suis perdu !...

ANGÉLIQUE.

Jamais !... jamais !... et c'est drôle, monseigneur... vous voilà juste comme Coquerel... qui disait ce matin m'avoir parlé à Chaville...

LE COMTE, avec colère.

Coquerel !... ce matin... vous l'avez aperçu ?

COQUEREL, remontant rapidement jusqu'en haut.

Maladroite !...

ANGÉLIQUE, à part.

Dieu !... ce qu'il m'avait recommandé...

LE COMTE, avec colère.

Répondez... vous l'avez donc vu ?

ANGÉLIQUE.

Oh !... si peu !... si peu, que ce n'est pas la peine d'en parler.

LE COMTE.

Qu'est-ce que cela signifie ? (Apercevant une table toute servie, que madame Bergamotte fait apporter par la porte du fond.) A l'autre, maintenant, il s'agit bien de cela !

Mme BERGAMOTTE, à des demoiselles de boutique qui sont entrées avec elle.

Approchez cette table, et maintenant apportez les hors-d'œuvre chauds.

LE COMTE, prenant madame Bergamotte à part pendant que les demoiselles de boutique sortent.

Venez, venez, j'ai à vous parler de votre gendre.

SCÈNE XI.

Les mêmes, Mme BERGAMOTTE.

Mme BERGAMOTTE.

Et moi aussi, monseigneur, j'ai peur que ce ne soit un mauvais sujet et qu'il ne se dérange. Ça commence déjà ! il n'est rentré ce matin qu'à six heures ! quelle horreur !

LE COMTE.

Rentré ?

Mme BERGAMOTTE.

Jugez de la colère de ma pauvre enfant, qui a fini par lui pardonner, parce que nous pardonnons toujours !

LE COMTE.

Il est donc ici ?

Mme BERGAMOTTE.

Certainement.

COQUEREL, à part.

Détestable belle-mère !

ANGÉLIQUE.

Non, monseigneur, non, il est parti, il n'y est plus depuis longtemps !

COQUEREL, à part.

O ma chère femme !

ANGÉLIQUE.

Depuis trois ou quatre heures.

Mme BERGAMOTTE.

Je viens de le voir, il était là avant vous.

LE COMTE.

Avant mon arrivée ! (A part.) Ils s'entendent donc pour me jouer, pour me tromper !

SCÈNE XII.

Les mêmes, DUBOIS.

LE COMTE, à Dubois qui paraît embarrassé et qui tient une lettre à la main.

Et toi, imbécile, que veux-tu avec cet air effaré ? Et cette lettre, de qui est-elle ?

DUBOIS, hésitant.

De... de M. Coquerel.

COQUEREL, sur l'escalier.

De moi ? Eh bien ! par exemple !

DUBOIS.

Il vient de l'écrire en bas, dans la boutique, devant moi.

COQUEREL, à part.

Voilà qui est fort !

LE COMTE, arrachant la lettre.

Devant toi ! lui qui depuis hier devait être à la Bastille ! Ce damné confiseur est donc insaisissable ? ce prisonnier est donc partout, excepté en prison ? (Il décachette la lettre, et pour la lire, il s'approche, ainsi que Dubois, de l'escalier où est Coquerel qui écoute ; pendant ce temps, Angélique et sa mère rangent sur la table les plats de dessert et approchent les chaises.) Quelle écriture ! à peine si on peut la déchiffrer.

6.

DUBOIS, à part.

C'est ce que je disais à madame, qui a voulu malgré ça, et ça me fait une peur !

LE COMTE, lisant.

« Me voici enfin dans mon ménage et près de ma femme... » Quelle audace ! « Le bonheur rend généreux, monseigneur, « et je viens reconnaître vos soins par un bon avis... » Il ne mourra que de ma main ! (Coquerel, effrayé, remonte une marche.) « Quand on veut enlever la femme des autres, il faut pren- « dre garde à la sienne ; je vous préviens que madame la « comtesse a passé hier la nuit hors de l'hôtel, et que ce « matin, moi et votre valet de chambre Dubois l'avons « aperçue déguisée dans une voiture de place. » O ciel ! (A Dubois, en cherchant à se contraindre.) Tu l'entends, est-ce vrai ?

DUBOIS, avec effroi.

Oui, oui, monseigneur.

LE COMTE, poussant un cri de rage.

Trahi ! bafoué par eux tous, et c'est un pareil homme qui possède mon secret ! (A Dubois.) Fais approcher ma voiture.

DUBOIS.

Vous l'avez renvoyée.

LE COMTE.

Va la chercher, qu'elle vienne ! puis cours chez Serrefort ; qu'il mette tout son monde à la poursuite de Coquerel : il me le faut.

(Dubois sort.)

COQUEREL, à part.

Je me défendrai comme un lion !

LE COMTE, avec force.

S'il fait la moindre résistance, qu'on le tue, je paierai le dégât ; un confiseur, c'est dix écus.

(Coquerel effrayé monte l'escalier et disparaît tout à fait.)

Mme BERGAMOTTE, s'approchant du comte.

Si monseigneur veut déjeuner, tout est prêt !

LE COMTE, à part, avec impatience.

Ah ! j'ai bien appétit, vraiment ! mais que ces petites gens-là ne se doutent de rien, et en attendant ma voiture... (Haut et d'un air gracieux.) Comment donc, un repas royal ! on se croirait à Versailles.

(La table a été avancée au bord de la rampe ; le comte remonte le théâtre et pose sur un fauteuil son chapeau et son épée qu'il défait. Madame Bergamotte s'empresse à l'aider. Pendant ce temps, Coquerel a descendu tout doucement l'escalier, et se trouve près d'Angélique, qui est debout, près de la table à droite.)

COQUEREL.

Ma femme ! je te rends mon estime, mon amour, et pour toi maintenant je braverais tout.

(Apercevant le comte qui vient de se retourner, il se baisse vivement et se met presque à genoux près d'Angélique qui le cache de sa robe. Le comte s'avance vers Angélique.)

FINALE.

LE COMTE, affectant un air riant.
Mon enfant, daignez, de grâce,
Daignez accepter ma main.

(Il lui offre la main et se dirige avec elle vers la table. Coquerel à genoux la suit, toujours caché derrière sa robe. En passant devant la table, il se blottit dessous, en vue du spectateur. Le comte est au milieu, Angélique à sa droite, madame Bergamotte à côté de sa fille, Coquerel dessous la table, mais du côté de sa femme et à ses pieds.)

LE COMTE, à Angélique et à madame Bergamotte.
Et tous les trois prenons place
A cet aimable festin !

(Ils s'asseoient tous trois. Des demoiselles de boutique montent par l'escalier tournant. Elles placent sur la table des bonbons et différents plats de dessert ; puis elles restent pour servir.)

ANGÉLIQUE, à part, regardant avec inquiétude.

Qu'est donc devenu mon mari ?
Il disparaît toujours ainsi !

(Coquerel, sous la table, la tire doucement par la robe ; elle pousse un cri.)

Ah !

LE COMTE, vivement.

Qu'avez-vous donc ?

ANGÉLIQUE.

Rien.

(Regardant autour d'elle et voyant une demoiselle qui place une jatte de crème sur la table.)

La crainte
Que ce plat ne fût renversé !

LE COMTE, à table et regardant Angélique.

Quel doux moment !

ANGÉLIQUE.

Quelle contrainte !

LE COMTE, à part.

Malheur à ceux qui m'auront offensé !
Pour commencer, et dans ma rage extrême,

(Désignant Angélique.)

Vengeons-nous sur celle qu'il aime !

Ensemble.

ANGÉLIQUE, à part.

Il garde le silence !
Et pourtant en ces lieux
Je crois, en conscience,
Qu'on me fait les doux yeux !

LE COMTE, à part.

Oui, vengeons mon offense,
Et près de ses beaux yeux
Je sens que la vengeance
Est le plaisir des dieux !

COQUEREL, à part.
O comble de souffrance !
(Montrant au-dessus de sa tête.)
Là-haut... ils sont tous deux !
Et c'est en ma présence
Qu'il lui fait les doux yeux !...

SCÈNE XIII.

Les mêmes ; des Demoiselles de boutique paraissent à la porte du fond avec SERREFORT.

LES DEMOISELLES, à Serrefort.
Entrez ! entrez !... monseigneur est ici,
Et puisque vous voulez lui parler... le voici !

LE COMTE, à Serrefort, à mi-voix, avec colère.
Eh bien ! ton prisonnier ? il a fui !

SERREFORT, d'un air pénétré.
Il est mort !...

ANGÉLIQUE.
Mort !...

LE COMTE.
Mort !...

Mme BERGAMOTTE.
Mort !...

SERREFORT.
C'est un accident terrible !

TOUS.
Mort !... mort !... mort !...

LE COMTE.
Non, vraiment, c'est impossible.
Mort !... mort !... mort !...
Je ne puis le croire encor.

LES DEMOISELLES, à Serrefort.
Monsieur Coquerel est mort ?
SERREFORT.
Monsieur Coquerel est mort !
LES DEMOISELLES.
Vous êtes sûr qu'il est mort ?
SERREFORT.
C'est un coup fatal du sort.
TOUS, excepté Angélique et madame Bergamotte.
Mort !... mort !... mort !...
Je ne puis le croire encor.
Il est mort ! il est mort !
COQUEREL, sous la table.
Je suis mort ! je suis mort !...
LE COMTE, secouant la tête d'un air d'incrédulité et regardant tour à tour Angélique et Serrefort.
Il n'est plus ! ah ! c'est bien étonnant !...
ANGÉLIQUE, vivement, et pour le détourner de ses pensées.
Monseigneur
Voudrait-il me donner à boire ?...
LE COMTE, étonné.
Quel sang-froid !...
COQUEREL, sous la table.
Imprudente !...
LE COMTE, regardant toujours Angélique d'un air de doute.
Ah ! vraiment sa douleur
Se dissipe plus tôt que je n'osais le croire !
(En ce moment, la comtesse, avec le tablier vert et habillée comme les demoiselles de boutique, paraît au haut de l'escalier, suivie de Dubois ; elle se mêle parmi les demoiselles qui servent à table.)

SCÈNE XIV.

Les mêmes; LA COMTESSE, DUBOIS.

LE COMTE.
Aux veuves qui gaîment savent se consoler...
(Tendant son verre par-dessus son épaule.)
Je veux boire aussi !...
(La comtesse s'avance, prend une bouteille sur la table et remplit le verre du comte, qui lève alors les yeux sur elle et demeure interdit. Le verre remue dans sa main vacillante; il s'écrie :)
        Dieu !...

ANGÉLIQUE.
        Qu'a-t-il donc à trembler !

LA COMTESSE.
En bas, monsieur le comte, attend votre voiture...

LE COMTE.
C'est elle !...

ANGÉLIQUE.
    La comtesse !

LA COMTESSE.
        Oui, je viens comme vous
Pour venger aussi mon injure !
Car hier, à Chaville, un certain rendez-vous !...
Dans la nuit...

LE COMTE.
    C'était elle...

LA COMTESSE.
        Auprès de mon époux !
Pour expier un pareil tort,
Il faut rendre un époux à cette jeune femme.

LE COMTE, d'un air pénétré.
En vain je voudrais, madame ;
Mais, hélas ! il est mort.

LA COMTESSE.
Mort!... mort!... mort!... La nouvelle est impossible.
LE COMTE.
C'est un accident terrible.
LA COMTESSE.
Il est mort! il est mort!
COQUEREL, sortant de sous la table.
Non, je ne suis pas mort!...

Ensemble.
TOUS.
Ah! c'est de la magie!
O miracle enchanteur!
Il retrouve la vie,
Sa femme et le bonheur!

COQUEREL.
Ah! c'est de la magie!
O miracle enchanteur!
Je retrouve la vie,
Ma femme et le bonheur!

COQUEREL, étonné, regardant la comtesse.
Mais qui donc êtes-vous?
LA COMTESSE.
La demoiselle de boutique
Qui, pour vous préserver des lettres de cachet,
Vous apporte ici le brevet
De confiseur de la reine.
COQUEREL.
Qui, moi? breveté de la reine...
Je pourrai, protégé par sa main souveraine,
Époux et confiseur, exercer sans danger,
Et redire à la France ainsi qu'à l'étranger :

A plaire à chacun je m'attache ;
Mais pour débiter en ces lieux
Et la praline et la pistache,
Il nous faut des chalands nombreux ;

De mon enseigne souveraine
La vertu doit me protéger :
Jeune parrain, jeune marraine,
Venez au *Fidèle Berger* !

VARIANTE.

ACTE II. — SCÈNE III.

TRIO.

COQUEREL.

Permettez, je vous en conjure,
Qu'avant ce mariage-là
Je connaisse au moins ma future.

LE COMTE.

C'est juste!... et dès qu'elle viendra...

COQUEREL.

Je veux la voir !...

LE COMTE.

          Et pourquoi faire ?

COQUEREL.

Pour me donner un peu de cœur,
C'est bien le moins !

LE COMTE.

          Mais, au contraire,
Douter est encore un bonheur !

COQUEREL.

Je vois d'ici ce monstre épouvantable,
A l'œil louche, à l'affreux regard !
Le nez crochu ! le teint d'un diable
Et la douceur d'un léopard !

LE COMTE.

Entends-tu dans la cour entrer une voiture ?...

COQUEREL, tremblant.

Ah ! voici l'instant du danger !

LE COMTE.
De son air et de sa figure
Tout à l'heure tu vas juger.

SERREFORT, à part et riant.
Il tremble de l'envisager.

LE COMTE, s'approchant de la croisée à droite.
Tiens, d'ici... par cette fenêtre,
Dans un instant on va la voir paraître !

COQUEREL.
Hymen, cache-moi ton flambeau,
N'éclaire pas cette entrevue !...
Je suis sûr qu'après l'avoir vue,
Je vais regretter mon bandeau !

Ensemble.

COQUEREL.
Je frémis !... je tremble !
Que vais-je donc voir !
L'avenir me semble
De plus en plus noir !
Affreuse tournure,
Visage effrayant :
Telle est la future
Dont la main m'attend.

LE COMTE et SERREFORT.
Il frémit !... il tremble
De ce qu'il va voir !
L'avenir lui semble
On ne peut plus noir.
Affreuse tournure,
Visage effrayant,
Telle est la future
Que son cœur attend.

SERREFORT, qui est le plus près de la fenêtre à droite, s'en approche, en disant :
Ma foi... voyons !...

COQUEREL, à part.
O funeste bonheur !

LE COMTE, à Serrefort qui regarde.
Hein !... qu'en dis-tu ?

SERREFORT, stupéfait.
Comment !... c'est elle !

LE COMTE.
Précisément !... voici la belle !

SERREFORT, à part.
Angélique ! grands dieux !...

COQUEREL, montrant Serrefort.
Il est pâle d'horreur !...
Un exempt de police !... Eux qui n'ont jamais peur !

Ensemble.

COQUEREL, montrant Serrefort.
Il frémit !... il tremble !... etc.

LE COMTE, montrant Coquerel.
Il frémit, il tremble !... etc.

SERREFORT.
Je frémis ! je tremble !...
Que viens-je de voir ?... etc.

COQUEREL, s'approchant de Serrefort en tremblant.
Vous avez vu ?

SERREFORT.
Que trop, hélas !

COQUEREL.
Qu'en dites-vous?

SERREFORT.
Qu'en puis-je dire ?

COQUEREL.
La ! franchement !

SERREFORT, vivement et à voix basse.
N'épousez pas !

COQUEREL.

Mais la prison ?

SERREFORT.

L'hymen est pire !

COQUEREL, à part.

Mon bon ange ! qu'ai-je entendu ?...
De faire trembler c'est capable !
(Pendant ce temps il s'est approché de la fenêtre.)
Voyons donc !... elle a disparu !...
Mais elle doit être effroyable !

Ensemble.

COQUEREL.

O providence des époux !
A qui vais-je enchaîner ma vie !
Ah ! si jamais l'hymen nous lie,
Je ne ferai pas de jaloux !
Oui, près de femme aussi jolie
Je ne ferai pas de jaloux !

LE COMTE.

O providence des époux !
C'est à toi que je me confie !
Quand c'est un autre qu'on marie,
L'hymen est un lien si doux !

SERREFORT.

O Providence des époux !
Quand ma future m'est ravie,
Viens déjouer leur perfidie,
Viens m'aider à braver leurs coups !

LE COMTE, à Coquerel.

Je vais ordonner sans retard
Ton hymen, et puis ton départ !

COQUEREL.

Ne vous pressez pas !

SERREFORT, à part.

Dieu ! que faire ?

Quelle idée!... oui, morbleu! je n'ai que ce moyen
Pour sauver mon amour et me tirer d'affaire!

LE COMTE, à Coquerel.

Dans un instant... près de toi je revien!
  (A Serrefort.)
Jusqu'à Rouen vous servirez d'escorte
Au confiseur!... Allez en prévenir vos gens.

SERREFORT, à part.

Ah! si je peux gagner du temps!

COQUEREL, à part.

Ah! si je peux gagner la porte!

Ensemble.

COQUEREL.

O providence des époux! etc.

LE COMTE.

O providence des époux! etc.

SERREFORT.

O providence des époux! etc.

(Le comte sort par le fond et Serrefort par la droite.)

MARGUERITE

OPÉRA-COMIQUE EN TROIS ACTES

En société avec M. E. de Planard

MUSIQUE DE A. BOIELDIEU.

THÉATRE DE L'OPÉRA-COMIQUE. — 18 Juin 1838.

PERSONNAGES.	ACTEURS.
MAITRE BIRMINSTEL, ancien maître d'école, et récemment nommé grand bailli	MM. Henri.
HERBERT, son neveu, garde-chasse.	Jansenne.
GRAPH, compagnon d'Herbert.	Roy.
CHRISTIAN, soldat, amoureux de Marguerite	Couderc.
LE COMTE RODOLPHE, seigneur du village, et colonel du régiment de Christian.	Fosse.
MARGUERITE, jeune fermière.	Mmes Rossi.
JUSTINE, sœur de Christian	Berthault.

Gardes forestiers. — Paysans et Paysannes.

En Allemagne, en 1809.

MARGUERITE

ACTE PREMIER

Un paysage. — A gauche, la porte d'une auberge de village. Au premier plan, un cabinet attenant à l'auberge et y communiquant par une porte intérieure; une grande et basse fenêtre à ce cabinet. Aux derniers plans, le jardin de l'auberge. A droite, la maison du grand bailli. Au fond, une colline; et dans le lointain, les tourelles d'un château abandonné et qui tombe en ruines.

SCÈNE PREMIÈRE.

LES HABITANTS DU VILLAGE, les tambours en tête, sont placés sous les fenêtres du bailli; puis LE BAILLI.

INTRODUCTION.

LE CHŒUR.

Au son du tambour
Célébrons ce jour!
C'est tout le village
Qui vient rendre hommage

A son grand bailli.
Nous voici, nous voici!
Vive le grand bailli!

LE BAILLI, sortant de chez lui.

Eh! mais, pourquoi tout ce tapage?

LE CHOEUR.

Vive, vive le grand bailli!

LE BAILLI, avec satisfaction.

C'est bien, très-bien!... c'est dans la forme.
J'aime les honneurs et l'éclat!
Mais encor faut-il que l'on dorme,
Même quand on est magistrat;
Et vous pouviez plus tard me prouver votre zèle.

LE CHOEUR.

Vive, vive le grand-bailli!

LE BAILLI, se promenant, et à lui-même.

Il est pourtant fort doux d'être en tout obéi,
De tous complimenté, fêté, servi, chéri!
Est-il une place plus belle
Que la place de grand bailli!

LE CHOEUR.

Au son du tambour, etc.

SCÈNE II.

LES MÊMES; JUSTINE, accourant.

JUSTINE.

Ah! quel bonheur! quelle nouvelle!

LE BAILLI.

C'est Justine!... que nous veut-elle?
Sans doute me fêter aussi.

JUSTINE.

Monsieur, monsieur le grand bailli,

Je viens de voir dans l'avenue
Arriver tout un régiment.
(Imitant le tambour.)
Plan, plan, plan!
Ah! grand Dieu! la belle tenue!
Quel air martial et brillant!
On va les passer en revue,
Et le coup d'œil sera charmant.
Plan, plan, plan!...
(Au bailli.)
Puis chez vous et dans le village
Il faut les placer à l'instant;
Donner à tous et promptement
De bons billets de logement;
Ou bien chaque soldat, je gage,
Prendra le sien tambour battant.
Plan, plan, plan!

LE BAILLI.
Au diable une pareille affaire!

JUSTINE.
Écoutez donc! c'est votre emploi.

LE BAILLI.
Je l'ai payé pour ne rien faire
Et pour rester toujours chez moi!
Et de tous ces détails faut-il que je me mêle?

JUSTINE.
C'est vous que ça regarde ici.

LE CHŒUR.
Est-il une place plus belle
Que la place de grand bailli!

LE BAILLI.
Assez, assez, et grand merci!

LE CHŒUR, criant très-fort.
Au son du tambour, etc.

SCÈNE III.

Les mêmes ; HERBERT, GRAPH et des Gardes forestiers.

JUSTINE, au bailli.
Les gardes forestiers viennent vous rendre hommage.

LES GARDES FORESTIERS.
Nous venons aujourd'hui,
Suivant l'antique usage,
Fêter monsieur le bailli.
Ce jour pour nous est d'un heureux présage :
Vive à jamais le grand bailli !

HERBERT, aux villageois.
Allons, papas, mamans, garçon et jeune fille,
A souper chez mon oncle, et ce soir et demain,
On vous invite tous !

LE BAILLI.
Te tairas-tu, coquin !

HERBERT.
C'est une fête de famille !
A ce soir !

LE BAILLI.
Le fripon !

HERBERT.
A ce soir !

LE CHŒUR.
Grand merci.
Vive à jamais le grand bailli !

LE BAILLI, à part.
Cinquante personnes à table !

JUSTINE.
Est-il place plus agréable
Que la place de grand bailli !

LE BAILLI, les congédiant.

C'est bon : à mes travaux laissez-moi seul ici.

TOUS, en sortant.

Au son du tambour, etc.

SCÈNE IV.

LE BAILLI, HERBERT.

LE BAILLI.

Sais-tu, mon neveu, que tu es un franc mauvais sujet?

HERBERT.

C'est la faute de l'éducation! celle que vous m'avez donnée, mon cher oncle...

LE BAILLI.

Je ne t'en ai pas donné du tout. J'avais cru d'abord ce système économique; mais je vois maintenant qu'il me revient très-cher.

HERBERT.

Ce n'est cependant pas mon établissement qui vous a ruiné... garde-chasse de la comtesse de Loustal... quarante écus de traitement... avec ce que vous me donnez...

LE BAILLI.

Ça fait ?...

HERBERT.

Ça fait quarante écus.

LE BAILLI.

Pour toi!... mais pour moi, c'est bien autre chose!... N'as-tu pas galopé l'autre jour avec ma jument à travers les moissons du fermier voisin? n'as-tu pas fait étrangler par mon chien les canards de la meunière? Tous les dégâts que tu commets, toutes les amendes auxquelles tu te fais condamner, qui est-ce qui paie tout cela?

HERBERT.

Je n'en sais rien, mais ce n'est pas moi.

LE BAILLI.

C'est votre oncle, monsieur, votre malheureux oncle!... Mais à présent que je vais moi-même rendre la justice, et que du rang de maître d'école me voilà élevé à celui de grand bailli, que sera-ce donc s'il vous prend fantaisie de vous faire pendre?...

HERBERT.

Eh bien ! la cérémonie me sera plus agréable qu'avec un étranger... vous serez là... tout se passera en famille.

LE BAILLI.

Et le tort que cela me ferait !

HERBERT.

Et à moi donc !

LE BAILLI.

J'en perdrais ma place.

HERBERT.

Non, tenez, raisonnons sérieusement : je suis un neveu fort tendre, très-dévoué, et si vous voulez je vais vous indiquer un moyen certain pour que je ne sois pas pendu. Vous voyez comme je m'intéresse à vous.

LE BAILLI.

Et quel moyen ?

HERBERT.

Ah ! doucement ! c'est une invention pour vous rendre service ; et auparavant je veux savoir ce que vous me donnerez pour cela.

LE BAILLI, se récriant.

Ah ! bien, par exemple !...

HERBERT.

Allons !... vous voyez votre avarice !... car enfin, ce n'est pas moi, c'est vous qui y gagnerez... c'est égal, je vais vous apprendre mon secret, gratis. Voyons, qu'est-ce que je peux vous devoir ?

LE BAILLI.

Deux cents ducats.

HERBERT.

Eh bien ! si vous voulez, ils seront payés demain.

LE BAILLI.

Et comment ?

HERBERT.

Par un mariage... un bon mariage !

LE BAILLI.

Pour toi ?

HERBERT.

Oui. Je suis amoureux de Marguerite, notre voisine et votre protégée.

LE BAILLI.

La jolie Marguerite ?

HERBERT.

Justement.

LE BAILLI.

Peste ! Je crois bien qu'elle doit te plaire ! Le jeune comte Rodolphe, son frère de lait, lui a promis, quand elle se marierait, dix mille florins de dot ! et en attendant, il lui a fait cadeau d'une très-jolie petite ferme.

HERBERT.

Que je connais, et qui ajoute à mon amour ; et puis, Marguerite est orpheline : pas de parents, pas d'oncle ! c'est un avantage.

LE BAILLI.

Bien obligé !

HERBERT.

Je ne dis pas cela pour vous, qui êtes au contraire d'un

excellent rapport... Mais enfin il faut que j'épouse la jeune et gentille fermière, dans votre intérêt encore plus que dans le mien.

LE BAILLI.

Je ne demande pas mieux.

HERBERT.

Alors mettez-vous en avant ; vous voilà grand bailli, c'est quelque chose.

LE BAILLI.

Tu as raison, il faut l'éblouir.

HERBERT.

Dites partout que vous me céderez un jour votre place, que vous me donnerez une dot.

LE BAILLI.

Mentir à ce point !

HERBERT.

Il ne tient qu'à vous que ce ne soit pas un mensonge... vous en êtes le maître... Eh ! tenez... tenez... voici Marguerite... faites-lui d'abord pour moi votre demande en mariage.

LE BAILLI.

C'est toi que cela regarde.

HERBERT.

Du tout... c'est la famille... vous êtes l'oncle.

LE BAILLI.

Mais toi, tu es le prétendu.

HERBERT.

Eh bien ! faisons-la tous deux en même temps.

SCÈNE V.

MARGUERITE, LE BAILLI, HERBERT.

(Le bailli et Herbert saluent profondément; Marguerite, étonnée, les regarde et leur rend une révérence.)

TRIO.

HERBERT.

On dit au village...

LE BAILLI.

Qu'il est très-bien fait...

HERBERT.

Que j'ai du courage...

LE BAILLI.

Qu'il est bon sujet...

HERBERT.

Jeune et le cœur tendre...

LE BAILLI.

Neveu d'un bailli !

HERBERT.

Voulez-vous me prendre
Pour votre mari ?

Ensemble.

LE BAILLI.

Jeune, aimable et tendre,
Neveu d'un bailli :
Voulez-vous le prendre
Pour votre mari ?

HERBERT.

Jeune et le cœur tendre,
Neveu d'un bailli :

Voulez-vous me prendre
Pour votre mari ?

MARGUERITE.

Un pareil hommage
Doit flatter mon cœur,
Et ce mariage
Est un grand honneur ;
Mais, loin d'y prétendre,
Je déclare ici
Que je ne veux prendre
Amant ni mari.

LE BAILLI.

Ah ! daignez l'entendre !

MARGUERITE.

Je déclare ici
Que je ne veux prendre
Amant ni mari.

Ensemble.

HERBERT.

Jeune et le cœur tendre,
Neveu d'un bailli,
Ah ! daignez me prendre
Pour votre mari !

LE BAILLI.

Jeune, aimable et tendre,
Neveu d'un bailli,
Ah ! daignez le prendre
Pour votre mari !

MARGUERITE.

Loin de vous entendre,
Je déclare ici
Que je ne veux prendre
Amant ni mari.

LE BAILLI.

C'est-à-dire que vous me refusez.

MARGUERITE.

Bien malgré moi.

LE BAILLI.

Et pourquoi, s'il vous plaît, ne voulez-vous ni amoureux, ni mari ?

MARGUERITE, baissant les yeux.

Parce que j'en ai un.

LE BAILLI, bas à son neveu.

C'est une raison.

HERBERT, avec humeur.

Laissez donc ! elle n'est pas mariée.

MARGUERITE.

C'est tout comme. J'ai promis ma main à Christian, il y a deux ans, quand il partit pour la guerre.

LE BAILLI.

Christian ?... qui sert dans le régiment du comte Rodolphe, notre jeune maître ?

MARGUERITE.

Lui-même, le frère de Justine avec qui j'ai été élevée.

HERBERT.

Un petit, qui n'est pas beau !

MARGUERITE.

Vous êtes bien difficile. Mais enfin, c'est égal, je l'aime.

LE BAILLI.

Un garçon qui n'a pas le sou !

MARGUERITE.

C'est égal, je l'aime ; et puis je suis riche pour deux.

LE BAILLI.

C'est bien ce qui me fâche pour vous... Et depuis deux ans qu'il est parti, vous y pensez encore ?

MARGUERITE.

Toujours.

LE BAILLI.

Voilà ce qui s'appelle du temps perdu, parce que de son côté je suis bien sûr que le pauvre garçon... bien malgré lui peut-être...

MARGUERITE.

Que voulez-vous dire ? Vous savez quelque chose ?...

LE BAILLI.

Comme grand bailli, je sais tout... et je sais que, depuis deux ans, il y a eu plusieurs batailles... des batailles terribles !...

MARGUERITE, vivement et avec effroi.

Christian n'est plus !...

LE BAILLI

Je ne dis pas cela.

MARGUERITE.

Il est blessé !...

LE BAILLI.

Je ne dis pas cela.

MARGUERITE.

Eh ! que dites-vous donc ?...

LE BAILLI.

Je dis... je dis... ma chère Marguerite... je dis que tout peut arriver... et qu'à votre âge... il serait plus sage, plus prudent...

SCÈNE VI.

Les mêmes, JUSTINE.

JUSTINE, accourant.

Eh bien ! eh bien ! vous restez là... vous ne savez donc pas la nouvelle ?... le régiment que de loin j'ai vu passer ce matin... c'était celui du colonel Rodolphe notre maître.

MARGUERITE, HERBERT et LE BAILLI.

Eh bien !... ce régiment ?...

JUSTINE.

En voilà une compagnie qui entre dans le village où elle vient loger... et parmi ces soldats, j'en ai aperçu un !...

MARGUERITE.

Achève !...

JUSTINE.

Mon frère, Christian !

MARGUERITE, HERBERT et LE BAILLI.

Christian !

MARGUERITE, avec joie.

Christian ! Et que disiez-vous donc, monsieur le bailli ?

LE BAILLI.

Je disais... je disais... que tout peut arriver... et j'avais raison : le voilà qui arrive.

JUSTINE.

Avec une trentaine de ses camarades ; et on demande de tous côtés monsieur le bailli pour les billets de logement. Il va y avoir du bruit.

LE BAILLI.

J'y cours.

HERBERT.

Mais, mon oncle...

LE BAILLI.

Je perds la tête... laissez-moi tranquille.

HERBERT, sortant avec lui.

Du tout... je ne vous quitte pas... et il faudra bien que vous trouviez quelqu'autre moyen...

JUSTINE et MARGUERITE, regardant au fond, et poussant un cri.

Christian !

(Elles courent au-devant de Christian qui descend la colline, les embrasse et redescend avec elles au bord du théâtre.)

SCÈNE VII.

MARGUERITE, JUSTINE, CHRISTIAN.

CHRISTIAN.

AIR.

Hélas ! après deux ans passés loin de ces lieux,
Je vous revois enfin ; combien je suis heureux !
   Quand je quittai ma paisible chaumière,
    Au fond du cœur quels chagrins ! quels regrets !
   Et je croyais, en partant pour la guerre,
    A mon pays dire adieu pour jamais.

     Pauvre soldat, à la victoire
     Je marchai le sac sur le dos,
     Jurant tout bas contre la gloire
     Qui me forçait d'être un héros.
       Bientôt vers la frontière
       On nous guide à grands pas ;
       Une chanson guerrière
       Nous appelle aux combats ;
       Puis au bout de la route
       On nous dit : « C'est ici !
     Prenez cette redoute !
     Délogez l'ennemi ! »

         Ah ! quel tapage !
         Ah ! quel carnage !
         La fusillade !
         La canonnade !
         Et cependant
         Marche en avant !

Mais après les combats, qu'ils sont heureux, les jours
Où l'on revoit enfin l'objet de ses amours !
    Ah ! mon village ! ô Marguerite !
    Je vous revois, quel heureux jour !
    Chagrin, fuyez ! fuyez bien vite !
    Tout est plaisir à mon retour !

MARGUERITE.

Et ton colonel, le comte Rodolphe que ma mère a nourri, qui m'appelle sa sœur ?

CHRISTIAN.

Revenu avec nous !... il a couru au château où des affaires l'appelaient.

MARGUERITE, à demi-voix.

Je crois bien ! la jeune comtesse de Loustal... mademoiselle Mathilde, qu'il aimait tant avant son départ !

CHRISTIAN, de même.

Et qu'il aime encore plus au retour. C'est comme moi !

MARGUERITE, souriant.

Bien vrai !...

CHRISTIAN.

Et il m'a dit comme ça : « J'espère que Marguerite se mariera en même temps que moi. »

MARGUERITE.

Nous verrons ça... rien ne presse.

CHRISTIAN.

Mais si, vraiment... car il paraît que c'est demain que M. le comte se marie.

MARGUERITE.

Demain... Eh bien ! alors ce ne sera pas possible.

JUSTINE.

Et pourquoi donc ? On ne peut jamais se marier trop tôt... on ne sait pas ce qui peut arriver... et puis monseigneur le veut, et il a le droit de dire : Je veux, puisqu'il donne une dot ; à demain, s'il vous plaît, le contrat et la noce.

MARGUERITE.

Quand rien n'est prêt ?

JUSTINE.

Je suis toujours prête à danser ; et, quant au notaire, pour qu'il soit ici de bon matin, nous irons le prévenir dès ce soir avec Christian... ou plutôt j'irai seule... (A Christian.) tu as tes amis à revoir, à embrasser... notre vieille tante qui se fâcherait... oui, frère, ne t'inquiète pas.

MARGUERITE.

Le notaire demeure si loin ! à un quart de lieue.

JUSTINE.

Par la grande route ; mais en prenant par Falkeinstein, par les ruines du vieux château, cela abrége de moitié ; je serai ici de retour avant la nuit.

MARGUERITE.

Et moi je ne le veux pas... on dit que ces ruines... c'est dangereux... qu'il s'y passe des choses terribles... surtout le soir.

JUSTINE.

Allons donc !... crois-tu m'effrayer, moi la sœur d'un militaire ? ou plutôt je devine... c'est toi qui as peur...

MARGUERITE.

Moi ?

JUSTINE.

Qui as peur d'être mariée demain... mais tu auras beau faire... il n'y aura plus à s'en dédire.

CHRISTIAN.

Elle a raison.

MARGUERITE.

Nous allons être mariés si vite... si vite, que le mariage ne vaudra rien.

CHRISTIAN.

N'ayez pas peur... je vais d'abord chez ma vieille tante.

JUSTINE.

Nous irons avec toi.

CHRISTIAN.

Il me tarde de l'embrasser, et surtout de quitter mon uniforme ; car maintenant que j'ai mon congé, je suis du village... je suis paysan... au diable les gens qui se battent !

JUSTINE.

Et vivent ceux qui se marient !
(Justine, Marguerite et Christian s'en vont par la gauche ; Graph et Herbert entrent de l'autre côté.)

SCÈNE VIII.

GRAPH, HERBERT.

GRAPH.

Eh bien !... tu les entends... un mariage... une noce... des fêtes dans le village... et puis, ce soir, pour l'installation de ton oncle, on boira ! ce que tu aimes assez.

HERBERT.

Laisse-moi tranquille.

GRAPH.

On jouera... ce que tu aimes encore mieux.

HERBERT.

Jouer ?... avec quoi ?...

GRAPH.

Et tes écus d'hier ?... la jument de ton oncle ?

HERBERT.

J'ai tout perdu !... j'ai du malheur ce mois-ci.

GRAPH.

Du malheur ou de la maladresse... quand on joue avec des gaillards qui en savent plus long que vous !...

HERBERT.

Aurais-je été leur dupe, par hasard ?.

GRAPH, froidement.

Ce n'est pas impossible.

HERBERT.

Et tu ne m'as pas averti ?

GRAPH.

Que veux-tu ?... ils sont mes amis comme toi.

HERBERT.

Des amis pareils !...

GRAPH.

Il en faut partout !... et puis, tu as plus d'occasions qu'eux de prendre ta revanche.

HERBERT.

Je l'espérais ce matin ; j'étais joyeux, tout allait bien... une jolie femme... riche déjà et à qui monseigneur va donner encore dix mille florins en mariage !

GRAPH, avec avidité.

Dix mille florins !...

HERBERT.

Et le retour de Christian a tout renversé !

GRAPH.

Eh bien !... après ?... quand tu te désoleras ?...

HERBERT.

Quand on n'a pas autre chose à faire !

GRAPH.

Bah !... il y a tant de ressources dans cette vie !... Réfléchis un peu... sors de la route ordinaire... examine les gens heureux... occupe-toi des riches... il y a bien des métiers à faire ici-bas... le monde est grand... le champ est vaste ; il s'agit seulement d'y moissonner quelques gerbes.

HERBERT, vivement.

Il s'agit de m'aller jeter dans le fleuve ou de me faire sauter la cervelle ! je suis perdu ! je dois à la ville une forte somme ; il y a sentence contre moi. On me donnait du temps dans l'espoir de mon mariage ; maintenant tout est dit !... la prison, du pain noir et de l'eau claire !

GRAPH.

Eh bien ! en attendant allons boire du vin pour te griser un peu. (Montrant l'auberge à gauche.) Voilà le cabaret, et tu as besoin d'y entrer.

HERBERT.

C'est vrai ! il n'y a de bons pour nous que les moments où la raison s'en va !

GRAPH.

Viens, imbécile !... nous verrons, nous causerons... Tiens, voici les deux amoureux.

HERBERT, entrant vivement à l'auberge.

Malédiction !

(Graph le suit.)

SCÈNE IX.

CHRISTIAN, en veste de paysan et en chapeau rond ;
MARGUERITE.

(Ils arrivent par le jardin de l'auberge en se tenant par la main.)

DUO.

CHRISTIAN et MARGUERITE.

Au bonheur, au plaisir
Que notre cœur se livre !
Te revoir, c'est revivre !
Te quitter, c'est mourir !

MARGUERITE, le regardant.

Voyons !... ainsi je te préfère !
Cet humble habit semble attester
Que près de celle qui t'est chère
Tu veux toujours, toujours rester !

(Le regardant encore.)
Mais à ton chapeau, quel dommage !
Il manque un ruban !...

CHRISTIAN.
Vraiment, oui !
Et jamais fiancée, ainsi le veut l'usage,
N'en refuse un à son ami...

MARGUERITE, souriant et montrant le ruban de sa ceinture.
Christian, veux-tu celui-ci ?

Ensemble.

CHRISTIAN.
O gage de nos amours,
Je te garderai toujours !

MARGUERITE.
Songez à garder toujours
Ce gage de nos amours.

CHRISTIAN.
Et maintenant c'est un baiser
Que l'on ne peut me refuser.

MARGUERITE.
Oh ! doucement, prenez bien garde !
Je crains toujours qu'on ne regarde.

CHRISTIAN.
Eh ! non, personne autour de nous !

MARGUERITE, souriant et se laissant embrasser.
Personne ?... alors dépêchez-vous !

CHRISTIAN et MARGUERITE.
Au bonheur, au plaisir, etc.

SCÈNE X.

JUSTINE, accourant par la droite; CHRISTIAN et MARGUERITE, au milieu du théâtre; GRAPH et HERBERT, dans le cabaret, paraissent à la fenêtre du cabinet; ils boivent.

JUSTINE.

Ne vous dérangez pas... ce n'est que moi... j'ai déjà fait toutes nos invitations dans le village, et j'allais courir chez le notaire en prenant par les ruines... lorsqu'à cent pas d'ici, je me suis trouvée face à face avec un inconnu enveloppé dans un grand manteau.

MARGUERITE.

Vois-tu, déjà les rencontres!

JUSTINE.

Sois donc tranquille... il m'a dit : « La jeune fille... connaissez-vous Christian... un soldat arrivé aujourd'hui dans ce village?... — Pardi! que je réponds... c'est mon frère... — Eh bien! alors, a-t-il continué en baissant la voix, menez-moi vers lui, et prévenez-le que quelqu'un voudrait lui parler, à lui seul. »

CHRISTIAN.

A moi? que me veut cet étranger?

JUSTINE.

Le voilà.

CHRISTIAN.

Il choisit bien son temps, au moment où je suis avec Marguerite, avec ma prétendue... (Apercevant Rodolphe qui entre, et ôtant son chapeau qu'il place sur l'entablement de la croisée du cabinet de l'auberge; à part.) Mon colonel!... (Aux deux femmes.) Laissez-nous, mes amies, laissez-nous.

MARGUERITE.

Mais pourquoi donc? qu'est-ce que cela signifie? pas pour longtemps, n'est-ce pas?... Je rentre à la ferme.

8.

JUSTINE.

Et moi, je cours chez le notaire.

(Marguerite sort par la gauche : Justine sort par le fond et monte la colline. Christian va au-devant de son colonel qui l'amène lentement et mystérieusement au bord du théâtre. Pendant ce temps, Graph et Herbert viennent d'ouvrir la fenêtre du cabaret.)

HERBERT, apercevant le chapeau que Christian vient de poser, et regardant avec dédain le ruban dont il est garni.

Tiens !... vois-tu, Graph ! le ruban que lui a donné son amoureuse ! à lui tout le bonheur ! et à moi, rien !...

(Il a pris le chapeau qu'il jette avec colère à ses pieds dans le cabinet où ils sont.)

GRAPH.

Tais-toi donc.

CHRISTIAN, à Rodolphe.

Qu'y a-t-il, mon colonel ?

RODOLPHE, regardant autour de lui, et avec mystère.

Personne ?...

GRAPH, regardant.

Ah ! c'est le comte Rodolphe.

CHRISTIAN.

Pourquoi vous donner la peine de venir ainsi, au lieu de me faire dire d'aller au château ?

RODOLPHE, agité.

Écoute. Tu es bien heureux, toi !... tu vas épouser la emme que tu aimes !... et moi... on m'enlève Mathilde !

CHRISTIAN.

La jeune comtesse que vous adorez ?

RODOLPHE.

Et que je devais épouser à mon retour... Eh bien ! en mon absence, on a disposé de sa main ! tout est convenu, tout est préparé... et sais-tu qui l'épouse ? notre général.

CHRISTIAN.

Le comte de Gruben?

RODOLPHE.

Lui-même.

CHRISTIAN.

Un homme qui a le double de votre âge!... c'est impossible!... elle ne peut pas l'aimer.

RODOLPHE.

Non... mais ses parents ordonnent, il faut obéir! et c'est ce soir, à minuit, dans la chapelle du château, que ce mariage doit se célébrer!...

CHRISTIAN.

Dans quelques heures?

RODOLPHE.

On n'aura pas le temps!... je viens d'écrire au général, et nous allons nous battre.

CHRISTIAN.

Ah! mon Dieu!

RODOLPHE.

Oui, ce soir, à neuf heures... dans les ruines de Falkeinstein.

GRAPH, dans le cabinet.

Le lieu est bien choisi! c'est un vrai coupe-gorge!

CHRISTIAN.

Votre général!... un duel!... songez-vous qu'il suffit de votre billet pour être passible d'un conseil de guerre, et qu'une mort certaine...

RODOLPHE.

Je brave tout... je suis désespéré!

CHRISTIAN.

Il a du courage, du sang-froid, et dans le trouble où vous êtes il vous tuera!

RODOLPHE.

Non, non, la chance sera pour moi.

CHRISTIAN.

Mais alors, il faut vous enfuir, ou une mort infâme...

RODOLPHE.

Je compte sur toi : tu vas courir à la ville, chez mon ami, le lieutenant Albert ; il a de bons chevaux, une chaise de poste ; prépare tout cela, et reviens m'attendre ici près, dans le chemin creux.

CHRISTIAN.

Eh quoi ! je n'irai point avec vous dans les ruines où vous devez vous battre ?

RODOLPHE.

Non, mon billet annonce que je serai seul... D'ailleurs, je n'ai que toi pour assurer ma fuite.

CHRISTIAN.

Mais de l'argent, de l'or... y avez-vous pensé ?...

RODOLPHE.

Oui, oui... j'en ai beaucoup, là, dans ma ceinture... (Graph referme la croisée.) Il est huit heures ; je crains les importuns, et je veux devancer mon adversaire au rendez-vous... Toi, pars, et sois exact.

CHRISTIAN.

Soyez tranquille. Une voiture, deux bons chevaux et moi pour les conduire... tout cela dans le chemin creux ; et que Dieu me fasse la grâce de ne pas vous y attendre longtemps !

RODOLPHE.

Adieu ! j'ai bon espoir !

(Ils sortent séparément.)

SCÈNE XI.

LE BAILLI, MARGUERITE et LES HABITANTS DU VILLAGE.

(On dresse des tables.)

FINALE.
LE CHŒUR.

Qu'avec nous le plaisir fidèle
Se place à ce joyeux festin !
Que l'amitié qui nous appelle
Nous retrouve à table demain !

LE BAILLI, regardant en l'air.

Est-il prudent et sage
De souper en plein air?
Je redoute un orage.

MARGUERITE, riant.

Le ciel est pur et clair.

LE BAILLI.

Il me semble pourtant qu'au loin la foudre gronde.

TOUS, riant.

Ah! ah!

LE BAILLI.

Qu'on serve donc! il vaut mieux se presser.

MARGUERITE, regardant si Christian ne revient pas.

Nous attendons encor du monde;
Mais tout en attendant on peut toujours danser,
On peut valser!

LE BAILLI.

Valser! valser! le beau plaisir!
Et puis l'orage va venir.

RONDE.
MARGUERITE.

Premier couplet.

Livrons-nous à la danse!

Jeune, il faut s'égayer !
Assez tôt la prudence
Viendra nous effrayer.
« Tremblez dès votre aurore,
« Vous dira-t-on, voilà
« Des nuages déjà ;
« La tempête viendra. »
  Bah ! bah !
  On verra ça
  Quand on y s'ra !
L'orage est loin encore :
Dansons, dansons jusque-là.

Deuxième couplet.

De l'austère sagesse
Écoutez la leçon,
Elle dira sans cesse :
« N'aimez jamais, sinon
« Les chagrins vont éclore,
« Dès que l'amour viendra ;
« Le regret le suivra !
« Votre cœur gémira ! »
  Bah ! bah !
  On verra ça
  Quand on y s'ra !
L'orage est loin encore :
Dansons, dansons jusque-là.

Troisième couplet.

Des vieilles du village
Écoutez les discours !
« Fuyez le mariage ! »
Disent-elles toujours ;
« L'époux qui vous adore
« Bientôt vous trahira !
« Puis vous tourmentera,
« Et toujours grondera ! »
  Bah ! bah !
  On verra ça
  Quand on y s'ra !

L'orage est loin encore :
Dansons, dansons jusque-là.

(On valse ou l'on danse entre chaque couplet ; à la fin du dernier, le ciel s'obscurcit, quelques éclairs brillent, et l'on aperçoit, au haut de la montagne, Justine qui descend en courant, et en poussant un cri.)

TOUS.

C'est Justine ! d'où vient cette frayeur soudaine ?

SCÈNE XII.

LES MÊMES, JUSTINE.

(Elle arrive pâle et défaite jusqu'au milieu du théâtre.)

MARGUERITE.

Qu'as-tu donc !... réponds-nous ?... Elle respire à peine !
(Elle est prête à se trouver mal ; on l'entoure, on la fait asseoir.)

JUSTINE.

Mon Dieu ! mon Dieu ! protégez-moi !

MARGUERITE et LE BAILLI.

Te voilà près de nous !... allons, rassure-toi !
Et dis-nous d'où vient cet effroi !

JUSTINE, parlant à mots coupés.

Je viens des ruines du château, que je traversais à la nuit... non sans frayeur..., quand j'entends des pas... ah ! comme le cœur me battait ! puis des cris !... un homme que je n'ai pu distinguer se défendait seul contre deux malfaiteurs, et jusqu'au fond du rocher où je m'étais blottie... le vent qui soufflait avec violence, a porté le chapeau d'un des meurtriers, que j'ai ramassé... (Le retirant de dessous son tablier. Tenez !... le voilà !...

MARGUERITE, le prenant et regardant le ruban qui l'entoure.

Grand Dieu !

(Le bailli s'empare du chapeau.)

Ensemble.

MARGUERITE, à part.

D'horreur et d'épouvante
Elle m'a fait frémir.
Je suis toute tremblante !
Et je me sens mourir.

JUSTINE.

D'horreur et d'épouvante
Je sens mon cœur frémir !
Je suis encor tremblante
D'un pareil souvenir.

LE BAILLI.

D'horreur et d'épouvante
Je sens mon cœur frémir !
Cette trame sanglante,
Comment la découvrir ?

SCÈNE XIII.

Les mêmes ; GRAPH, à la tête de tous LES GARDES FORESTIERS près de lui HERBERT, pâle et tremblant.

GRAPH.

Allons ! aux armes, mes amis !
Un crime vient d'être commis !

LES GARDES FORESTIERS.

Il faut qu'on trouve le coupable,
La justice en est responsable !
Nous venons, pour qu'il soit puni,
Nous adresser au grand bailli.

LE BAILLI.

Quoi ! ça me regarde encore !

GRAPH.

                    Oui !
Nous entendons qu'on vous le livre

HERBERT, tremblant.

Oui... qu'entre vos mains... on le livre !

GRAPH, à demi-voix.

Veux-tu ne pas trembler ainsi !...
Allons donc !... un air plus hardi !

(Haut, se retournant vers le bailli.)

Pour nous aider à le poursuivre
Nous venons vous chercher ici.
Partons vite.

LE BAILLI.

Non, Dieu merci !
Quand nous allions nous mettre à table,
Nous mettre à poursuivre un coupable !

GRAPH.

C'est la loi qui le veut ainsi !

(Bas, à Herbert.)

Allons, ne tremble pas ainsi !

LE BAILLI, à part, avec dépit.

Est-il place plus agréable
Que la place de grand bailli !

Ensemble.

MARGUERITE.

D'horreur et d'épouvante
Ils me font tous frémir !
Je suis toute tremblante,
Et je me sens mourir.

JUSTINE.

D'horreur et d'épouvante
Je sens mon cœur frémir !
Je suis encor tremblante
D'un pareil souvenir !

HERBERT.

De remords, d'épouvante
Je me sens tressaillir !

Et ma bouche tremblante
A peur de me trahir.

GRAPH, bas à Herbert.

Quel effroi te tourmente ?
Ne va pas te trahir !
D'un rien il s'épouvante,
Un rien le fait frémir.

LE BAILLI, avec douleur.

Qu'une charge brillante
Coûte cher à remplir !
Et de faim, je m'en vante.
Il me faudra mourir.

LE CHŒUR.

D'horreur et d'épouvante
Je sens mon cœur frémir !
Cette trame sanglante
Comment la découvrir ?

(En ce moment l'orage éclate avec violence ; les paysans prennent leurs armes ; d'autres allument des torches : les femmes les excitent.)

LE CHŒUR.

Allons !... allons ! malgré la nuit
Poursuivons, poursuivons le coupable qui fuit !
Et cherchons bien, malgré l'orage,
Dans tous les bois du voisinage !

(Graph, Herbert et les gardes forestiers entraînent le bailli, qui résiste encore et jette un dernier regard sur la table déjà servie ; les paysans sortent en désordre de tous côtés, tandis que Marguerite, seule sur le devant du théâtre, reste anéantie la tête dans ses mains ; Justine vient à elle et l'emmène.)

ACTE DEUXIÈME

L'intérieur de la ferme de Marguerite. — Le fond est tout ouvert, et laisse apercevoir la campagne et le clocher du village.

SCÈNE PREMIÈRE.

MARGUERITE, triste et pâle.

(Au lever du rideau, deux jeunes filles achèvent de l'habiller en mariée.)

AIR.

MARGUERITE.
Merci de tous vos soins; c'est bien !... me voilà prête ;
Allez, à votre tour, vous parer pour la fête !
(Les jeunes filles sortent.)
Pour refuser ce voile et ces habits,
Hélas ! que pouvais-je leur dire?
Dans le doute qui me déchire
Me taire est tout ce que je puis !

Près de moi l'on s'empresse,
On me dit : quel beau jour !...
On me croit dans l'ivresse
Du bonheur, de l'amour !
N'est-ce point un délire ?
Sur ma tête une fleur,
Sur mes traits le sourire,
Et la mort dans le cœur !
(Vivement.)
Non !... il n'est pas coupable !

Non, non !... c'est trop souffrir !
Du soupçon qui m'accable,
C'est moi qui dois rougir !
(Tremblante.)
Mais cependant... l'heure s'avance !
Comment expliquer son absence ?
Hélas ! hélas !
Pourquoi ne vient-il pas ?...
Bientôt, selon l'usage,
Pour notre mariage,
La cloche du village
Au loin va retentir !
A danser sous l'ombrage
Pour ce soir on s'engage ;
Et tout le voisinage
Se dispose au plaisir !...
(Pleurant.)
Et moi !... moi je verse des larmes !
Ce jour appelé par mes vœux,
Ce jour qui m'offrait tant de charmes,
De ma vie est le plus affreux !
(Vivement.)
Non !... il n'est pas coupable !
Non, non !... c'est trop souffrir !
Du soupçon qui m'accable,
C'est moi qui dois rougir !

SCÈNE II.

MARGUERITE, JUSTINE.

JUSTINE, entrant gaîment.

Me voilà !... Suis-je belle ? voyons, regarde-moi, et laisse-moi te voir aussi ! Très-bien !... oh ! mais, très-bien !... foi d'honnête fille, nous sommes charmantes toutes les deux !... Oh ! la jolie chose que le mariage... même quand il s'agit de celui des autres !... et puis, ça me paraît si drôle : ce matin, je viens te dire comme de coutume : « Bonjour, Marguerite, » et tantôt, je te dirai, « Bonsoir, ma sœur !... » Mais à propos de sœur, où est donc mon frère ? je ne le vois pas.

MARGUERITE, avec curiosité.

Tu le croyais donc ici ?

JUSTINE.

Sans doute.

MARGUERITE.

Et tu l'as vu ce matin ?

JUSTINE.

Non, il n'est pas rentré de la nuit.

MARGUERITE, se détournant.

O ciel !

JUSTINE.

Ne t'effraye pas : il a fait dire hier au soir chez nous, qu'on ne l'attendît pas, qu'il avait des courses à faire ; mais ce matin, je pensais qu'il t'aurait donné les premiers moments de son retour ; c'est juste... c'est dans l'ordre !... une amoureuse, ça passe avant une sœur.

MARGUERITE, avec émotion.

Je ne sais où il est, Justine ! Peut-être a-t-il moins d'empressement que tu ne crois ! deux ans d'absence peuvent l'avoir changé... la guerre... au régiment, les mauvais exemples... les habitudes des soldats... tout cela peut gâter le cœur d'un honnête homme.

JUSTINE.

Fi donc ! mon frère infidèle !... oh ! c'est une horreur dont il est incapable. Tranquillise-toi, il va arriver... il le faut !... M. le pasteur s'apprête, et M. le bailli s'étonne déjà que Christian ne soit pas venu lui offrir ses services pour la recherche des coquins de cette nuit.

MARGUERITE.

Et on n'a rien découvert ?

JUSTINE.

Rien. A l'endroit que j'ai dit, on a trouvé l'herbe foulée, des branches cassées; il est clair qu'on s'y est débattu; mais point de traces de sang; un simple vol, sans doute.

MARGUERITE.

N'est-ce point assez, Justine? c'est toujours un crime qu'on punit de mort, et le déshonneur est au moins le même.

JUSTINE.

Pardi! je crois bien!... aussi le bailli veut absolument faire pendre quelqu'un... il s'agite... se démène, et m'interroge de nouveau pour savoir si ce n'est pas la peur qui m'a donné une vision! ah! bien oui! une vision! ce n'était que trop vrai!... j'en ai rêvé jusqu'au point du jour!... oh! que c'est bête, un rêve!... quel embrouillamini!

COUPLETS.

Premier couplet.

 D'abord, mon premier somme
 M'a rendu mes frayeurs!
 Et j'ai vu ce pauvre homme
 Frappé par des voleurs!...
 Puis, dans votre ménage,
 J'ai vu mon frère et toi,
 Et j'ai rêvé pour moi
 D'amour, de mariage!...

Oh! c'est fort étonnant, et je n'y comprends rien;
Ça commençait très-mal et ça finissait bien!

Deuxième couplet.

 J'ai vu gens de justice,
 Griffonnant un arrêt;
 Et conduire au supplice
 Un homme qui pleurait!...
 Puis j'étais à la danse
 Auprès de Mathurin,
 Qui me serrait la main
 Pour marquer la cadence!...

Oh! c'est fort étonnant, et je n'y comprends rien ;
Ça commençait très-mal, et ça finissait bien !

MARGUERITE, qui a regardé en dehors à la fin du chant.

Ah! le voilà!... le voilà !

JUSTINE.

Où donc?

MARGUERITE.

Tiens!... il descend la colline !

JUSTINE.

Je te le disais bien!... Mais qu'est-ce qu'il a donc, les bras croisés, distrait, baissant la tête?

MARGUERITE, tremblante.

En effet!... il rêve sans rien voir !

JUSTINE.

Lui qui est toujours si gai, si alerte!...

MARGUERITE.

Tais-toi! ne troublons pas sa rêverie !

JUSTINE.

Pourquoi?

MARGUERITE, la tirant à l'écart.

Viens... silence, crois-moi !...

SCÈNE III.

MARGUERITE et JUSTINE, à l'écart; CHRISTIAN, arrivant la tête baissée et préoccupé, sur le bord du théâtre, et tombant sur une chaise.

CHRISTIAN, à voix basse.

Je n'en puis plus!... quelle nuit cruelle!... et point de nouvelles!... j'ai attendu vainement avec cette voiture... je viens des ruines, rien!... personne!... Mon pauvre colonel !

où est-il ?... quel est son sort ? se sont-ils battus ?... mon incertitude est affreuse !

MARGUERITE, bas à Justine.

Entends-tu ce qu'il dit ?

JUSTINE, bas.

Non !

MARGUERITE.

Ni moi !

CHRISTIAN, se levant.

Mais, Marguerite !... que doit-elle dire de mon absence ?

JUSTINE, haut et s'avançant.

Ah ! pardi ! nous disons que pour un amoureux vous n'êtes guère aimable !

CHRISTIAN.

Oui, j'ai été retenu longtemps !... pardonnez-moi, Marguerite.

MARGUERITE, l'observant toujours.

Quel trouble !

CHRISTIAN.

Dis-moi, Justine !... n'est-il pas venu ?... l'a-t-on vu dans le village ?

JUSTINE.

Qui ?

CHRISTIAN.

Mon colonel.

JUSTINE.

Non, pourquoi ?

CHRISTIAN.

Il faut que je le trouve, que je lui parle, et que je sorte enfin de l'état horrible où je suis !

MARGUERITE, à part, vivement.

Voudrait-il l'implorer ?... lui avouer son crime ?...

JUSTINE, regardant Christian.

Ah çà! mais qu'as-tu donc, pour être comme ça tout bouleversé?...

CHRISTIAN.

Une affaire secrète... des chagrins que je ne puis vous dire... Ne m'interrogez pas, je vous en supplie!...

MARGUERITE, se traînant vers un siége.

Malheureuse!... c'est lui!...

CHRISTIAN, courant à elle.

Qu'est-ce donc, Marguerite?

JUSTINE, de même.

Eh! pardi! voilà comme elle est depuis hier au soir! la peur, le saisissement!...

CHRISTIAN.

La peur?...

JUSTINE.

Oui, cette horrible affaire dans les ruines du vieux château!...

CHRISTIAN, vivement.

O ciel!... on sait cela?...

MARGUERITE, se levant vivement.

Et vous...

CHRISTIAN, sans l'écouter.

Parle, parle, Justine!...

JUSTINE.

Eh oui!... un homme à terre... c'est moi qui l'ai vu de loin se débattre!... J'ai donné l'alarme, on y est accouru; mais on n'a rien trouvé!...

CHRISTIAN.

Quoi! c'est toi qui as vu?...

JUSTINE.

Eh! mon Dieu! oui! un homme en uniforme... l'épaulette brillait à la clarté de la lune.

9.

CHRISTIAN.

Tais-toi !... tais-toi, malheureuse !

JUSTINE.

Pourquoi donc ?

CHRISTIAN.

Il y va de la vie d'un homme !

MARGUERITE, à part, et dans le dernier trouble.

Il va se découvrir !...

CHRISTIAN, se promenant à grands pas, et à voix basse.

Tout mon sang se glace !... qui donc a succombé ? Mais où est-il, mon Dieu ?... mort ou vif, où est-il ?... si j'envoyais chez son adversaire ?... oui, oui... je vais écrire. (Haut.) Ma sœur, cours me chercher le messager du village, le grand Thomas !... tu sais ? Qu'il vienne !... qu'il se presse !... un écu d'or pour sa peine.

JUSTINE.

Es-tu fou ?...

CHRISTIAN.

Non, mais bien malheureux !... Cours !... pars donc ! au nom du ciel ! (Revenant.) Et moi, je vais écrire !

(Justine sort.)

MARGUERITE.

Mais, de grâce !...

CHRISTIAN, entrant dans une chambre à droite.

Non, laissez-moi... plus tard... je reviens...

MARGUERITE.

Ciel ! voici le bailli.

SCÈNE IV.

MARGUERITE, LE BAILLI, tenant le chapeau trouvé dans les ruines par Justine.

LE BAILLI, essoufflé et s'essuyant le front.

RONDEAU.

Oh! vraiment, j'en perds la tête!
Qui faut-il donc que j'arrête?
Je vais là, je cours ici :
Rien de fait, rien d'éclairci!
Le démon se rit, je pense,
De ma rare intelligence!
Pas moyen, dans ce temps-ci,
Pas moyen d'être bailli!

J'étouffe, j'enrage,
Et je suis en eau!
Je cours le village
Montrant ce chapeau!
Dans chaque ménage,
Fillette ou maman,
Ou coquette ou sage,
A vu ce ruban!

Maudites femelles!
Malgré mon désir,
Pas une d'entre elles
N'a voulu rougir!
Rien ne se démêle,
Ah! quel embarras!
Le diable s'en mêle!
Je n'en doute pas.

Oh! vraiment j'en perds la tête! etc.

MARGUERITE, à part, s'approchant de la porte de la chambre.

Oh! mon Dieu!... il faut pourtant lui dire de ne pas sortir.

LE BAILLI.

Où allez-vous donc, ma chère enfant? j'ai à vous parler.

MARGUERITE, agitée.

Et que voulez-vous de moi?... je ne puis rien vous apprendre non plus!... quelle est votre raison pour me rendre visite?

LE BAILLI.

C'est que je n'ai point encore questionné Christian sur cette fâcheuse affaire... il est adroit, intelligent! il n'y a que lui et moi qui ayons de l'esprit dans ce pays!... je veux un peu causer avec ce garçon-là; où est-il donc?

MARGUERITE, fort troublée.

Ah!... vous le cherchez ici?

LE BAILLI.

Sans doute! on m'a dit qu'on venait de le voir entrer chez vous.

MARGUERITE.

Non, non... je ne crois pas! je le saurais, je pense.

LE BAILLI.

Comment!... non?... cependant...

SCÈNE V.

Les mêmes; CHRISTIAN.

CHRISTIAN, entrant vivement, un papier à la main.

Oui, ce billet, bien vite!...

LE BAILLI.

Eh! parbleu, le voilà!

CHRISTIAN, très-vite.

Justine?... pas encore de retour avec le messager! Allons, cherchons moi-même...

(Il veut sortir.)

LE BAILLI, le prenant par le bras.

Un instant!...

CHRISTIAN.

Je ne puis!... Sans adieu, Marguerite... à tantôt... je l'espère!...

LE BAILLI, le tenant toujours.

Que diable! écoute-moi donc!

CHRISTIAN.

Que voulez-vous?

LE BAILLI.

Un mot! connais-tu ce chapeau?...

CHRISTIAN.

Oui, vraiment, c'est le mien.

LE BAILLI, stupéfait.

Hein?...

MARGUERITE, à part.

Dieu!

CHRISTIAN, très-vite.

Oui, voilà le ruban que Marguerite m'a donné; qu'en voulez-vous donc faire? et pourquoi?...

SCÈNE VI.

LES MÊMES; JUSTINE, accourant.

JUSTINE, sur la porte et criant.

Mon frère, mon frère!... vous cherchiez le colonel... tenez, là-bas, là-bas... à cheval, dans la plaine... galopant vers le château...

CHRISTIAN, vivement.

Ah! que Dieu soit loué!... Viens, appelle avec moi! courons, ma sœur, courons!

(Il sort en courant et entraîne Justine.)

LE BAILLI, criant.

Arrêtez! arrêtez!

SCÈNE VII.

MARGUERITE, LE BAILLI.

MARGUERITE, retenant le bailli de ses deux mains.

Ah! silence! silence!

LE BAILLI, voulant lui échapper.

Oh ciel!... que faites-vous?

MARGUERITE, à genoux.

Je n'ai qu'une espérance,
Et tombe à vos genoux!

LE BAILLI.

Que voulez-vous donc faire?

MARGUERITE.

Le sauver de la mort!

LE BAILLI.

O ciel!... mon ministère!...

MARGUERITE.

Ah! pitié pour son sort!

Ensemble.

LE BAILLI.

Non, non, non, non, le misérable!
C'est lui! grand Dieu! qui l'aurait dit?
Point de pitié pour le coupable,
Car mon devoir me l'interdit!

MARGUERITE.

Hélas! hélas! le misérable!
C'est lui, grand Dieu! qui l'aurait dit?
Pitié! pitié pour le coupable!
Hélas! pour lui mon cœur frémit!

LE BAILLI, voulant sortir.

Allons, et faisons diligence!

MARGUERITE, l'arrêtant.
Non, non, ayez de l'indulgence!

LE BAILLI.
Jamais!... et votre fol amour
Augmente son crime en ce jour!

MARGUERITE.
O ciel! que parlez-vous d'amour
En ce triste et funeste jour!

LE BAILLI.
De mon neveu qui vous adore,
Vous avez dédaigné la foi!

MARGUERITE, comme par inspiration.
Votre neveu?... je puis encore!...
Ah! Dieu m'inspire!... écoutez-moi!...
(Vite et à voix basse.)
Ayez de l'indulgence!
Et gardez le silence,
Et ce neveu chéri,
Repoussé jusqu'ici,
Je dirai que je l'aime,
Et vais à l'instant même
L'accepter pour époux!...
Que m'importe ma vie!
Je vous la sacrifie!
Je n'ai plus qu'un désir :
Le sauver et mourir!

LE BAILLI.
Épouser mon neveu?...

MARGUERITE.
Sur-le-champ, je suis prête!

LE BAILLI, pleurnichant.
Je m'attendris, je crois!... une pitié secrète
Pour ce pauvre soldat!...

MARGUERITE.
Ah! de son déshonneur,
Surtout, au nom du ciel, épargnez-moi l'horreur!

Ensemble.

MARGUERITE.

Disposez de ma vie !
Je vous la sacrific !
Je n'ai plus qu'un désir :
Le sauver et mourir !

LE BAILLI.

Oui, mon âme attendrie,
Vous répond de sa vie !
Dites-lui de s'enfuir,
J'y veux bien consentir !

(L'orchestre continue pendant le dialogue suivant.)

LE BAILLI.

Ah ! calmez-vous, voici tout le village.

MARGUERITE.

Ciel !

LE BAILLI.

On vient vous chercher pour votre mariage avec Christian ; mais je m'en vais leur dire qu'il s'agit maintenant de mon neveu.

MARGUERITE, avec égarement.

Vous avez ma promesse. Attendez-moi, je reviens dans un instant.

(Elle entre précipitamment dans sa chambre.)

SCÈNE VIII.

LE BAILLI, s'avançant au bord du théâtre.

Ah ! mon neveu, quel sacrifice
Vous imposez à la justice !
Vos intérêts, sur mon honneur,
Hélas ! coûtent beaucoup aux nôtres !
Je laisse échapper ce voleur,
Je me rattraperai sur d'autres.

SCÈNE IX.

**LE BAILLI, HERBERT, GRAPH, JUSTINE, LES HABITANTS
DU VILLAGE.**

LE CHŒUR.

Ici le plaisir nous invite!
Nous accourons au rendez-vous,
Voici l'instant où Marguerite
Va se donner un tendre époux.

HERBERT, bas à Graph.

Je sens frémir mon cœur jaloux!

GRAPH.

Tais-toi! modère ton courroux.

LE CHŒUR.

Où donc est Marguerite,
Et son futur époux?

LE BAILLI.

Amis, son choix est fait; c'est mon neveu qu'elle aime.

HERBERT.

O ciel!

JUSTINE, au bailli.

Que dites-vous?

LE BAILLI.

Je le tiens d'elle-même.

JUSTINE.

C'est impossible!

LE BAILLI.

Taisez-vous!

LE CHŒUR.

Mon Dieu! quelle surprise extrême!

LE BAILLI.

Elle vient, je la vois!

SCÈNE X.

Les mêmes ; MARGUERITE, pâle, abattue, et s'approchant lentement
d'Herbert.

MARGUERITE.
Herbert !... voici ma main !...
HERBERT.
Est-il vrai !...
JUSTINE.
Quelle horreur !
MARGUERITE, à l'oreille de Justine.
Oui ! tel est mon destin !

(Lui donnant un papier.)
Tiens, remets promptement ce billet à ton frère !
Silence !... et crains surtout de savoir ce mystère !

LE CHŒUR, en suivant la noce.
Allons, partons, la cloche nous appelle ;
Que l'avenir leur soit propice et doux ;
Notre amitié les suit à la chapelle :
Allons prier pour les nouveaux époux !

(Tous sortent, excepté Justine.)

SCÈNE XI.

JUSTINE, seule. Elle est tombée anéantie sur une chaise dans un coin
du théâtre.

Ah ! mon Dieu ! mon Dieu ! j'en deviendrai folle... Mais
ça n'est pas possible, et tout ce que je vois est la continuation de mon rêve de la nuit dernière ! Marguerite infidèle !
quelle horreur ! quelle perfidie ! quelle abomination ! j'en
pleure de colère !... Oh ! les femmes ! je les déteste ! il n'y a
que les garçons qui aient bon cœur et qui soient gentils !

(Regardant.) Qui vient ici?... mon frère !... Ah! quel coup je vais lui porter !... le courage me manque! et je n'oserai jamais lui donner cette lettre qui contient sans doute encore quelque trahison... Mon pauvre frère!

(Elle retombe sur sa chaise.)

SCÈNE XII.

JUSTINE, à l'écart; RODOLPHE, CHRISTIAN.

CHRISTIAN, le tenant dans ses bras.

Mon colonel!... quelle joie!... quel bonheur!... après tant de tourments et de crainte pour vos jours!

RODOLPHE.

Ma foi! ces deux bandits, que par malheur je n'ai pu reconnaître, sont de vigoureux scélérats; après m'avoir volé, ils voulaient me tuer; j'ai eu beau me défendre, ils m'avaient terrassé, et j'allais périr quand mon général est accouru l'épée à la main et les a mis en fuite!

CHRISTIAN.

Vive ce brave général!

RODOLPHE.

Et juge de mes regrets, quand il m'a dit en souriant : « Étourdi que vous êtes! Pourquoi m'avoir caché votre amour? l'aimable enfant que vous adorez a eu plus de confiance; venez la voir auprès de ses parents que j'ai disposés en votre faveur et qui vous accordent la main de leur fille... » J'ai voulu me jeter à ses genoux, il m'a tendu les bras; et je suis maintenant le plus heureux des hommes.

CHRISTIAN.

Et pendant que vous étiez au château de votre belle, j'ai passé la nuit à l'endroit convenu, répétant à votre intention toutes les prières que m'apprit jadis ma pauvre mère; et puis, toute la matinée, j'ai couru comme un fou pour retrouver vos traces! Enfin, Dieu soit béni! vous voilà gai, content; vous me faites l'honneur d'assister à ma noce, et cela double, je crois, mon plaisir et mon bonheur. Vous allez voir ma prétendue. — Mais où sont-elles donc?... (Appelant.) Justine! Marguerite!

JUSTINE, sanglotant.

Ah!... ah!...

CHRISTIAN, l'apercevant.

Pourquoi donc pleures-tu?

JUSTINE.

A cause du chagrin que tu vas avoir!

CHRISTIAN.

Du chagrin aujourd'hui? quand j'épouse Marguerite?

JUSTINE.

Oui, oui, ta Marguerite est une scélérate! Ah! mon pauvre garçon, je n'ose pas te dire!... Tiens... tu sais lire, toi! voyons, dis-moi d'abord ce qu'il y a là-dedans!

(Elle lui donne le papier.)

RODOLPHE.

Qu'est-ce que cela signifie?

CHRISTIAN.

Je ne sais pas; mais je tremble! (Il ouvre le billet.) C'est elle qui m'écrit : (Il lit pendant que l'orchestre commence en sourdine la ritournelle du finale.) « Il n'y avait qu'un moyen de vous « sauver; Dieu m'a donné la force de l'employer : c'est la « plus grande, la dernière preuve de mon amour pour « vous! j'en réclame une à mon tour; partez à l'instant « même, et partez pour jamais! »

FINALE.

Ensemble.

CHRISTIAN.

Rien n'est égal à ma surprise!
Je suis tremblant au fond du cœur.

Mais quelle est donc cette méprise
Qui vient troubler notre bonheur?

RODOLPHE.

Ah! dans ses yeux quelle surprise!
Il est tremblant au fond du cœur.
Mais qu'est-ce donc? quelle méprise
Vient s'opposer à son bonheur?

JUSTINE.

Pauvre garçon! quelle surprise!
Que je le plains dans sa douleur!
Faut-il, hélas! que je lui dise
Qu'il n'est pour lui plus de bonheur!

SCÈNE XIII.

Les mêmes ; MARGUERITE, arrivant avec égarement, et cachant ses larmes.

MARGUERITE, à Christian, surprise de le voir.

O ciel! que fais-tu, malheureux!

CHRISTIAN.

Que dites-vous!...

MARGUERITE.

Fuis de ces lieux!

CHRISTIAN, JUSTINE et RODOLPHE.

Mais pourquoi ce délire!
Et que voulez-vous dire?

MARGUERITE, à voix basse.

J'ai prié le bailli,
Dans mon inquiétude,
De m'accorder ici
Un peu de solitude;
Mais je n'ai qu'un instant.
On va venir sans doute!
Fuis le sort accablant
Que pour toi je redoute!

CHRISTIAN.
Pourquoi faut-il partir?

MARGUERITE.
Quoi! ton cœur est tranquille?

CHRISTIAN.
De quoi puis-je rougir?

MARGUERITE.
La feinte est inutile!
Quel démon t'a conduit?...
Qu'as-tu fait cette nuit?

CHRISTIAN.
Mais j'étais à la ville!

MARGUERITE.
A la ville?...

RODOLPHE.
Oui, vraiment.

MARGUERITE, égarée.
Ah! pardon, monseigneur!
A la ville! grand Dieu!

RODOLPHE.
Croyez-moi, sur l'honneur!
(Souriant.)
Point de chagrin, de jalousie,
Plus que jamais il vous chérit!
C'est moi, qui loin de son amie
Lui fis passer toute la nuit.
Pour m'obéir, soldat fidèle,
J'en fais serment, j'en suis certain,
Près de la ville en sentinelle
Il est resté jusqu'au matin.

MARGUERITE, s'écriant, et tombant dans leurs bras.
Ah!

CHRISTIAN, JUSTINE et RODOLPHE.
Ciel! à peine elle respire!
D'où peut venir un tel délire?

SCÈNE XIV.

Les mêmes ; LE BAILLI, HERBERT, les Habitants du village.

LE CHOEUR.

Vive le mariage !
Dansons, amusons-nous !
Chantons, selon l'usage,
Les deux nouveaux époux !

LE BAILLI, voyant Christian.

Qui vois-je ici !

HERBERT, séparant Christian de Marguerite.

Le téméraire !
Auprès de nous que viens-tu faire ?

CHRISTIAN, surpris, et avec courroux.

Quel ton de maître !

HERBERT.

Éloigne-toi !

CHRISTIAN.

Quel insolent !...

HERBERT, désignant Marguerite.

Elle est à moi !
Je viens de recevoir sa foi.

CHRISTIAN, avec force.

Oh ! trahison ! oh ! perfidie !

MARGUERITE, revenant à elle.

Oh ! Dieu !

LE BAILLI, à Christian.

Sortez !

CHRISTIAN, à Herbert.

Je veux ta vie.

MARGUERITE, à Christian, avec douceur et résignation.

Tu fus l'ami de mon enfance,
Mais le sort m'éloigne de toi !
Fuis de ces lieux, plus d'espérance,
Car Herbert a reçu ma foi !

Ensemble.

LE CHOEUR, regardant Christian.

Son malheur l'accable !
Il verse des pleurs !
Qu'un Dieu favorable
Calme ses douleurs !

RODOLPHE et JUSTINE, près de Christian.

Son malheur l'accable !
Il verse des pleurs !
Qu'un Dieu favorable
Calme ses douleurs !

LE BAILLI, à part.

Son malheur l'accable !
Il verse des pleurs !
Va-t'en, pauvre diable !
Qu'on te pende ailleurs !

CHRISTIAN, anéanti.

Oh ! sort qui m'accable !
Je verse des pleurs !
A son cœur coupable
Cachons mes douleurs !

HERBERT et GRAPH, à part.

Son malheur l'accable !
Il verse des pleurs !
D'un sort favorable
Goûtons les douceurs !

MARGUERITE.

Son destin l'accable !
Il verse des pleurs !
Et je suis coupable
De tous nos malheurs !

HERBERT, vivement à Christian.

Il faut partir!...

CHRISTIAN, vivement.

Crains ma colère!
Ne me viens pas braver ainsi!

LE BAILLI.

Tenez-le bien!

RODOLPHE et JUSTINE, à Christian.

Sortons d'ici!...

Ensemble.

CHRISTIAN, à Marguerite.

Oh! perfidie!
Quoi! pour la vie,
Il faut gémir
De te chérir!
Ame cruelle!
Cœur infidèle!
Toi! me trahir!
Il faut mourir!

LE BAILLI, HERBERT et GRAPH, à Christian.

Point de furie!
Va, pour la vie,
Va-t'en gémir
De la chérir!
Et ta cruelle,
Ton infidèle,
Te dit de fuir
Sans discourir!

MARGUERITE.

Toute la vie,
Du sort trahie,
Je vais gémir
De le chérir!
Peine cruelle!
Que Dieu m'appelle!

C'est trop souffrir !
Il faut mourir !

LE CHŒUR.

Toute la vie
Il l'a chérie ;
Qu'il doit gémir !
Qu'il doit souffrir !
Cœur infidèle !
Oh ! la cruelle !
Il va partir,
Il va la fuir !

(Rodolphe et Justine entraînent Christian. Marguerite rentre seule dans sa chambre. Les autres personnages regardent sortir Christian.)

ACTE TROISIÈME

La maison d'Herbert. — Une porte et une fenêtre dans le fond. Sur le premier et le deuxième plan, à gauche, deux portes latérales; sur le premier plan, à droite, un escalier conduisant à une chambre du premier étage. On peut se cacher sous l'escalier. Une lampe allumée sur une table.

SCÈNE PREMIÈRE.

LE BAILLI, MARGUERITE.

(Sur les dernières mesures de la musique de l'entr'acte, entre, par la porte du fond, le bailli, conduisant gravement Marguerite par la main.)

LE BAILLI, avec embarras.

Écoutez-moi, ma chère enfant ; votre mari, mon excellent neveu, est dans la chaumière à côté... à congédier ses amis... et il a de la peine ! on a beau leur chanter la vieille chanson française : *Allez-vous-en, gens de la noce !*... ils sont attablés et demandent toujours un dernier coup de vin à la santé de la mariée... ce qui n'en finit pas ! Aussi, mon neveu, que cela impatientait, m'a fait signe de l'œil de vous emmener, ce qui n'a rien d'extraordinaire, vu ma qualité de grand-parent et de grand bailli. C'est ici le logement de mon neveu... et au premier sa chambre à coucher... Cela pourrait être mieux meublé ; mais ce pauvre Herbert, vous le savez, n'est riche qu'en vertus. (Il attend que Marguerite lui parle, mais elle garde le silence.) Vous n'avez pas autre chose à me dire... ni moi non plus... Je m'en vais... Allons, ma nièce... allons, consolez-vous ! Herbert va venir, et je vous engage, si par hasard vous pensez à un autre...

MARGUERITE, pleurant.

Christian !

LE BAILLI.

Vous n'aviez pas besoin de me le nommer : j'en étais sûr !... Pauvre Christian ! il était innocent !... C'est un malheur !... La justice peut se tromper, surtout quand c'est la première fois ! car c'était ma première affaire... Du reste, je l'ai vu, je lui ai expliqué votre méprise, et il a compris aisément que vous vous étiez donnée à un autre par amour pour lui... ce qui est toujours une consolation... aussi il ne reste pas au pays... il va partir !

MARGUERITE, vivement.

Il part ?...

LE BAILLI.

Oui, ma nièce !... et moi aussi !... J'ai encore ce soir mille choses à faire ; (A part.) quand ce ne serait que la sérénade d'usage à donner aux mariés... (Haut.) Adieu donc ! du courage ! Vous n'êtes pas folle de votre mari ; mais je vous assure que cela n'est pas très-nécessaire en ménage. Ma pauvre femme, quand elle m'épousa, ne pouvait pas me souffrir, et il n'en est pas résulté le plus petit inconvénient. Ainsi soit-il pour mon neveu !... Ne vous dérangez pas... Bonsoir et bonne nuit, madame Herbert de Birminstel.

(Il sort par la porte du fond ; au même instant paraît Christian à la croisée.)

SCÈNE II.

MARGUERITE, CHRISTIAN.

MARGUERITE, sans voir Christian.

La force m'abandonne ; moi, la femme d'Herbert !... oublier Christian, ne plus le revoir, jamais !

CHRISTIAN.

Marguerite !

MARGUERITE.

Ah ! ciel !

CHRISTIAN.

Un seul mot, je t'en supplie.

MARGUERITE.

Toi, dans cette maison !

CHRISTIAN.

Je n'ai pu partir sans te dire un dernier adieu !...

MARGUERITE.

Mais tu dois me haïr : je le mérite, puisque j'ai pu te soupçonner d'un crime.

CHRISTIAN.

Non, je te plains, et je t'aimerai toujours.

MARGUERITE, pleurant et presque dans ses bras.

Oh ! oui, pardonne-moi, je suis bien malheureuse !

CHRISTIAN.

Je le sais, Marguerite : ton sort m'afflige encore plus que le mien. Toi, tu dois oublier l'ami de ton enfance, et l'amour qui faisait ton bonheur sera le tourment de ta vie... pour moi, je puis du moins te rester fidèle, mon cœur est libre de t'aimer : je n'ai pas fait d'autres promesses, et à mon dernier soupir je puis songer à toi... je puis mourir enfin en prononçant ton nom... ne pleure pas, je suis moins à plaindre que toi.

(On entend la voix d'Herbert à la porte du fond, en dehors.)

HERBERT.

Bonsoir donc... bonsoir, mes amis.

MARGUERITE.

Grand Dieu !... je suis perdue !... va-t'en ! va-t'en !

(Christian veut s'élancer vers la fenêtre du fond ; il en est empêché par les gens de la noce qui passent en dehors et crient par la fenêtre :)

LES GENS DE LA NOCE.

Bonsoir, les mariés !

HERBERT.

Merci... rentrez chez vous.

MARGUERITE, avec égarement.

Le voici.

CHRISTIAN.

Calme-toi.

(Il entre précipitamment dans la chambre à gauche.)

MARGUERITE, tombant sur un siége près de la chambre où s'est caché
Christian.

Oh ! mon Dieu ! que je voudrais mourir !

SCÈNE III.

CHRISTIAN, caché ; MARGUERITE, sur un siége ; HERBERT,
fermant en dedans la porte et la fenêtre.

HERBERT, près de Marguerite, avec émotion.

ROMANCE.

Premier couplet.

Au serment qui nous lie
Je devrai pour jamais
Le bonheur de ma vie
Ou des jours de regrets !
Je vous vois tout ému,
Ayez moins de frayeur,
Et, de grâce, à ma vue
Rassurez votre cœur !...
C'est, hélas ! à moi-même,
Aujourd'hui votre époux,
C'est à moi qui vous aime
A trembler près de vous !

Deuxième couplet.

Dans vos yeux je viens lire,

Et daignez, par pitié,
M'accorder un sourire,
Un regard d'amitié !
Vous craignez ma présence,
Vous tremblez, je le vois ;
Pourquoi donc en silence
Tressaillir à ma voix ?
C'est, hélas ! à moi-même,
Aujourd'hui votre époux,
C'est à moi qui vous aime
A trembler près de vous !

(On frappe à la porte du fond.)

Qui vient là ? (On frappe encore.) Qui que vous soyez, je n'ouvre point à pareille heure.

GRAPH, en dehors.

C'est moi... Graph !

HERBERT, avec effroi.

O ciel !

GRAPH.

Ouvre-moi ! il le faut.

HERBERT.

A demain.

GRAPH.

A l'instant, et dans ton intérêt.

HERBERT.

J'y vais. (A Marguerite, lui montrant la porte qui est en haut de l'escalier.) Laissez-nous un instant, je vous prie ; veuillez monter dans notre chambre.

(Marguerite monte et entre dans la chambre qui est au bout de l'escalier.
Herbert ouvre la porte du fond à Graph.)

SCÈNE IV.

HERBERT, GRAPH.

GRAPH.

Enfin ! c'est bien heureux !... tu te crois donc déjà bien grand seigneur ? Tu fais faire antichambre dans la rue... à tes amis... à tes associés ?...

HERBERT, avec crainte.

Graph... du silence !... Ma femme est là-haut !...

GRAPH, baissant la voix.

C'est juste : j'oubliais que tu étais dans les douceurs de l'hymen.

HERBERT.

Que me veux-tu ? qu'est-ce qui t'amène ?

GRAPH.

Notre sûreté... et de plus, une bonne affaire ! le comte de Gruben, tu sais, ce général, qui, hier, dans les ruines, est venu... nous déranger et sauver le comte Rodolphe...

HERBERT.

Eh bien ?

GRAPH.

Eh bien !... il quitte cette nuit le château.

HERBERT.

Que m'importe ?

GRAPH.

Il va passer près d'ici... seul... dans une chaise de poste.

HERBERT.

Qu'est-ce que cela me fait ?

GRAPH.

Il venait pour se marier... et avait, dit-on, avec lui, pour l'achat de la corbeille, une somme considérable...

HERBERT.

O ciel! et tu voudrais encore!...

GRAPH.

Ah! tu comprends enfin!... c'est à la fois nous enrichir et nous débarrasser d'un témoin dangereux... Bonne affaire!... J'ai pensé à toi, parce que tu es mon ami... je viens te chercher.

HERBERT.

Je ne te suivrai pas!... tu m'as entraîné... ce n'est que trop d'une faute!... l'argent que j'ai là me donne assez de remords!... (Il désigne de l'œil une petite armoire près de l'escalier. Graph regarde l'armoire avec un signe de satisfaction.) Laisse-moi; je veux désormais vivre en honnête homme... cela me convient.

GRAPH.

Ça ne me convient pas à moi... Ah! ah! tu crois peut-être que quand on a une fois commencé... on peut s'arrêter à volonté... ça serait trop commode!... Non, mon garçon... j'ai besoin de toi, et tu viendras.

DUO.

GRAPH.

Allons, partons!

HERBERT.

Je n'irai pas!

GRAPH.

Tu m'appartiens et tu viendras!

HERBERT.

Ah! je rougis de te connaître!

GRAPH.

Obéis-moi, je suis ton maître!

HERBERT.

Ah! laisse-moi!

GRAPH.
Partons!

HERBERT.
Non, non!

GRAPH.
Marchons!

HERBERT.
Non! non!

GRAPH.
Ah! le poltron!
Viens, viens!

HERBERT.
Non, non!

GRAPH.
Viens, viens!

HERBERT.
Non, non!

Ensemble.

GRAPH.
A l'amitié ton cœur est traître!
Mais à me fuir ne songe pas!
Tu m'appartiens, je suis ton maître,
Tu m'appartiens et tu viendras!

HERBERT.
Ah! je rougis de te connaître,
A ton aspect, je tremble, hélas!
Un crime affreux t'a fait mon maître,
De ton pouvoir n'abuse pas!

(Implorant Graph.)
Près de la pauvre Marguerite,
Ah! laisse-moi quelques instants
Calmer le trouble qui m'agite
Et mes remords et mes tourments!

GRAPH, souriant avec méchanceté.

Si tu ne m'obéis bien vite,
Pour embellir ce jour si doux,
Je vais apprendre à Marguerite
Le beau secret de son époux!

HERBERT.

O ciel! que dis-tu, misérable?

GRAPH.

Je t'avertis, je suis bon diable!

HERBERT.

Tu ris encor!

GRAPH, riant.

De ton effroi!

HERBERT.

Ah! scélérat!

GRAPH.

Pas plus que toi!

HERBERT.

Encore, encore un nouveau crime!

GRAPH.

Oui, pour te rendre mon estime!
(Vivement.)
Viens, viens!

HERBERT.

Hélas!

GRAPH.

Viens, viens!

HERBERT.

Hélas!

GRAPH.

Tu m'appartiens et tu viendras!

HERBERT.

Ah! je rougis de te connaître!

GRAPH.

Obéis-moi, je suis ton maître !

HERBERT.

Ah ! laisse-moi !

GRAPH.

Viens, viens !

HERBERT.

Hélas !

GRAPH.

Allons, marchons !

HERBERT, chancelant.

Soutiens mes pas !

Ensemble.

GRAPH, l'entraînant.

Avant le jour qui va paraître,
Allons, marchons, ne tardons pas !
Tu m'appartiens, je suis ton maître,
Tu m'appartiens et tu viendras !

HERBERT.

Ah ! je rougis de te connaître,
Et tout mon sang frémit, hélas !
Un crime affreux t'a fait mon maître,
Je t'appartiens, je suis tes pas !

(Ils sortent précipitamment.)

SCÈNE V.

MARGUERITE, CHRISTIAN.

CHRISTIAN, fort troublé, sortant de la chambre à gauche.

Qu'ai-je entendu ! (Montant l'escalier et appelant.) Marguerite !... Marguerite !...

MARGUERITE, sur l'escalier.

Quoi ! seraient-ils partis ?...

CHRISTIAN.

Oui!... Oh! les scélérats!

MARGUERITE.

Que dis-tu?...

CHRISTIAN.

Les assassins d'hier au soir!...

MARGUERITE.

Eh bien?

CHRISTIAN.

C'est Graph et ton mari!...

MARGUERITE.

Ah! tout mon sang se glace!

CHRISTIAN.

Je viens de les entendre.

MARGUERITE.

Quelle horreur!

CHRISTIAN.

Je cours prévenir un nouveau crime... Mais écoute, écoute! il y a du monde en dehors...

MARGUERITE.

Je suis déshonorée si l'on nous voit ensemble!

CHRISTIAN.

Rentre dans ta chambre.

MARGUERITE.

Et toi?...

CHRISTIAN.

Va, ne crains rien.

MARGUERITE.

On entre...

CHRISTIAN.

Oui, du silence!

(Il se cache sous l'escalier, et Marguerite rentre dans sa chambre.)

SCÈNE VI.

CHRISTIAN, caché; **LE BAILLI**, LES HABITANTS DU VILLAGE, avec des instruments pour une sérénade, puis **MARGUERITE**.

LE CHOEUR.

Tendres époux,
Écoutez-nous;
Auprès de vous
Nous voilà tous.
Ah! que pour vous
Ce jour est doux!
Ah! dormez-vous,
Tendres époux?

MARGUERITE, paraissant sur l'escalier.

Pourquoi ces chants?

LE CHOEUR.

Ils sont d'usage.
Honneur et bonheur au ménage!

LE BAILLI.

C'est moi, votre oncle le bailli!
Que mon neveu paraisse!... est-il donc endormi?

MARGUERITE.

Je suis seule.

LE BAILLI.

Comment! Herbert n'est point ici?

LE CHOEUR.

Herbert n'est point ici!
Quel singulier mari!

LE BAILLI.

Encore absent!... c'est incroyable!

LE CHOEUR.

Oh! c'est vraiment impardonnable!

LE BAILLI, à la porte du fond.

Il n'est pas loin, assurément !...
Paix !... écoutez !... quelqu'un s'avance !...
Un homme seul.

LE CHŒUR.

C'est lui !

LE BAILLI, fermant la porte.

C'est lui ! faisons silence !
Pour le surprendre il faut nous cacher un instant.

LE CHŒUR.

Point de bruit ! point de bruit ! cachons-nous doucement.

LE BAILLI, aux femmes.

Dans la chambre de Marguerite,
Vous, avec elle entrez bien vite.

MARGUERITE, rentrant, avec les femmes.

Ah ! je respire à peine !

LE BAILLI, aux hommes, montrant la chambre à gauche.

Et vous tous, par ici,
Avec moi cachez-vous aussi.

TOUS, à voix basse.

Pour un instant faisons silence,
Oui, cachons-nous tous à la fois !
Et puis soudain en sa présence,
Un grand chorus tout d'une voix !

SCÈNE VII.

CHRISTIAN, caché sous l'escalier ; LES FEMMES, cachées dans la chambre de Marguerite ; LE BAILLI et LES HOMMES, cachés dans la chambre à gauche. La porte du fond s'ouvre, et GRAPH paraît avec précaution. L'orchestre continue toujours en sourdine.

GRAPH, à voix basse.

L'imbécile !... il avait des remords !... il tremblait, il m'aurait fait pendre! et m'exposer avec lui pour quelques florins que je pouvais retrouver ici sans danger? Non, non!... meilleure affaire!... meilleure idée!... un seul coup m'a débarrassé d'un associé poltron et gênant... et me voilà de droit son héritier!... ce que j'avais eu hier la faiblesse de partager avec lui... et de plus la dot de sa femme... tout est là... (Montrant l'armoire.) Tout cela m'appartient!... et je défie bien le ciel, dont on nous menace toujours, de se mêler maintenant de mes affaires!...

FINALE.

CHRISTIAN, le saisissant à la gorge.

Scélérat!...

GRAPH, se débattant.

Oh! fureur!...

TOUS, arrivant.

Mais, qu'est-ce donc, grand Dieu?

CHRISTIAN, au bailli.

Il vient d'assassiner!...

LE BAILLI.

Qui donc?

CHRISTIAN.

Votre neveu!

(Les villageois se saisissent de Graph.)

MARGUERITE.

Qu'entends-je! oh! ciel!

CHRISTIAN, la serrant dans ses bras.

O Marguerite!

LE BAILLI.

Herbert!... ah! scélérat! qu'on l'entraîne au plus vite!

CHRISTIAN.

Et le crime d'hier, c'est lui qui l'a commis!

LE BAILLI.

Je vais m'évanouir! Je ne sais où j'en suis!

CHRISTIAN, à Marguerite.

Et maintenant, ô mon amie !
Tu m'es rendue, et pour la vie !

LE CHOEUR.

Trop longtemps la peine
Affligea leur cœur !
Et ce jour ramène
Pour eux le bonheur !

LA FIGURANTE

ou

L'AMOUR ET LA DANSE

OPÉRA-COMIQUE EN CINQ ACTES

En société avec M. H. Dupin

MUSIQUE DE A. L. CLAPISSON.

Théâtre de l'Opéra-Comique. — 24 Août 1838.

PERSONNAGES.	ACTEURS.
LE DUC DE LÉMOS.	MM. Roy.
LE COMTE ARTHUR DE VILLE-FRANCHE	Roger.
VALDÉSILLAS	Moreau-Sainti.
PACHÉCO	Grignon.
ROSAMBEAU	Deslandes.
JUDITH	Mmes Jenny Colon-Leplus.
PALMYRE	Rossi.
ANGÉLA	Augusta.
MARCELLINA	Blanchard.

Danseurs. — Danseuses. — Figurantes. — Domestiques du duc de Lémos. — un Domestique de Judith. — un Chasseur du comte Arthur. — Gardes.

À Paris aux deux premiers actes; à Madrid pendant les trois derniers actes.

LA FIGURANTE
ou
L'AMOUR ET LA DANSE

ACTE PREMIER

Le foyer de la danse, au théâtre de l'Opéra.

SCÈNE PREMIÈRE.

ANGÉLA, à gauche du spectateur et PLUSIEURS DANSEUSES faisant des battements. Au milieu du théâtre, ROSAMBEAU, le maître des ballets, essayant un pas. A droite, PALMYRE, la première chanteuse, étudiant un air d'opéra. DANSEURS.

INTRODUCTION.

ANGÉLA et LES DANSEUSES.
Sylphide légère,
Princesse ou bergère,
Il s'agit de plaire
Aux vrais connaisseurs!
Que dans notre danse

Pleine d'innocence,
Souplesse et décence
Charment tous les cœurs!

ROSAMBEAU, réglant son pas.

Observez, suivez ce pas-là,
　　Tra, la, la, la :
Ici l'amoureux passera,
　　Tra, la, la, la ;
La sylphide s'éloignera,
　　Tra, la, la, la ;
Deux pirouettes, tra, la, la,
Et tous deux se retrouvent là.

LES DANSEURS, entourant Rosambeau.

Regardons, suivons ce pas-là ;
Ici l'amoureux passera.
Pour les ballets de l'Opéra,
Ah! quel talent que celui-là !

PALMYRE, à droite étudiant son rôle.

« Ombre terrible et menaçante,
« Ombre de mon premier époux,
« Pourquoi me glacer d'épouvante ?
« Au noir séjour retirez-vous. »

LES DANSEURS et LES DANSEUSES.

Tra, la, la, la, la, la.

PALMYRE.

Taisez-vous donc!

LES DANSEUSES.

Et vous aussi !

TOUTES.

On ne peut répéter ainsi !

ROSAMBEAU, voulant les séparer.

Allons, mesdames, point de dispute frivole.

PALMYRE.

Le maître des ballets n'a jamais la parole.

ROSAMBEAU.

Vous nous troublez dans notre enchaînement.

PALMYRE.

Votre danse ne doit passer qu'après le chant.

LES DANSEURS et LES DANSEUSES, à demi-voix.

Que ces premiers sujets, que ces grandes chanteuses,
Sont fières et dédaigneuses!
Tra, la, la, la, la, la.

PALMYRE, continuant son air.

« Si j'ai, trop prompte ou trop sensible,
« Après ta mort pris un amant,
« Spectre jaloux et susceptible,
« D'autres en auraient fait autant,
« Et peut-être de ton vivant! »

LES DANSEURS et LES DANSEUSES.

Tra, la, la, la, la, la.

Ensemble.

LES DANSEUSES.

Sylphide légère,
Princesse ou bergère,
Il s'agit de plaire
Aux vrais connaisseurs!
Que dans notre danse
Pleine d'innocence,
Souplesse et décence
Charment tous les cœurs!

ROSAMBEAU.

Observez, suivez ce pas-là :
Ici l'amoureux passera,
Tra, la, la, la, la, la;
La sylphide s'éloignera,
Tra, la, la, la,
Et tous deux se retrouvent là !
Quel chef-d'œuvre que ce pas-là!

LES DANSEURS.

Regardons, suivons ce pas-là :
Ici l'amoureux passera,
Tra, la, la, la.

Pour les ballets de l'Opéra
Quel talent que celui-là !

PALMYRE, chantant son air.

« Ombre terrible et menaçante,
« Ombre de mon premier époux,
« Pourquoi me glacer d'épouvante ?
« Au noir séjour retirez-vous ! »

TOUS, s'interrompant et la menaçant.

Ah ! c'est insupportable,
On ne peut répéter !
A ce bruit effroyable
Je ne puis résister.

SCÈNE II.

LES MÊMES ; JUDITH, avec un châle et des socques.

JUDITH.

COUPLETS.

Premier couplet.

Quel destin prospère
Est ici le mien !
Moi, pauvre ouvrière,
Qui ne gagnais rien,
Mise de la sorte
Je vais le matin,
Et le soir je porte
Brocart et satin !
Me voyant paraître,
On dit : « La voilà !...
Elle a l'honneur d'être
Du grand Opéra ! »

Deuxième couplet.

Autrefois ma tante,
Rude en ses discours,
Était mécontente

Et grondait toujours,
Et sa main trop leste
Même bien souvent
Achevait le reste...
Oui, mais à présent
Je puis me permettre
Ce qui me plaira,
Car j'ai l'honneur d'être
Du grand Opéra !

ROSAMBEAU.

Entendez-vous ? voici sept heures et le quart,
Et le public attend !

PALMYRE.

Que le public attende !
On n'est pas prête encor !

ROSAMBEAU.

Je vais mettre à l'amende
Celles qui seront en retard.
Judith d'abord !

JUDITH.

Je suis de la dixième scène.

ROSAMBEAU.

N'importe !... l'arrêt est formel :
Vingt francs d'amende.

JUDITH, pleurant.

O ciel !
Moi qui par mois reçois à peine
Quinze francs
D'appointements !

Ensemble.

LES DANSEURS et LES DANSEUSES.

Ah ! c'est insupportable !
On n'y peut résister ;
Contre un arrêt semblable
On doit se révolter !

JUDITH.

Ah ! c'est insupportable !
Et comment m'acquitter ?
Contre un arrêt semblable
Je veux me révolter.

PALMYRE.

Ah ! c'est insupportable !
On ne peut répéter ;
A ce bruit effroyable
Je ne puis résister.

ROSAMBEAU.

Oui, juge inexorable,
Je dois exécuter
L'arrêt impitoyable
Que je viens de dicter !

(On entend frapper trois coups.)

Allons donc ! on commence.
Qu'on soit surtout, c'est convenu,
Fidèle aux lois de la cadence
Comme à celles de la vertu.

Ensemble.

LES DANSEURS et LES DANSEUSES.

Ah ! c'est insupportable, etc.

JUDITH.

Ah ! c'est insupportable ! etc.

PALMYRE.

Ah ! c'est insupportable ! etc.

ROSAMBEAU.

Oui, juge inexorable, etc.

(Elles sortent toutes, excepté Angéla, Palmyre et Judith.)

SCÈNE III.

ANGÉLA et PALMYRE à gauche, JUDITH, s'asseyant à droite.

ANGÉLA, à Palmyre.

Enfin elles sont parties, et je viens d'apercevoir dans la coulisse ce seigneur espagnol dont tu me parlais l'autre jour, le marquis de Valdésillas; ce doit être lui.

PALMYRE.

C'est probable : il en perd la tête, ma chère! il est gentil, il est riche, un peu bête, toutes les qualités ; il est censé attaché à l'ambassade, mais dans le fait il est attaché à l'Opéra, car il ne le quitte pas, et quand il n'est pas dans sa loge à m'applaudir, il est là dans la coulisse pour porter mon châle et m'attendre.

ANGÉLA.

Il est donc jaloux?

PALMYRE.

Il n'oserait!... avec une première chanteuse ! parce que nous autres, nous avons d'ordinaire une fixité que vous n'avez pas dans la danse ! mais c'est un grand seigneur qui ne sait que faire, et une inclination à l'Opéra, ça occupe, c'est un état, il y en a qui n'en ont pas d'autre.

ANGÉLA.

En vérité !

PALMYRE.

Sans compter la considération que cela donne dans le monde. (Regardant Judith qui ôte ses socques.) Eh ! mon Dieu, cette jeune camarade qui porte des socques!

ANGÉLA.

C'est la nièce de madame Bonnivet, ma portière, rue de Richelieu, et je ne conçois pas qu'on reçoive des sujets pareils.

JUDITH.

Tiens ! son oncle qui était cuisinier !

ANGÉLA.

Maître d'hôtel, mademoiselle.

PALMYRE.

C'est bien différent, je ne tiens pas à la naissance...

ANGÉLA.

Je crois bien.

PALMYRE.

Mais ce que je ne pardonne pas, ce sont des socques, ici, à l'Opéra.

JUDITH.

Sont-elles drôles ! et comment faut-il faire quand il pleut ou qu'il fait mauvais ?

ANGÉLA.

On va en voiture.

JUDITH.

Et quand on n'a pas le moyen d'en prendre ?

PALMYRE.

On en a une à soi !

JUDITH.

Une à soi, avec quinze francs d'appointements !

ANGÉLA.

Elle est si niaise qu'elle ne comprend même pas.

JUDITH.

C'est enrageant ! Elles ont toutes l'air ici de se moquer de moi. Dites donc, mesdemoiselles, vous me trouvez donc bien sotte ?...

PALMYRE.

Non pas, ma chère, mais si peu au fait du monde et des usages, que cela vous rend souverainement ridicule.

ANGÉLA.

Et vous empêche d'arriver.

JUDITH.

Ma tante m'a dit pourtant qu'avec du travail et du talent...

PALMYRE.

Ah ! bien oui !

JUDITH.

Et des protections...

PALMYRE.

A la bonne heure !

JUDITH.

On arrive toujours.

PALMYRE.

Certainement, mais des protections...

ANGÉLA.

Si jamais tu en trouves...

JUDITH.

Eh bien, c'est que justement j'ai idée que j'en ai.

ANGÉLA.

Toi !

JUDITH.

Oui, un sentiment que j'ai.

ANGÉLA et PALMYRE.

Elle a un sentiment !

JUDITH.

Mais certainement que j'en ai un ! est-ce que ça n'est pas permis à l'Opéra ?

PALMYRE.

C'est le pays du sentiment.

ANGÉLA.

Conte-nous donc cela !

JUDITH.

Imaginez-vous qu'il y a deux mois, je n'étais pas encore

à l'Opéra, et ma tante m'avait envoyée en commission bien loin d'ici, au faubourg Saint-Honoré ; j'étais à pied, comme de juste ; pas de parapluie pour être plus leste, et pas d'argent de peur de le perdre, autrement dit, pas un sou, ma tante ne m'en donnait jamais davantage. Voilà une ondée qui arrive, mais une ondée à réjouir tous les directeurs de spectacle ; l'eau battait les murailles, et impossible de traverser, même sur une planche qui était là, faute de monnaie ; aussi, craignant de sauter au beau milieu du ruisseau, j'avançais un pas et puis je reculais, et tout le monde se moquait de moi, lorsque d'une calèche qui arrivait en éclaboussant tout le monde j'entends ce mot : « Ah ! la jolie jambe ! » Il paraît qu'on l'avait vue ; ce n'était pas ma faute, parce que ces jours-là... c'est terrible ! Je lève les yeux, et je vois, seul dans une calèche, un beau jeune homme, si élégant, si gentil !... oh ! Dieu, mesdemoiselles, qu'il était gentil ! et je le regardais, ou plutôt je ne voyais rien, je ne pensais plus ni à la pluie ni à la voiture qui s'avançait toujours serrant contre la muraille... et quand le marchepied fut tout près de moi : « Ma belle enfant, me dit-il, voulez-vous me permettre de vous aider à passer l'eau ? » Je ne sais pas ce que je lui répondis, mais un instant après je me trouvai assise à côté de lui sur de beaux coussins et dans une belle voiture.

PALMYRE.

C'est agréable, n'est-ce pas, quand on n'en a pas l'habitude ?

JUDITH.

Je crois bien ! et deux beaux chevaux, des chevaux andalous, à ce que disaient ceux qui nous regardaient...

ANGÉLA.

Et il pleuvait toujours ?

JUDITH.

Je n'en sais rien ; le temps me semblait superbe ; il me parlait, il me demandait qui j'étais, où je voulais aller... « Chez madame Bonnivet, portière ! » ça eut l'air de lui faire de la peine, et arrivé chez ma tante, qui se tenait justement sur le pas de sa porte...

ROMANCE.

Premier couplet.

Du char traîné par les coursiers d'Espagne
Il descendit, et d'un air gracieux :
« Adieu ! dit-il, ma gentille compagne. »
Et pour le voir, quand je levai les yeux,

    Coursiers, riche équipage,
    Tout avait fui déjà,
    Tout, hormis son image
    Qui restait toujours là.

Deuxième couplet.

Depuis ce jour de joie et de tristesse,
Dès le matin j'y pensais jusqu'au soir !
Il n'a rien dit !... rien promis, et sans cesse
Je l'attendais et croyais le revoir !

    Rêve heureux, doux présage,
    Tout s'est enfui déjà !...
    Tout, hormis son image
    Qui restait toujours là !

PALMYRE.

Et tu ne sais pas son nom ?

JUDITH.

Il ne me l'a pas dit, mais c'est quelqu'un de très comme il faut, j'en suis sûre ; et puis il a un air si bon que si je le rencontrais jamais, il me protégerait auprès de l'administration pour me faire avoir de l'avancement ou du moins empêcher des injustices, comme celle de ce soir, parce qu'une amende de vingt francs, voyez-vous, mesdemoiselles !... (Se retournant et apercevant Arthur qui entre.) Ah ! mon Dieu !

PALMYRE.

Qu'as-tu donc ?

JUDITH.

Rien. (A part.) Oh! c'est lui, je ne me trompe pas.

SCÈNE IV.

LES MÊMES ; ARTHUR.

ARTHUR, s'adressant à un chasseur qui le suit.

La voiture dans une heure, et reviens m'avertir. (Haut à Palmyre et à Angéla.) Pardon, mesdames, de mon arrivée indiscrète ; j'avais à parler à M. le marquis de Valdésillas pour affaire très-importante ; je ne l'ai pas trouvé à son hôtel, et l'on m'a assuré qu'il passait toutes ses soirées...

PALMYRE.

Ici, à l'Opéra, dans les coulisses ou dans le foyer de la danse, où nous sommes.

ANGÉLA, à Palmyre.

Et notre entrée?

PALMYRE.

Nous avons le temps!

ANGÉLA.

Mais non, la troisième scène est finie, on a poignardé la princesse. (A Arthur.) Je vais, monsieur, prévenir M. de Valdésillas qu'un de ses amis le demande ; daignez l'attendre. Judith, viens-tu?

JUDITH.

Oui, mademoiselle. (Angéla et Palmyre sortent, et Judith s'approche d'Arthur, qui, pensif et préoccupé, ne la regarde pas.) Il ne me voit pas. (Lui présentant une chaise.) Monsieur reste là debout; s'il voulait s'asseoir?

ARTHUR.

Merci, mademoiselle, vous êtes trop bonne!

JUDITH.

Ah! mon Dieu, il ne me reconnaît seulement pas! et

quel air triste et affligé ! (On appelle en dehors Judith.) Judith !
Judith ! eh ! j'ai bien entendu ! (Voyant entrer Valdésillas.) A
l'autre maintenant ! on n'est jamais seul à ce foyer.

VALDÉSILLAS, entrant et lui prenant la taille.

Où courez-vous ainsi, ma belle enfant ?

JUDITH.

A ma toilette.

VALDÉSILLAS.

Vous n'êtes que du second acte.

JUDITH.

C'est égal, je ne suis pas habillée. (A Valdésillas, qui la retient.) Laissez-moi donc ; tenez, tenez... (Lui montrant Arthur.) voilà un monsieur qui vous attend.

VALDÉSILLAS.

Arthur !...

JUDITH, à part.

Ah ! on le nomme Arthur !

VALDÉSILLAS.

Mon cher ami !

JUDITH, à part.

Son ami ! il est bien heureux !

VALDÉSILLAS.

Qui s'attendait à trouver ici le comte de Villefranche ?

JUDITH, à part.

Un comte, je le disais bien ! et impossible à présent de lui parler... Ah ! si j'osais ! pourquoi pas ? maintenant que je sais son nom : je peux bien m'adresser à lui, c'est permis... une lettre très-respectueuse, j'aurai le temps dans l'entr'acte. (On entend la sonnette.) La maudite sonnette... me voilà ! et s'habiller en nymphe encore ! ça n'en finit pas !

(Elle sort en courant.)

SCÈNE V.

ARTHUR, VALDÉSILLAS.

ARTHUR, qui a causé à voix basse avec Valdésillas.

Oui, mon cher, je venais de chez vous!

VALDÉSILLAS.

Et vous y êtes encore : je tiens presque à l'Opéra.

ARTHUR, souriant.

Par alliance?

VALDÉSILLAS.

Comme vous dites!

ARTHUR.

Voilà ce que je ne saurais concilier avec la réputation exemplaire dont vous jouissez aux Tuileries.

VALDÉSILLAS.

Pourquoi pas? ne sommes-nous pas sous la Restauration, où tout cela s'arrange à merveille? je suis de l'ambassade d'Espagne, nous sommes ambassadeur auprès d'une cour dévote : on est le matin monarchique et religieux, le soir on est l'ami des arts et des artistes; tous vos gentilshommes de la chambre en sont là!

ARTHUR.

C'est assez commode.

VALDÉSILLAS.

Ce n'est pas comme chez nous, à Madrid, ous le roi Ferdinand, où il n'y a pas à plaisanter : je perdrais ma faveur si je me permettais seulement de lorgner une danseuse. (Prenant son lorgnon.) Aussi à Paris je m'en donne à perte de vue, ce qui commence déjà... je l'ai extrêmement basse; mais c'est bon genre pour un diplomate, ici surtout.

ARTHUR.

En vérité!

VALDÉSILLAS.

Oui, mon cher, la vue courte et les tuniques idem; ce qui ne m'empêche pas de voir que vous avez besoin de moi; me voilà, parce que je suis fat comme un Français, fier comme un Castillan, mais bon enfant; ainsi, parlez.

ARTHUR.

Vous êtes très-bien avec mon respectable oncle.

VALDÉSILLAS.

Cet excellent cardinal, certainement! hier encore j'ai fait la partie de whist chez lui avec son grand aumônier et deux femmes charmantes.

ARTHUR.

Enfin, je ne sais pas comment cela se fait, il vous écoute, il a confiance en vous bien plus qu'en moi.

VALDÉSILLAS.

Il fait bien!

ARTHUR.

Et pourtant je suis sage, rangé, studieux, et vous êtes un libertin...

VALDÉSILLAS.

J'en conviens.

ARTHUR.

Un mauvais sujet.

VALDÉSILLAS.

D'accord; mais je suis de la congrégation, nous en sommes tous, nous autres Espagnols.

ARTHUR, à voix basse.

Vous, jésuite!

VALDÉSILLAS.

Silence; ce sont eux qui règnent, et j'en suis.

ARTHUR.

Eh bien ! mon cher ami, aidez-moi de votre crédit, car je suis désolé : mon oncle, qui est mon seul parent et à qui je dois tout, mon oncle, qui a tout pouvoir sur moi, veut absolument me faire entrer dans les ordres.

VALDÉSILLAS.

Il a raison ! c'est maintenant la seule carrière où l'on puisse réussir.

ARTHUR.

Allons donc !

AIR.

Je ne le peux ! je ne le peux !
J'essaie en vain de répondre à ses vœux !

Souvent, pensif et solitaire,
Au ciel élevant ma prière,
Mon cœur lui demandait, hélas !
Un courage que je n'ai pas !
Souvent me condamnant à des soins assidus,
Ma bouche murmurait leurs dévots oremus,
Oremus !... oremus !...

Tout à coup et dans ma retraite
Retentissait un bruit lointain...
Entendez-vous ? c'est la trompette,
C'est le tambour guidant des soldats ; et soudain...

Dans mes veines circule
Une nouvelle ardeur,
Qui m'agite et me brûle,
Et fait battre mon cœur !
Je renais... je m'éveille,
J'entends à mon oreille
Ce cri retentissant :
En avant !... en avant !
La gloire nous attend !

Au diable la soutane et le saint bréviaire,
Le plain-chant et les oraisons !

Des armes! mes amis! des armes, et marchons!
Vivent les combats et la guerre,
Marchons! compagnons, marchons!

Dans mes veines circule, etc.

Oui... oui...
Je serai militaire,
C'est là mon seul désir!
Je serai militaire!...
Et la palme guerrière
Que l'honneur vient offrir,
Voilà mon seul bonheur! voilà mon seul plaisir!

VALDÉSILLAS, riant.

Vous perdez la tête, mon cher ami!

ARTHUR.

C'est vrai! car si on me force d'entrer au séminaire, je me tuerai; voilà ce que je vous charge de dire à mon oncle.

VALDÉSILLAS.

Permettez! permettez! ce que vous allez faire là est pire qu'un péché, c'est une bêtise, et je ne m'en charge pas.

ARTHUR.

Le seul moyen de réussir est cependant d'agir franchement.

VALDÉSILLAS.

Mais au contraire! si vous voulez arriver promptement, mon cher, il ne faut jamais aller droit au but; il faut prendre des biais.

ARTHUR.

Vous croyez!

VALDÉSILLAS.

Vous pouvez vous en rapporter à nous! si vous heurtez votre oncle de front, vous n'avancerez à rien qu'à vous briser; si, au contraire, tout en ayant l'air de lui obéir, vous le forcez de lui-même à renoncer à ses idées, à en prendre d'autres...

ARTHUR.

Ce serait le coup de maître! mais comment?

VALDÉSILLAS.

Les graves fonctions que l'on vous destine demandent une conduite irréprochable; et si, au lieu de cette sagesse qui vous nuit et qui vous perd, vous faisiez quelque bonne folie...

ARTHUR, effrayé.

Y pensez-vous?

VALDÉSILLAS.

Mais sans doute! il s'agit seulement d'arriver à quelque éclat, à quelque bon scandale qui rende impossibles les desseins qu'on a sur vous.

ARTHUR.

Ça vous est facile à dire, mais n'est pas mauvais sujet qui veut. Il faut pour cet état-là une vocation comme pour les autres, et je n'en ai pas, ce n'est pas dans mes goûts.

VALDÉSILLAS.

On se fait une raison! on se force! Ayez, par exemple, une inclination, ici, à l'Opéra!

ARTHUR.

Moi! et que ne dirait-on pas?

VALDÉSILLAS.

C'est ce qu'il faut; demain tout le monde le saura, à commencer par votre oncle.

ARTHUR.

Jamais! jamais! c'est impossible, et ça ne sera pas.

VALDÉSILLAS.

Il ne s'agit pas que cela soit, mais qu'on le croie et qu'on le dise. Je vais vous présenter à ces dames.

ARTHUR, effrayé.

Moi!

VALDÉSILLAS.

N'avez-vous pas peur?

SCÈNE VI.

PALMYRE, ANGELA, plusieurs DANSEUSES à gauche, VALDÉSILLAS et ARTHUR à droite.

PALMYRE, tenant une lettre à la main.

Je vous dis que je viens de la trouver à mes pieds!

ANGÉLA, et LES DANSEUSES.

Voyons ce que c'est! voyons ce que c'est!

PALMYRE.

Sont-elles curieuses! taisez-vous donc!... C'est M. le marquis de Valdésillas!

VALDÉSILLAS, saluant et prenant Arthur par la main.

J'ai l'honneur de vous présenter, mesdames, mon meilleur ami, M. le comte Arthur de Villefranche. (Première révérence de toutes ces dames.) Un jeune seigneur qui a grand crédit dans la maison du roi. (Deuxième révérence. Bas à Arthur.) Vous le voyez, l'effet commence. (A voix haute.) Et qui a un oncle immensément riche. (Troisième révérence plus profonde. Bas à Arthur.) L'effet est totalement produit, et tout le monde maintenant vous trouvera charmant; vous pouvez le demander à qui vous voudrez.

ARTHUR.

Vous croyez! (S'adressant à Palmyre.) Certainement, mademoiselle...

VALDÉSILLAS, le tirant par son habit.

Pas à celle-là, j'ai mes raisons.

ARTHUR, bas.

Vous le voyez! j'allais commencer par une gaucherie, et je n'en fais jamais d'autres.

VALDÉSILLAS, bas.

Je vais venir à votre aide. (Haut.) Peut-on savoir, mademoiselle, ce qui vous occupait tout à l'heure si vivement, et oserai-je vous demander en style d'Opéra : « Quel est donc ce mystère ? »

PALMYRE.

Ce n'en est pas un ! c'est une lettre que j'ai trouvée sur l'escalier, et qu'en descendant de sa loge une de ces dames aura laissé tomber.

ANGÉLA.

Ah ! Palmyre ! c'est une indiscrétion.

PALMYRE.

Elle n'est que pliée, et pas de signature.

VALDÉSILLAS.

C'est bien différent !

PALMYRE.

N'est-ce pas ? c'est de droit ! cela appartient à tout le monde. (Lisant.) « A M. le comte Arthur de Villefranche. »

VALDÉSILLAS, bas à Arthur en riant.

Est-il possible ! ça commence déjà !

ARTHUR, bas.

Moi qui ne connais personne à l'Opéra.

VALDÉSILLAS, de même.

C'est égal ! vous le voyez ! il suffit d'y venir pour y être compromis ! c'est ce qu'il faut. (Haut, à Palmyre.) Voyons ! (Il prend la lettre, qu'il lit avec peine.) « Monsieur le comte, car « maintenant je connais votre nom, pardonnez, si dans cette « coirée... »

TOUTES.

Coirée !

PALMYRE.

Eh ! oui, *soirée* par un *C !* il y en a beaucoup qui l'écrivent ainsi ! (Reprenant la lettre et lisant.) « Si dans cette *coirée* « je réclame votre protection auprès de... » Impossible de lire ce mot-là ; il y a tant de lettres... toujours trois fois plus qu'il n'en faut.

VALDÉSILLAS.

C'est du luxe! mais ici l'on n'économise sur rien.
(Elles se repassent toutes la lettre, qu'elles cherchent à déchiffrer.)

SCÈNE VII.

Les mêmes ; JUDITH.

JUDITH, en robe de gaze ; à part.

Qu'ai-je donc fait de cette maudite lettre? ces robes de nymphe n'ont jamais de poches. (Apercevant Arthur.) Ah! il est encore là! (Elle s'approche d'Arthur, à qui elle fait la révérence.) c'est étonnant qu'il ne me reconnaisse pas! si j'osais lui parler! mais comment? (Timidement et après avoir toussé.) Il fait bien beau aujourd'hui, monsieur.

ARTHUR, froidement.

Très-beau, mademoiselle.

JUDITH.

Ça n'est pas comme le jour où vous m'avez passée en bateau dans votre voiture.

ARTHUR, se retournant et la regardant.

Comment! il serait possible !

JUDITH.

Et que vous m'avez reconduite chez ma tante, madame Bonnivet, rue de Richelieu, la loge du portier à droite en entrant.

ARTHUR.

C'était vous, ma chère enfant? mille pardons de ne vous avoir pas reconnue! vous étiez alors une simple mortelle.

JUDITH.

Vous êtes bien bon... Ouvrière en robes.

12.

ARTHUR.

Et vous voilà déesse!

JUDITH.

Figurante... aux appointements! pensionnaire de l'Académie royale de musique; cent quatre-vingts francs par an, avec la retenue; mais on me fournit de tout!

ARTHUR.

C'est très-beau!

JUDITH.

Et puis c'est honorable. J'ai joué aujourd'hui une scène; j'ai fini mon rôle, et je vais retourner chez ma tante.

ARTHUR.

C'est vrai! vous avez une tante!

JUDITH.

Qui a tout sacrifié, à ce qu'elle m'a dit, pour me donner une excellente éducation.

VALDÉSILLAS, qui pendant ce temps a cherché avec Palmyre à lire la lettre.

Je tiens le mot *administration*, avec deux D et quatre M!

PALMYRE.

Il tenait une ligne et demie.

VALDÉSILLAS.

« Auprès de l'administration, qui ne fait que des injustices... » par un G.

JUDITH, à part.

Ah! mon Dieu! c'est ma lettre.

VALDÉSILLAS.

« Et si vous saviez aujourd'hui le chagrin que j'ai eu... » (Riant.) Ah! ah! ah!

JUDITH, étonnée.

Qu'est-ce qui le fait rire? (S'avançant.) et qu'a-t-elle donc cette lettre?

PALMYRE, qui a regardé.

J'ai eu, par un *U*, un grand *U!*

JUDITH.

Eh bien! est-ce qu'il faut dire comme ma tante : J'ai *évu?*

PALMYRE, d'un air pédant et dédaigneux.

Eh! non... ma chère, on dit j'ai *hu!* à cause de l'*h* aspirée!

VALDÉSILLAS et LES AUTRES, riant.

Ah! ah! ah!

JUDITH.

Est-ce ma faute, à moi, mesdemoiselles, si je n'ai pas été au collége? (Voyant Arthur qui ne peut s'empêcher de sourire.) Et lui aussi qui se moque de moi! les autres, ça m'était égal, mais lui! (Pleurant.) Ah! je n'y tiens plus, je suffoque.

ARTHUR, allant à elle pour la consoler.

Quoi! ma pauvre enfant, vous pourriez croire?...

JUDITH, de même.

Moi, qui m'adressais à vous avec confiance!...

ARTHUR, avec bonté, et lui prenant la main.

Et vous avez raison, vous avez bien fait.

VALDÉSILLAS, à demi-voix à Arthur et désignant Judith.

A merveille; c'est elle que vous préférez; ce sera plus original.

ARTHUR, de même.

Mais du tout.

VALDÉSILLAS, de même.

N'importe! quelques phrases aimables; faites le chevalier galant, offrez tout haut de l'escorter, de la reconduire.

ARTHUR.

Moi!

VALDÉSILLAS.

Il n'en faut pas davantage pour que demain ce soit officiel.

ARTHUR, vivement.

Jamais! jamais!

VALDÉSILLAS.

Eh bien! on ne vous demande rien! dites-moi seulement si votre voiture et vos gens sont en bas.

ARTHUR.

Certainement, à vos ordres.

VALDÉSILLAS.

C'est tout ce qu'il faut; soyez tranquille, ne vous mêlez de rien; je vous réponds maintenant de l'effet.

(Faisant signe du doigt à Palmyre de s'approcher de lui.)

FINALE.

PALMYRE.

Qu'est-ce donc?

VALDÉSILLAS.

Chut!

PALMYRE.

Qu'est-ce donc?

VALDÉSILLAS, à demi-voix.

Chut! un grand mystère
Qu'ici je viens de découvrir!...
Je ne le dis qu'à vous, ma chère.

PALMYRE.

A moi! parlez! ah! quel plaisir!

VALDÉSILLAS, lui montrant Arthur.

Le comte Arthur, seigneur aimable,
Dont le cœur est très-inflammable,
Pour Judith vient de s'embraser!
Dès longtemps en secret il l'aime,
Et même, en sa folie extrême,
Il me parlait de l'épouser!

PALMYRE.

O ciel!

VALDÉSILLAS.

Un seul propos, un propos indiscret
Ferait manquer ce mariage!
Ainsi, taisez-vous, s'il vous plait!
C'est un secret! un grand secret!

PALMYRE.

Un grand secret!

VALDÉSILLAS, à part, voyant Palmyre qui s'éloigne de lui.

Il n'en faut pas davantage
Pour que le fait se propage,
Et ce soir à l'Opéra
Le monde entier le saura.
(Montrant à Arthur Palmyre qui cause bas avec Angéla.)
Tenez! voyez!... voyez déjà!

ARTHUR, étonné.

Mais qu'est-ce donc?

VALDÉSILLAS.

La nouvelle circule,
Et ne trouve pas d'incrédule.
(En ce moment entre le chasseur d'Arthur; Valdésillas lui parle à l'oreille en lui montrant son maître; le chasseur s'incline.)

VALDÉSILLAS, se retournant et apercevant Angéla et Palmyre qui racontent à demi-voix la nouvelle à différents groupes.

Tenez! encor!...

ARTHUR.

Mais qu'est-ce donc?

VALDÉSILLAS.

Vos gens
Sont, je le pense, intelligents.
Ils ont mes ordres!... vous, montrez-vous dans la salle,
Que l'on vous voie, et que de votre stalle
Aux yeux de tous ce binocle indiscret
Révèle un amateur des nymphes du ballet!

ARTHUR.

Pas autre chose?

VALDÉSILLAS.

Non! et pour vous, dès demain,
Je promets à votre oncle un scandale certain!

Ensemble.

ARTHUR.

Pour me soustraire au joug terrible
Que le ciel même m'imposa,
Pour fléchir un oncle insensible,
Je n'ai d'espoir qu'en l'Opéra.

VALDÉSILLAS.

Pour fléchir un oncle insensible,
Vous n'avez que ce moyen-là!
Pour vous, dans ce moment terrible,
Point de salut sans l'Opéra!

JUDITH, à part.

Ah! désormais quel sort pénible!
A mes dépens chacun rira!
Pour moi plus de bonheur possible,
Et je veux quitter l'Opéra!

PALMYRE, ANGÉLA et LES DANSEUSES.

Non, non, cela n'est pas possible!
Et jamais on ne le croira!
Un beau seigneur aussi sensible,
On n'en voit plus à l'Opéra.

(Arthur sort par la porte à gauche.)

PALMYRE, s'approchant de Judith et lui faisant des révérences.

Salut, belle comtesse!
Veuillez ne pas changer,
Et qu'un jour Votre Altesse
Daigne nous protéger!

TOUTES, lui faisant aussi la révérence.

Oui, qu'un jour Votre Altesse
Daigne nous protéger!

JUDITH, étonnée.

Qu'ont-elles donc?

PALMYRE.
            Quoi ! votre cœur ignore
Qu'on veut vous épouser ?
                JUDITH.
            Qui ? moi ! je n'en crois rien.
                PALMYRE.
C'est pourtant un seigneur qui, dit-on, vous adore.
                JUDITH.
Je n'en veux pas !

            VALDÉSILLAS.
            Le comte Arthur !

        JUDITH, vivement et avec naïveté.
                        Ah ! j'en veux bien !
            Mais de moi l'on se raille encore,
                Et je sais bien, hélas !
                Que ça ne se peut pas.

LE CHASSEUR, s'approchant de Judith et annonçant à voix haute.
        La voiture attend mademoiselle !
                JUDITH.
    Une voiture, à moi !... laquelle ?
            LE CHASSEUR.
Celle du comte Arthur... mon maître !...

        JUDITH, portant la main à son cœur.
                    Ah ! qu'a-t-il dit
Je meurs de joie.
                PALMYRE.
        Et moi, j'en mourrai de dépit !

                Ensemble.

        PALMYRE et LES DANSEUSES.
            Ah ! c'est un scandale
            Qu'ici je signale,
            Et dont la morale
            S'indigne à jamais !

Une figurante,
Obscure, ignorante,
Arrive et supplante
Les premiers sujets!

VALDÉSILLAS.

Vive le scandale,
Vive la morale
Dont chaque vestale
S'indigne à jamais!
Fureur qui m'enchante!
Une figurante
Arrive et supplante
Les premiers sujets!

JUDITH.

O joie idéale,
Et que rien n'égale!
Son âme loyale
En secret m'aimait.
Que dira ma tante,
Me voyant brillante
Et plus triomphante
Qu'un premier sujet?

SCÈNE VIII.

LES MÊMES; ROSAMBEAU, suivi de PLUSIEURS DANSEURS, FIGURANTES.

ROSAMBEAU, entrant tout effaré.
Le troisième acte qui commence!
Le rideau se lève à l'instant!

PALMYRE, sans l'écouter.
C'est une véritable offense!...

ROSAMBEAU, aux figurantes.
Mais allez donc! on vous attend.

Ensemble.

PALMYRE et LE CHOEUR.

C'est une horreur! une infamie!
Et pour nous c'est déshonorant.
Dieu d'amour! toi que je supplie,
Fais qu'il nous en arrive autant!

JUDITH.

Adieu donc, mes bonnes amies!
Malgré le destin qui m'attend,
Ah! de moi vous serez chéries!
Car, je le sais, vous m'aimez tant!

ROSAMBEAU, LES DANSEURS et VALDÉSILLAS.

Mais partez donc, je vous en prie,
Le rideau se lève à l'instant.
Le bon public se fâche et crie.
Partez, partez, l'on vous attend!

ROSAMBEAU, aux figurantes.

Vous allez manquer votre entrée
  Et tout l'effet
  De mon ballet.

VALDÉSILLAS, à Judith, qui prend son châle.

Adieu donc! comtesse adorée.

JUDITH.

De bonheur je suis enivrée!

VALDÉSILLAS.

Votre voiture attend.

JUDITH.

J'y vais... adieu... j'y vais...
Et mes socques que j'oubliais!...

Ensemble.

PALMYRE et LE CHOEUR.

C'est une horreur! une infamie! etc.

JUDITH.

Adieu donc, mes bonnes amies, etc.

ROSAMBEAU, LES DANSEURS et VALDÉSILLAS.
Mais partez donc, je vous en prie, etc.

(A la fin de cet ensemble, Rosambeau frappe les trois coups avec le bâton qu'il tient à la main. Il crie au rideau. Tous les figurants et acteurs s'enfuient au moment où Judith sort avec le chasseur par le fond et Valdésillas à droite.)

ACTE DEUXIÈME

Un boudoir élégant.

SCÈNE PREMIÈRE.

PALMYRE, JUDITH.

PALMYRE.

C'est toi, ma chère Judith!

JUDITH.

Palmyre! que je n'ai pas vue depuis six mois!

PALMYRE.

Moi-même... Mon congé est fini; j'arrive de Lyon, de Bordeaux, de Nantes; j'ai chanté par toute la France.

JUDITH.

Et des triomphes... des couronnes!

PALMYRE.

C'est de droit, dans les départements. Et toi, ma petite? cette toilette élégante, ce riche boudoir rue de Provence... Je vois que depuis mon absence tu as eu aussi des succès; cela ne m'étonne pas!

JUDITH.

Tu es bien bonne!

PALMYRE.

Et je viens t'en féliciter, parce que je t'ai toujours aimée; maintenant surtout que tu as un rang, on peut se voir, on peut aller de pair; et puis, j'ai un service à te demander.

JUDITH.

A moi ?

PALMYRE.

Un service qui exige quelque pouvoir... quelque crédit.

JUDITH.

Que ne t'adresses-tu à M. le marquis de Valdésillas ?

PALMYRE.

Ce noble hidalgo !... Nous sommes brouillés ; c'est un jésuite, un perfide, que m'a enlevé notre amie intime, la petite Angéla. Je me souviens encore du jour où il m'a trahie ; par bonheur, je me suis vengée.

JUDITH.

Quand donc ?...

PALMYRE.

La veille ; je l'avais deviné !... tout est rompu. Il y avait un lieutenant-colonel, un jeune homme charmant, qui depuis longtemps me faisait la cour, et qui dans ce moment voudrait bien avoir un régiment. J'ai dit : « J'en parlerai à ma bonne petite camarade, à Judith, qui en parlera au comte Arthur. »

JUDITH.

Il n'y peut rien.

PALMYRE.

Si vraiment ! Il a un oncle cardinal ; ce qui dans ce moment donne une grande influence au ministère de la guerre. Ainsi, c'est convenu : n'est-ce pas à charge de revanche ? tu en diras deux mots à Arthur...

JUDITH.

Je le voudrais ; mais...

PALMYRE.

Tu me refuses !... moi, ton amie intime !

JUDITH.

Non... mais c'est que M. Arthur...

PALMYRE.

Vous êtes brouillés?... Ils sont brouillés!

JUDITH.

Non, vraiment!

PALMYRE.

Eh bien! alors... qu'est-il donc arrivé depuis le jour où le chasseur de M. le comte a produit un tel effet à l'Opéra qu'il y a eu deux indispositions dans l'entr'acte, et que l'on a été obligé de faire une annonce? et toi, sans doute, pendant ce temps, tu arrivais ici?

JUDITH, avec un soupir.

Certainement.

PALMYRE.

Eh bien! conte-moi donc cela!

DUO.

JUDITH.
J'étais interdite et tremblante,
Et la frayeur glaçait mes sens.

PALMYRE, souriant.
Je comprends... je comprends!...

JUDITH.
Il parut... renvoya ma tante!

PALMYRE, de même.
Je comprends... je comprends!...

JUDITH.
Puis me dit quelques mots.

PALMYRE.
Et lesquels?...

JUDITH.
Les voici :
« De votre sort soyez l'arbitre;
En reine commandez ici!
Pour moi je ne veux qu'un seul titre,
Un seul... celui de votre ami... »

PALMYRE.
Et puis?...

JUDITH.
Il est parti!...

PALMYRE, d'un air de doute.
Parti!

Allons, ma chère,
Point de mystère,
Point de détours
En tes amours !
Que peux-tu craindre ?
Et pourquoi feindre ?
Tu le sais bien !
Je ne dis rien !

JUDITH.
Non, non, ma chère,
Point de mystère,
Point de détours
En mes amours !
Que puis-je craindre,
Et pourquoi feindre ?
Tu le vois bien,
Il n'en est rien.

Hélas! depuis ce jour, bijoux et cachemire,
Élégant équipage et précieux tissus,
Il m'a tout prodigué... l'on m'envie... on m'admire,
Et mes moindres désirs par lui sont prévenus !

PALMYRE.
C'est bien !... et lui ?...

JUDITH.
Je ne l'ai pas revu.

PALMYRE.
Quoi ! dans ces lieux il n'est pas revenu ?

JUDITH.
Jamais !...

PALMYRE.

Jamais!...

Ensemble.

PALMYRE.

Allons, ma chère,
Point de mystère, etc.

JUDITH.

C'est tout, ma chère!
Point de mystère, etc.

PALMYRE, s'approchant d'elle avec compassion.

Quoi!... c'est la vérité!...

Pauvre fille!
Si gentille,
Chez qui brille
Tant d'appas!
Fiancée
Délaissée!
Ma pensée
N'y croit pas!
Point de grâce,
A ta place
Tant d'audace
Se punirait,
Et d'avance
En silence
Ma vengeance
Éclaterait.

JUDITH.

Ma carrière
Solitaire
Sait me plaire...
Seule ici,
Fiancée,
Délaissée,
Ma pensée
Est à lui.

Je fais grâce,
Car tout passe
Et s'efface
Hors ses bienfaits !
Sans vengeance,
Dans l'absence
Moi j'y pense,
Et je me tais.

Mais il est un autre mystère
Que je n'ai pas encor compris.

PALMYRE.

Parle donc... parle donc, ma chère !

JUDITH.

Eh bien... toutes les nuits...

PALMYRE, vivement.

Toutes les nuits !...

JUDITH.

Sa voiture et ses gens restent devant ma porte,
Et s'éloignent quand vient le jour !

PALMYRE.

Te compromettre de la sorte !
Sans égards et sans amour !...

Ensemble.

PALMYRE.

C'est un outrage, une offense !
Dont l'amour le punira !
Oui : le ciel nous doit vengeance
Pour l'honneur de l'Opéra.

JUDITH.

Mon cœur d'une telle offense
Jamais ne le punira ;
Oui, j'abjure la vengeance,
Et je pardonne déjà.

PALMYRE.

Quel est son dessein ?

JUDITH.

Je l'ignore !

PALMYRE.

Quoi ! sa voiture et ses gens, m'as-tu dit...

JUDITH.

Devant l'hôtel restent pendant la nuit.

PALMYRE.

Et s'éloignent quand vient l'aurore ?...

JUDITH.

Oui ! s'éloignent quand vient l'aurore !

PALMYRE.

Tu l'as vu !...

JUDITH.

Je l'ai vu !

PALMYRE.

Je n'y puis croire encore !

Ensemble.

C'est un outrage, une offense
  Que le ciel punira !
Tu dois en tirer vengeance
Pour l'honneur de l'Opéra !
  Oui ! vengeance, vengeance
Pour l'honneur de l'Opéra !

JUDITH.

Mon cœur d'une telle offense
  Jamais ne le punira !
Je renonce à la vengeance
Et je pardonne déjà !
  Non, non, point de vengeance,
  J'ai pardonné déjà !

PALMYRE.

Et depuis six mois tu ne l'as jamais vu ?

JUDITH.

Que le soir, de loin... moi sur le théâtre, et lui dans sa loge.

13.

PALMYRE.

C'est drôle.

JUDITH.

En quoi donc ?

PALMYRE.

Je dis seulement : C'est drôle... Et jamais de ses nouvelles ?

JUDITH.

Si vraiment !... Il m'avait dit en me quittant et en voyant ma frayeur : « Rassurez-vous, je ne viendrai que quand vous m'appellerez... quand vous aurez besoin de moi. »

PALMYRE.

C'était très-discret et très-commode !

JUDITH.

« Et alors, ajouta-t-il, *écrivez-moi.* »

PALMYRE.

Eh bien ! tu n'avais qu'à écrire ; ce n'était pas difficile.

JUDITH.

Pour toi ; mais pour moi, qui avais déjà eu du malheur avec l'orthographe... Tu te rappelles cette maudite lettre dont vous vous êtes tant moquées devant lui, et que j'aurais rachetée au prix de tout mon sang... eh bien ! je ne voulais pas de nouveau m'exposer à la raillerie.

PALMYRE.

Il fallait t'adresser à l'une de nous... à moi !

JUDITH.

Ah ! je n'aurais pas pu ; personne ne m'eût comprise... et tant bien que mal, je m'y décidai enfin ; je lui demandai, je le priai de me donner...

PALMYRE.

Un coupé... ou des diamants ?

JUDITH.

Non... des maîtres !

PALMYRE.

Des maîtres... pour étudier ?

JUDITH.

Je ne fais pas autre chose.

PALMYRE.

Ma chère enfant, c'est donc cela, dit-on, que tu ne viens plus le matin à la salle de danse... que tu négliges les études sérieuses. Tu perds ton état... et pour un pareil ennui encore !...

JUDITH.

Tu te trompes. J'étudiais d'abord pour lui, et maintenant c'est pour moi. C'est mon passe-temps, mon bonheur, ma consolation ! Ils disent tous que je fais des progrès ; et si jamais il pouvait en être témoin, s'il pouvait venir !... mais, hélas ! je commence à en perdre l'espoir.

UN DOMESTIQUE, annonçant.

M. le comte Arthur !

JUDITH.

Ah ! qu'ai-je entendu ?... ce n'est pas possible !

PALMYRE.

Si, vraiment.

JUDITH, vivement et à voix basse.

Laisse-moi... laisse-moi.

PALMYRE.

J'allais te le proposer.

JUDITH.

Ah ! que je te remercie !

(Palmyre entre dans la chambre à gauche.)

SCÈNE II.

JUDITH, ARTHUR.

JUDITH.

C'est lui !...

ARTHUR, après l'avoir saluée, et s'être assis sur le canapé, à côté d'elle.

Il y a quelque temps que je ne vous ai vue, mademoiselle.

JUDITH, à part, avec reproche.

Quelque temps !

ARTHUR.

Des occupations... des contrariétés de toute espèce... J'ai tâché du moins qu'elles ne parvinssent pas jusqu'à vous... et pourvu que vous soyez heureuse...

JUDITH, avec émotion et le regardant.

Je le suis, monsieur.

ARTHUR.

A-t-on exécuté mes ordres ? vous a-t-on remis ces nouvelles parures ?

JUDITH.

Dont je vous remercie, mais qui me sont inutiles ; je ne sors jamais.

ARTHUR.

Jamais !... et que faites-vous donc ?

JUDITH.

J'attends.

ARTHUR, avec insouciance.

Quoi donc ?

JUDITH, troublée.

Les maîtres... que vous avez bien voulu me donner, et qui viennent tous les jours.

ARTHUR, souriant.

En effet, ma chère petite, vous avez eu là une singulière idée, et votre lettre...

JUDITH.

Ma lettre, si toutefois vous avez pu la lire, a dû vous prouver, monsieur, que je n'étais qu'une pauvre fille sans esprit, sans éducation, qui avait honte de son ignorance... et je voudrais, s'il est possible, ne plus rougir à vos yeux ni aux miens.

ARTHUR, étonné.

Quoi ! c'est pour cela ?...

JUDITH.

Et pour qui donc, mon Dieu !

ARTHUR.

Je ne doute pas alors qu'avec les dispositions que vous aviez déjà...

JUDITH, à part.

Il se raille de moi !

ARTHUR.

Vous n'ayez fait de rapides progrès, et je serai ravi d'en juger par moi-même. Je vous écoute, Judith, parlez.

JUDITH.

Je le voudrais, monsieur ; il me semblait ce matin que je savais quelque chose, et maintenant tout se confond dans ma tête, tout s'embrouille, je ne sais plus rien, et je puis à peine parler.

ARTHUR.

Remettez-vous, de grâce, je n'insiste plus. (A part.) La pauvre enfant n'est pas forte et n'apprendra jamais rien. (Haut.) L'écriture au moins va-t-elle un peu ?

JUDITH, désolée.

Ah ! monsieur !...

ARTHUR, regardant sur la table à gauche.

En effet, et j'avais tort de vous le demander ; voici une nombreuse correspondance. Que de lettres !

JUDITH.

Tous les jours j'en reçois !

ARTHUR, voyant qu'elles ne sont pas décachetées.

Et vous ne les ouvrez pas ?

JUDITH.

Je les ouvrais d'abord, je ne les ouvre plus maintenant.

ARTHUR.

Et pourquoi ?

JUDITH.

Pourquoi ? en les lisant peut-être le devinerez-vous.

ARTHUR, lisant.

« Mademoiselle, j'ai de l'esprit et une belle fortune, vous « m'avez déjà fait perdre l'un, daignez accepter l'autre, « etc., etc. » (Lisant la signature.) De Blangy... ce jeune pair de France ; c'est une déclaration. (Lisant une autre lettre.) « Je « vous adore, vrai comme deux et deux font quatre. Du « Tremblay, agent de change. » (A part et souriant.) Sont-ils étonnants ! de si grandes passions pour cette petite !... (Lisant une troisième lettre.) « Vous étiez hier soir si jolie, si sédui- « sante... » (S'arrêtant et la regardant, à part.) C'est vrai ! elle n'est pas mal, elle est jolie ! je n'y avais jamais fait attention. (Haut.) Je vois en effet qu'ils vous aiment tous !

JUDITH, avec douleur.

Oh ! non, pas tous !

ARTHUR, allant à elle.

Eh ! mais, qu'avez-vous donc ? je vois des larmes dans vos yeux ! Qui peut vous affliger ? qui peut vous faire de la peine ? dites-le-moi ! vous avez des chagrins ?

JUDITH.

Oui, monsieur !

ARTHUR.

Des chagrins ! et quels sont-ils ?

JUDITH, hésitant.

Les vôtres !

ARTHUR, étonné.

Les miens ! vous savez...

JUDITH.

Je sais que vous êtes triste, que vous êtes malheureux, je le crois du moins, tout me le dit, voilà ce qui m'afflige.

ARTHUR.

Ah ! vous avez dit vrai, Judith, je suis bien malheureux, bien tourmenté ! on est cruel... on est sans pitié pour moi ! leurs persécutions redoublent ; mais je ne céderai pas, dussé-je en mourir !

JUDITH, timidement.

Et ces chagrins, je ne puis les connaitre, vous ne m'estimez pas assez pour me les confier ?

ARTHUR, brusquement.

A quoi bon, mon enfant ? (Avec douceur en la regardant.) A quoi bon vous faire de la peine ? aujourd'hui ces tourments-là finiront, aujourd'hui il faut que mon sort se décide ; si jusqu'ici ils ont affecté de fermer les yeux, il faudra bien qu'ils voient, qu'ils me comprennent : car, pour être libre, je ne reculerai devant aucun éclat ; c'est pour cela que je viens à vous !

JUDITH.

Je ne vous comprends pas.

ARTHUR.

Je le crois ; j'ai un service à vous demander !

JUDITH, vivement.

Parlez, et quelque pénible, quelque difficile que ce soit...

ARTHUR.

Eh bien ! venez avec moi aux Tuileries.

JUDITH.

Est-il possible !

ARTHUR.

Oui, oui, il fait un temps superbe, tout Paris y sera !

JUDITH.

Et j'y serai ce matin, seule avec vous ?

ARTHUR.

Certainement.

JUDITH.

Aux yeux de tous ?

ARTHUR.

Aux yeux de tous, et dans la grande allée.

JUDITH.

Ah ! quel bonheur ! (Appelant.) Palmyre ! Palmyre !

SCÈNE III.

Les mêmes ; PALMYRE.

PALMYRE.

Eh ! mais qu'y a-t-il donc ?

JUDITH.

Si tu savais combien je suis heureuse, je vais aux Tuileries ! (A demi-voix.) avec lui !

PALMYRE.

Tant que cela !

ARTHUR.

Vous allez vous hâter, n'est-ce pas ?

JUDITH.

Ah ! ce ne sera pas long.

PALMYRE.

Quand je devrais te servir de femme de chambre

JUDITH, à demi-voix.

Y penses-tu ? devant lui !

ARTHUR.

Pardon, mademoiselle, je me retire.

PALMYRE, à part.

Sont-ils étonnants !

ARTHUR.

Ma voiture est en bas, et j'aurai l'honneur de vous y attendre !

(Il la salue et sort par le fond à droite.)

PALMYRE, à part.

Et lui aussi ! c'est bien l'amoureux le plus... respectueux...

JUDITH, à Palmyre.

Toute une matinée avec lui, conçois-tu !

PALMYRE.

Et tu lui parleras du colonel ?

JUDITH.

Certainement !

PALMYRE.

C'est un service à vous rendre, un sujet de conversation, et je t'attends ici pour savoir sa réponse, et des nouvelles de ton voyage.

JUDITH.

Sois tranquille.

(Elle sort par la porte du fond à gauche.)

SCÈNE IV.

PALMYRE, seule, regardant sortir Judith.

Allons, pour elle encor de nouvelles conquêtes !
Mais la danse à présent tourne toutes les têtes !

COUPLETS.

Premier couplet.

En vain d'un chant large et touchant
Vous feriez entendre l'accent,
Vainement votre voix habile
Peindrait l'amour ou la douleur,
Au beau milieu d'un cantabile
Cause tout haut le spectateur ;
Pour nous pas un regard flatteur,
Tandis qu'aux moindres pirouettes
Se braquent toutes les lorgnettes...
Ah ! c'est affreux !... mais de nos jours
Sur la roulade et la cadence
Les pirouettes et la danse
    L'emporteront toujours !
      Toujours !

Deuxième couplet.

On aurait le sublime élan
Qu'on admirait dans Malibran,
On se perdrait dans les points d'orgue
Et l'on monterait jusqu'au *si*,
Leur indifférence et leur morgue
Un instant n'auraient pas fléchi.
On n'écoute plus aujourd'hui...
Mais dès que le ballet commence
A l'instant même on fait silence !
Ah ! c'est affreux, mais de nos jours,
Sur la roulade et la cadence
    La danse, hélas ! la danse
    L'emportera toujours !
      Toujours !

PALMYRE, se retournant.

Eh ! mais, qui vient là ? et quelle figure hétéroclite !

SCÈNE V.

PALMYRE, PACHÉCO.

PACHÉCO, saluant plusieurs fois.

Que saint-Dominique vous tienne en joie et santé, señora ! N'ai-je pas l'honneur de parler à une pieuse et respectable dame...

PALMYRE, regardant ses lunettes, à part.

Il a la vue basse !

PACHÉCO.

A qui j'ai d'importants renseignements à demander sur deux de ses locataires, madame Bonnivet et sa nièce ?

PALMYRE, à part et riant.

Est-ce que ce bon M. Tartuffe aurait des intentions ? ça serait amusant !

PACHÉCO.

Je suis parti pour cela d'Espagne à Bordeaux, et de Bordeaux à Paris, rue de Richelieu, où madame Bonnivet était portière ; de là on m'a envoyé dans cette maison, dont vous êtes propriétaire.

PALMYRE, à part.

Il se sera trompé d'étage.

PACHÉCO.

Madame de Fontvieille, à ce qu'on m'a dit, une baronne ou une marquise.

PALMYRE.

Le titre n'y fait rien, et je n'y tiens pas, mais je tiens à savoir ce qui vous amène d'Espagne, car vous venez d'Espagne pour mademoiselle Judith ?

PACHÉCO.

Directement, et en poste !

PALMYRE.

Est-ce une succession qui lui arrive ?

PACHÉCO.

Nullement ! c'est une inquiétude mortelle...

PALMYRE.

Que vous lui apportez ?

PACHÉCO.

Dont elle seule peut me tirer, car il y va de mon salut.

PALMYRE.

Dans l'autre monde ?

PACHÉCO.

Dans celui-ci, ce qui est bien plus immédiat...

PALMYRE.

Je n'y suis plus du tout ! à moins que vous ne veniez pour l'enlever ?

PACHÉCO, d'un air bénin.

Plût au ciel !

PALMYRE.

Monsieur ! (A part.) Il faut que ce soit un abonné de l'orchestre !

PACHÉCO.

Rassurez-vous, madame, c'est en tout bien, tout honneur, et si vous daignez seulement répondre à mes questions...

PALMYRE.

Je ne demande pas mieux. (A part.) Ne fût-ce que pour savoir !

DUO.

PACHÉCO.

Par ma sainte et digne patronne,
Comment cette jeune personne
Est-elle à présent ?

PALMYRE.

        Mais fort bien !

PACHÉCO.
Elle est jolie?

PALMYRE.
Oui! très-jolie!

PACHÉCO.
Que ma patronne en soit bénie!

PALMYRE, à part.
C'est un abonné... très-chrétien.

PACHÉCO.
A-t-elle reçu de sa tante
Une éducation?...

PALMYRE.
Charmante!

PACHÉCO.
Et des principes...

PALMYRE.
Excellents!

PACHÉCO.
C'est très-bien pour une portière.

PALMYRE.
Je réponds de ses sentiments.
Voilà près d'une année entière
Qu'elle a placé sa nièce... à l'Opéra!

PACHÉCO, stupéfait et tout tremblant.
Que me dites-vous là?
Judith à l'Opéra!

PALMYRE.
A l'Opéra!

PACHÉCO, avec indignation.
A l'Opéra!

Ensemble.

PACHÉCO.
Saint Laurent, saint Dominique,

La terreur de l'hérétique,
Vous qui connaissez ma foi,
Aidez-moi, protégez-moi !

PALMYRE.

Qu'a-t-il donc? rien ne m'explique
Sa terreur tragi-comique ;
Mais l'Opéra, je le vois,
Lui cause un mortel effroi !

PACHÉCO, avec abattement et désespoir.

C'est fait de moi !... destin fatal !...
A l'Opéra !...

PALMYRE.

Monsieur se trouve mal ?
Voudrait-il mon flacon ?

PACHÉCO.

Merci, merci, madame.

(A part.)

Mais tout peut s'arranger... car il est, sur mon âme,
Des accommodements au ciel, comme ici-bas !
A l'Opéra d'ailleurs on ne déroge pas !
Et nous avons une ordonnance
Du roi Louis quatorze...

(Haut et se retournant vers Palmyre.)

Au moins, et je le pense,
Vous me répondrez bien qu'elle a
Sagesse, vertu !

PALMYRE, secouant la tête.

Dam ! qu'entendez-vous par là ?

PACHÉCO.

Ce que j'entends, bon Dieu ! cela s'entend de reste !
Elle n'a pas d'amoureux !...

PALMYRE, prenant des lettres sur la table.

Mais voilà
Cinq ou six billets doux !...

PACHÉCO.

Mais du moins, on atteste
Qu'elle n'aime personne...

PALMYRE.

Un seul !

PACHÉCO, hors de lui.

Un seul amant !

PALMYRE.

C'est le moins ; et tous deux viennent dans ce moment
De sortir ensemble...

PACHÉCO, avec désespoir.

Un amant !

Ensemble.

PACHÉCO.

Saint Laurent, saint Dominique,
La terreur de l'hérétique,
Vous qui connaissez ma foi,
Aidez-moi, protégez-moi !

PALMYRE.

Qu'a-t-il donc ? rien ne m'explique
Sa terreur tragi-comique.
Le moindre amant, je le vois,
Lui cause un mortel effroi !

PACHÉCO.

Je succombe à ce coup terrible.
Adieu donc ma fortune ! un amant ! un amant !
A moins encor de quelque arrangement,
Car ici-bas tout est possible !
(Réfléchissant.)
Oui ! oui !

PALMYRE, le regardant.

Décidément à cet air furieux,
C'est un rival !... un amoureux !

Ensemble.

PACHÉCO.

Oui, du cœur, de l'audace !
Et la grâce efficace
Du cas qui m'embarrasse

Bientôt me sortira !
Que dans cette entreprise
L'adresse me conduise !
Aide-toi ! dit l'Eglise,
Et le ciel t'aidera.

PALMYRE, riant.

Voyez donc quelle audace !
Déjà ce cœur de glace
Est touché par la grâce
Et bientôt brûlera,
Ah ! ah ! ah ! ah !
C'est quelqu'un de l'église !
Pour dévote il m'a prise.
Et pareille méprise
Longtemps m'égaiera.

PACHÉCO.

Adieu, madame, adieu, respectable baronne.

PALMYRE, à part.

Décidément il y tient.

PACHÉCO.

Ne parlez pas de ma visite, qu'il n'en soit pas question ; si Dieu me protége dans le saint projet que je médite, nous pourrons encore, avec l'aide du ciel et de M. le préfet de police, faire triompher la morale et la bonne cause... Adieu, madame.

(Il sort.)

SCÈNE VI.

PALMYRE, le contrefaisant.

Adieu, madame... Et toujours les yeux baissés ; depuis une heure qu'il est là, il ne m'a pas une seule fois regardée ; ma foi, cet amoureux-là, si c'en est un, a un air à faire fortune, un air de béatitude, et je vais annoncer à Judith la nouvelle conquête qui lui arrive.

SCÈNE VII.

PALMYRE, JUDITH.

PALMYRE.

Eh bien, ma chère, quelle nouvelle ?

JUDITH.

Oh ! la plus jolie promenade! que les Tuileries étaient belles !... un temps superbe, une foule immense, tout Paris s'y était donné rendez-vous, et nous nous promenions dans l'allée du printemps, l'allée du beau monde; on nous entourait, et j'entendais qu'on disait : « Tiens, c'est la petite Judith, celle dont Arthur est épris ; il en perd la tête ! » C'était donc vrai, puisque tout le monde le disait? et je n'en savais rien... et un autre répondait : « Je crois bien, il se ruine pour elle... est-il heureux ! je voudrais bien être à sa place. » Deux jeunes gens très-distingués, qui disaient tout cela! et Arthur entendait, car il a rougi, et m'a regardée comme jamais cela ne lui était arrivé, d'un air tendre et surpris, qui voulait dire : « Est-ce étonnant qu'elle soit si bien »... Il ne s'en était jamais aperçu.

PALMYRE.

Il y a des gens qui n'ont pas d'yeux, (A part.) comme le monsieur de tout à l'heure.

JUDITH.

Et en voiture, en revenant, il était rempli de soins et d'attentions : il avait peur que je n'eusse froid, il levait la glace et croisait lui-même mon châle sur ma poitrine... Ah ! j'étais heureuse; c'est peut-être cela qui me rendit un peu plus aimable ou moins sotte qu'à l'ordinaire. Il semblait tout étonné et ravi de ce que j'avais des idées... Ah! si j'avais osé... mais alors il me regardait... ça me troublait... je sentais que j'allais redevenir de l'Opéra, et dire quelque bêtise... (Palmyre fait un geste.) Pardon... Par bonheur, la voiture est arrivée, il ne m'a rien dit; mais il m'a serré les mains, et, j'en suis sûre, cela veut dire : « A bientôt; je reviendrai, je vous verrai, je vous écrirai. »

PALMYRE.

Tu crois?

UN DOMESTIQUE, entrant.

Une lettre pour mademoiselle, apportée par un homme en noir.

JUDITH.

Ah! c'est de lui! donne, donne. (Le domestique sort pendant qu'elle ouvre la lettre.) Non, ce n'est pas son écriture. (Regardant la signature.) Un cardinal, un archevêque à moi, Judith!

PALMYRE.

Comment, un cardinal?

JUDITH, à part, et lisant avec émotion.

« Mademoiselle, vous venez de paraître publiquement aux
« Tuileries avec mon neveu, le comte Arthur, et combler
« ainsi la mesure d'un scandale dont les suites seront in-
« calculables. Quoique, par l'impiété des hommes, Dieu ait
« permis que tout fût bouleversé et que les lettres de cachet
« fussent abolies, nous avons encore les moyens de punir
« votre audace, et par mon crédit auprès du ministre de la
« maison du roi... » (Achevant à voix basse.) Me faire renvoyer de l'Opéra... (Continuant à lire.) Ou m'offrir de l'or si je renonce à son neveu... Ah! monseigneur, et vous aussi, vous m'avez méconnue.

PALMYRE, à Judith.

Eh bien, est-ce une déclaration?

JUDITH, se mettant à table et écrivant.

Non, non, cela me touche peu.

PALMYRE.

Et cependant je te vois dans un état d'émotion... Tu lui réponds; c'est déjà te compromettre; réfléchis, ma chère;

certainement de ce temps-ci ces gens-là ont du crédit et beaucoup, surtout à l'Opéra; mais il y a des inconvénients : on a pour ennemis les journalistes et le public; après cela tu me diras que le public, on peut encore... mais les journalistes, c'est bien différent.

JUDITH.

Sois tranquille, il n'y a rien à craindre quand on fait ce que l'on doit faire... J'enverrai cette lettre dès demain, car ce soir il est déjà tard.

PALMYRE.

Sans doute, six heures passées.

JUDITH.

Et je danse dans la première pièce, je l'oubliais.

PALMYRE.

Tu n'as pas de temps à perdre... viens, partons.

SCÈNE VIII.

Les mêmes; ARTHUR.

JUDITH.

Ah! c'est vous, monsieur Arthur?

ARTHUR.

Oui, Judith; je crains qu'en mon absence quelque danger ne vous menace.

JUDITH.

Et vous venez me protéger?...

ARTHUR.

Contre vos ennemis.

JUDITH.

Ah! que je les aime, et que je vais les remercier!... Mais par quel bonheur puis-je en avoir, moi, pauvre fille inconnue?

ARTHUR.

Vous le saurez, vous saurez tout ; j'ai à vous parler.

JUDITH.

Et je suis obligée de sortir, d'aller au théâtre... mais demain...

ARTHUR.

Demain je pars !

JUDITH.

Vous, mon Dieu !

ARTHUR.

Pour quelques jours seulement.

JUDITH.

Comment alors vous verrai-je ?

ARTHUR.

Mais, ce soir, après le spectacle, si vous voulez bien me donner à souper... ici...

JUDITH, avec émotion.

Ici... ce soir !

PALMYRE.

Eh bien, voilà que tu trembles ; est-ce que tu as peur ?

JUDITH, avec joie.

Oh ! non... Viens donc ; viens vite... Ah ! que je vais me dépêcher de danser mon rôle !

PALMYRE.

Tu n'iras plus en mesure.

JUDITH.

Adieu, monsieur, adieu ; je reviendrai de bonne heure, si je le peux, car ils font maintenant des opéras qui n'en finissent pas.

ARTHUR.

Adieu, Judith, adieu ; à bientôt.

JUDITH, sortant avec Palmyre.

Ah! que je suis contente!

SCÈNE IX.

ARTHUR, seul.

Oui, après l'éclat d'aujourd'hui, il faudra bien que mon oncle renonce à ses projets; et quant à sa colère, elle ne saura m'atteindre... cette guerre d'Espagne est décidée, je le sais; dès demain en secret je pars, et une fois là-bas, une fois que j'aurai endossé l'uniforme, adieu la soutane! Mais je dois tout dire à Judith, tout lui avouer, et en lui rendant sa liberté, lui assurer un avenir. (S'asseyant près de la table.) Oui, je le dois avant de la quitter; c'est dommage; depuis aujourd'hui surtout... moi, je l'avais à peine regardée, je lui avais à peine parlé; elle me semble à la fois si naïve et si bonne, si fidèle, si dévouée. (Apercevant le papier qui est sur la table.) Que vois-je! « A monseigneur le cardinal... » A mon oncle! et c'est bien l'écriture de Judith... Judith écrit à mon oncle, et sans m'en prévenir... elle aussi serait d'accord avec mes ennemis, au moment même où je vantais son dévouement.. Quelle trahison! quels piéges me menacent... Ah! je les déjouerai, et d'abord... (S'apprêtant à briser le cachet.) pourquoi pas? j'en ai le droit. (Lisant.) « Mon-
« seigneur, vous êtes bien cruel envers moi, et bien injuste
« envers votre neveu; Arthur est innocent de tous les torts
« dont vous l'accusez, et si l'on offense le ciel en aimant de
« toute son âme, c'est un crime dont je suis coupable, mais
« dont il n'est point complice... » (S'arrêtant.) Ah! qu'ai-je lu?
(Continuant.) « Voici donc la résolution que j'ai prise; je lui
« demanderai: Arthur, suis-je aimée de vous? et si, comme
« je le crois, comme je le crains, il me répond: Non, je ne
« vous aime pas! je vous obéirai, monseigneur, je ne le
« verrai plus jamais! Mais si le ciel, si mon bon ange, si le
« bonheur de toute ma vie, voulaient qu'il répondît: Je

14.

« vous aime! Ah! c'est bien mal ce que je vais vous dire,
« mais il n'y a pas de pouvoir au monde qui puisse m'em-
« pêcher d'être à lui, de lui tout sacrifier; je braverais tout,
« même votre colère! »

AIR.

Ah! que viens-je de lire!
Quel dévoûment en cet écrit respire!

Elle m'aimait!... elle m'aimait!
Et pleurait en silence
Un ingrat qui la dédaignait!
Je l'accablais de mon indifférence,
Et sans se plaindre, et pour seule vengeance,
Elle m'aimait!... elle m'aimait!

Le remords... le regret s'éveillent dans mon âme!
Son généreux exemple, ici je le suivrai!
Que mon oncle ou le monde et s'indigne et me blâme,
Je leur dirai, je leur dirai :

Elle m'aimait!... elle m'aimait,
Et pleurait en silence
Un ingrat qui la dédaignait!
Elle m'aimait!

Longtemps esclave
Des préjugés,
Pour toi je brave
Tous les dangers!
Sois mon amie,
Et dès ce jour,
A toi ma vie
Et mon amour!

A ton cœur refusant de croire,
Et dupe d'un éclat trompeur,
J'allais chercher la fortune et la gloire
Quand près de toi m'attendait le bonheur!

Longtemps esclave, etc.

Partons!

SCÈNE X.

ARTHUR, PALMYRE.

DUO.

PALMYRE.

Ah! monseigneur!... monseigneur!...

ARTHUR.

Qu'est-ce donc?

PALMYRE.

Promettez-moi d'abord du sang-froid!

ARTHUR.

Eh! qu'importe!

PALMYRE.

Ou je me tais.

ARTHUR.

Pourquoi?

PALMYRE.

Ce n'est pas sans raison!
Judith et moi... ce soir... par la petite porte
Du côté des acteurs... allions à l'Opéra...

ARTHUR, vivement.

Après?...

PALMYRE.

Quand d'hommes noirs une nombreuse escorte
Nous entoure et montrant Judith : « Saisissez-la! »

ARTHUR.

Oh! ciel!

PALMYRE.

On s'en empare! et vers un équipage
Qui dans l'ombre attendait, ils l'entrainent...

ARTHUR.

O rage!...
Courons!

PALMYRE.

De quel côté?... disparus à mes yeux.

ARTHUR.

Je saurai déjouer ce complot odieux.
C'est mon oncle!... et je cours l'arracher à ses bras!

PALMYRE.

Vous! qui ne l'aimez pas!

ARTHUR.

Moi!... moi... je l'aime... je l'aime
Cent fois plus que moi-même.

PALMYRE, à part.

Depuis qu'il l'a perdue... ah! c'est toujours ainsi!

ARTHUR, avec désespoir.

Judith! Judith! trésor qui m'est ravi!

Ensemble.

ARTHUR.

Longtemps esclave
Des préjugés,
Pour toi je brave
Tous les dangers!
Sois mon amie,
Et dès ce jour
A toi ma vie
Et mon amour!

PALMYRE.

L'amant qu'on brave
Sait se venger,
Et sans entrave
Veut voltiger;

Est-on ravie
A leurs amours,
On est chérie
Et pour toujours.

(Palmyre veut retenir Arthur qui s'enfuit en courant par la porte du fond.)

ACTE TROISIÈME

Un petit salon en forme de tente, soutenu tout autour par des fers de lance et fermé au fond par une balustrade dorée à hauteur d'appui. Au-dessus de la balustrade, des rideaux donnant sur l'arène où va avoir lieu un combat de taureaux; des chaises, des fauteuils élégants. L'entr'acte finit par un appel de trompettes et par une fanfare guerrière.

SCÈNE PREMIÈRE.

VALDÉSILLAS, MARCELLINA.

VALDÉSILLAS, entrant avec elle.

Est-ce que le combat de taureaux est déjà commencé?

MARCELLINA.

Non, monsieur le marquis, ce que vous entendez là ce sont seulement des cavaliers, des piccadors qui s'exercent dans le cirque.

VALDÉSILLAS.

Son Excellence le duc de Lémos et sa nièce n'ont pas encore paru dans l'amphithéâtre?

MARCELLINA.

Non, monsieur le marquis... c'est ici leur loge; mais un premier ministre, une personne de distinction comme M. le duc n'arrive jamais qu'au milieu du spectacle.

VALDÉSILLAS.

C'est juste... c'est ici, à Madrid, comme à Paris... et voici une ouvreuse qui s'y entend... la señora?...

MARCELLINA.

Thérésa-Marcellina Clavidor... ouvreuse des amphithéâtres depuis le prince de la Paix et le roi Joseph jusqu'au roi actuel, Sa Majesté Ferdinand le Bien-Aimé, qui vient de rentrer dans sa capitale. (Montrant son trousseau de clefs.) Ces clefs-là ont toujours été au service de tout le monde... le monde comme il faut, s'entend... Voici Son Excellence M. le ministre... non vraiment... c'est son bras droit... son affidé... don Emmanuel Pachéco, l'alcade-magor.

VALDÉSILLAS.

Autrement dit le préfet de police; homme très-essentiel pour les rois qui reviennent!

SCÈNE II.

VALDÉSILLAS, PACHÉCO.

PACHÉCO, à la cantonade.

Pas de confusion dans la file des voitures! que l'ordre, la joie et les alguazils règnent dans la fête; qu'on en mette dans chaque corridor, dans chaque amphithéâtre, et, s'il se peut, dans chaque loge; je serai partout, et qu'au moindre murmure, au moindre bruit... la moitié de la salle...

VALDÉSILLAS.

Arrête l'autre moitié!

PACHÉCO.

Comme vous dites, monsieur le marquis!

VALDÉSILLAS.

Ce sera amusant.

PACHÉCO.

C'est une représentation extraordinaire, il faut que tout s'en ressente. C'est la première fois, depuis leur retour, que le roi et la reine viennent au combat de taureaux... Il faut un peu chauffer l'enthousiasme et l'amour public; ce qui demande un surcroît de dépense et un déploiement d'autorité.

VALDÉSILLAS.

Je comprends, et je remercie le premier ministre de m'avoir offert une place dans sa loge pour une représentation aussi intéressante.

PACHÉCO.

C'est ne pas perdre de temps... arrivé hier soir de France...

VALDÉSILLAS.

Ah! vous savez!...

PACHÉCO.

Je sais tout... par état!... Son Excellence le duc de Lémos, à qui j'ai rendu d'éminents services, a daigné, par reconnaissance, m'élever à la surveillance générale de la ville de Madrid... moi, qui n'étais autrefois qu'un humble familier de l'inquisition...

VALDÉSILLAS.

Une bonne école, et puis ici, en Espagne, un bel état!

PACHÉCO.

Pour lequel j'ai toujours eu de la vocation... j'étais né alguazil... et curieux... j'avais tellement le désir de m'instruire et d'apprendre... que haut comme cela... dès que deux personnes parlaient à voix basse... j'écoutais malgré moi...

VALDÉSILLAS.

Et par instinct!

PACHÉCO.

Ce qui me valut dès mon enfance un nombre illimité de rebuffades et de coups de pied dans toutes les directions.

VALDÉSILLAS.

Cela a dû vous former beaucoup!

PACHÉCO.

Certainement! cela exerce, cela ouvre l'esprit et développe l'intelligence; de manière qu'il n'y a pas aujourd'hui dans Madrid une seule personne dont je ne fisse la biographie détaillée.

VALDÉSILLAS.

Même la mienne!

PACHÉCO.

Je m'en vante, monsieur le marquis de Valdésillas-y-Alcaras-y-Moncada-y-Bujalaroz, venant de l'ambassade de Paris, où il a passé trois ans; et s'il faut par ordre de dates énumérer toutes ses fredaines...

VALDÉSILLAS.

Voulez-vous bien vous taire?

PACHÉCO.

J'en dirais bien davantage!...

DUO.

VALDÉSILLAS.

Tais-toi! tais-toi! tais-toi!
Maintenant je suis sage,
Les erreurs du jeune âge
Ne sont plus rien pour moi!
La raison est ma loi,
 Tais-toi! tais-toi!
 Tais-toi!

PACHÉCO.

Pour moi, pour moi,
Parler est mon usage,
J'en sais bien davantage,
Tout savoir est ma loi!
Tout dire est mon emploi!
 Mon emploi!
 Mon emploi!

(Avec volubilité.)

J'entends, j'entends!... vous verriez avec peine
Qu'ici l'on connût vos fredaines,

Vu la sévère piété
De notre cour et de Sa Majesté !

    VALDÉSILLAS.

Silence !...

   PACHÉCO, continuant.

  Et surtout, je le gage,
A cause de ce mariage
  Dont il s'agit,
  A ce qu'on dit,
Entre vous, monseigneur, et la jeune comtesse
 De Lémos, la charmante nièce
  D'un ministre en crédit...

   Ensemble.

VALDÉSILLAS, l'interrompant vivement.
Tais-toi ! tais-toi ! tais-toi !
 Maintenant je suis sage,
 Les erreurs du jeune âge
 Se dissipent pour moi !
 La raison est ma loi !
  Tais-toi ! tais-toi !
   Tais-toi !

    PACHÉCO.

  Pour moi, pour moi,
 Parler est mon usage,
 J'en sais bien davantage,
 Tout savoir est ma loi !
 Tout dire est mon emploi !
  Mon emploi !
  Mon emploi !

  VALDÉSILLAS, souriant.

Tu sais tout ! je le vois...

    PACHÉCO.

   En chef de la police,
Je suis payé pour ça ! Par un destin propice,
  Et sans compter les fonds secrets,
J'ai vingt mille ducats pour donner des nouvelles...

(A part.)
Et quand je n'en ai pas... j'en fais!

VALDÉSILLAS.

Eh bien! oui, Pachéco, tes rapports sont fidèles,
Je m'en fie à ta foi, car en tout temps je veux
Que nous soyons bons amis tous les deux.

  L'on a par correspondance
  Préparé cette alliance
  Dont Séraphine, jusqu'ici,
  Ne sait rien encor, Dieu merci!
Arrivé d'hier soir, la première entrevue
Aura lieu ce matin... C'est ici... dans ces lieux
  Que ma charmante prétendue
  Doit se présenter à mes yeux,
  Et même avant de l'avoir vue...
D'avance... d'avance...

Ensemble.

VALDÉSILLAS.

Je l'aime, je l'aime!
Mon cœur me le dit,
Un charme suprême
Déjà l'embellit!
Je sens que pour elle
Mes derniers amours
Dans mon cœur fidèle
Dureront toujours!

PACHÉCO.

Il aime, il aime,
D'un amour subit,
Un charme suprême,
Soudain l'embellit!
Il sent que pour elle
Ses derniers amours
Dans son cœur fidèle
Dureront toujours!

VALDÉSILLAS.

Mais réponds-moi! réponds!... est-elle

Aussi vertueuse, aussi belle
Qu'on le prétend?

PACHÉCO.
Ah! cent fois plus encor.
En ses moindres discours la grâce l'accompagne,
Et ses vertus sont un trésor!...

VALDÉSILLAS.
Et sa dot!... oui, sa dot!...

PACHÉCO.
La plus riche d'Espagne!

Ensemble.

VALDÉSILLAS.
Je l'aime! je l'aime! etc.

PACHÉCO.
Il l'aime, il l'aime! etc.

VALDÉSILLAS.
Et le duc de Lémos, son oncle, premier ministre, est-il toujours aussi rigide, aussi sévère, aussi intraitable... (Se reprenant.) je veux dire aussi pieux, aussi monarchique? Il disait autrefois à chaque mot : l'autel et le trône!

PACHÉCO.
Il est bien changé! depuis qu'il est premier ministre, il dit : le trône et l'autel... Voici Son Excellence!

SCÈNE III.

VALDÉSILLAS, LE DUC DE LÉMOS, PACHÉCO.

LE DUC.
Le premier au rendez-vous, mon cher marquis, ce devait être; la reine, à qui nous venons de présenter nos hommages, a retenu quelque temps ma nièce dans sa loge... rassurez-vous, elle va nous être rendue!

VALDÉSILLAS.

Monsieur le duc comprend mon impatience!...

LE DUC.

Certainement! mais vous comprenez que la reine... que Sa Majesté...

VALDÉSILLAS.

C'est trop juste! le trône avant tout!

LE DUC.

Le trône et l'autel, monsieur!...

VALDÉSILLAS.

C'est ce que j'allais dire... monsieur le duc...

PACHÉCO.

Et c'est ce que nous disons tous.

LE DUC.

Ah! c'est toi, Pachéco?

PACHÉCO.

Oui, Excellence!

LE DUC.

A-t-on pensé, à la sortie du spectacle, aux voitures et aux piétons?

PACHÉCO.

Oui, Excellence!

LE DUC.

Il faut souvent si peu de chose pour occasionner de grands malheurs!

VALDÉSILLAS.

Sans doute!... un piéton renversé...

LE DUC.

Peut effrayer les chevaux et mettre en danger la vie du noble personnage qui se trouve dans la voiture!

PACHÉCO.

Monseigneur voit de haut.

LE DUC.

Je ne vois jamais que comme cela ! je m'attache aux sommités, et je ne sors pas de là !

PACHÉCO.

Grand ministre !

VALDÉSILLAS.

Haute portée !

PACHÉCO.

Vues supérieures !

LE DUC.

Tu me flattes, Pachéco... mais je te pardonne, parce que tu es sincère et que tu m'es dévoué.

PACHÉCO, s'inclinant.

Ah ! monseigneur...

LE DUC.

Oui, marquis, c'est un ancien serviteur de la famille à qui nous avons les plus grandes obligations, vous tout le premier.

VALDÉSILLAS.

Comment cela ?

PACHÉCO, voulant l'empêcher de parler.

Monseigneur, de grâce...

LE DUC.

Non, mon cher, quand votre modestie devrait en souffrir... (A Valdésillas.) Imaginez-vous que, lors de la guerre d'invasion, où périt toute ma famille, lorsque l'usurpateur entra en Espagne, je partis prudemment pour le Mexique, et quelque temps après, mon frère, qui était resté pour combattre et qui avait été blessé mortellement à Saragosse, confia à ce fidèle serviteur sa fille Séraphine, notre seule héritière, et une somme d'argent considérable qu'il ne tenait qu'à lui de regarder comme sienne et de dépenser pour son compte, car nos biens étaient confisqués, nos jours proscrits et nous ne devions jamais revenir. Eh bien !

non, cette somme dont lui seul avait le secret, il la consacra tout entière à l'éducation de cette jeune fille...

PACHÉCO, confus.

Monseigneur...

LE DUC.

Qu'il fit élever en France sous un nom supposé, avec d'autres jeunes personnes, dans un couvent respectable, où elle reçut une éducation digne de son nom et de ses aïeux.

PACHÉCO.

Ah! monseigneur...

LE DUC.

Pendant quinze ans il ne la perdit pas de vue ; c'est lui qui me l'a dit, et Séraphine me l'a confirmé.

PACHÉCO.

Elle a eu cette bonté-là?

LE DUC.

Et quand je suis rentré en Espagne, quand le roi m'a rendu mes biens, mes titres, mes honneurs, le fidèle serviteur s'est hâté de me ramener Séraphine, et c'est à son généreux dévouement que je dois une nièce et vous une épouse.

PACHÉCO.

Je suis confus, monseigneur, car ce que j'ai fait est si peu de chose...

VALDÉSILLAS.

Non pas, il doit être récompensé.

PACHÉCO.

Je le suis déjà par le bien même... qui en est résulté pour moi.

LE DUC.

Et pour nous.

PACHÉCO.

Je demanderai seulement une faveur à Votre Excellence,

c'est de lui présenter la señora Gonzalès Pachéco, ma femme, qui doit quêter demain dans les principales maisons de Madrid.

LE DUC.

Ah! c'est vrai, Pachéco, tu es marié.

PACHÉCO.

De la semaine dernière.

LE DUC, à Valdésillas.

Voici dona Séraphine!

SCÈNE IV.

VALDÉSILLAS, LE DUC, JUDITH en costume de cour, PACHÉCO.

LE DUC.

Ma nièce, venez que je vous présente un jeune gentilhomme que vous ne connaissez pas encore, et qui demande à vous offrir ses hommages, M. le marquis de Valdésillas!

(Mouvement de Judith.)

VALDÉSILLAS, s'inclinant.

Oui, belle señora. (Levant les yeux et la regardant.) C'est singulier, c'est étonnant...

LE DUC.

Qu'avez-vous donc?

VALDÉSILLAS.

Rien; c'est la première fois que j'ai l'honneur de voir dona Séraphine, et ses traits charmants ne me semblent pas inconnus.

LE DUC.

En vérité!

VALDÉSILLAS.

Je ne peux pas me rappeler où j'ai vu une coupe de physionomie à peu près pareille. (Vivement.) Si vraiment, j'y suis!

JUDITH, gravement.

Il faudrait que M. le marquis nous instruisît...

VALDÉSILLAS, appuyant sur ce dernier mot.

Nous instruisît... (Riant.) cette personne-là n'a jamais connu de subjonctif en sa vie.

JUDITH.

Daignez nous expliquer...

VALDÉSILLAS, au duc.

Cela n'en vaut pas la peine... une légère ressemblance entre la señora et une personne que je ne veux pas nommer.

LE DUC.

Et pourquoi donc?

VALDÉSILLAS.

Pour des raisons...

JUDITH.

Que nous désirons connaître.

VALDÉSILLAS.

Jusqu'à la voix aussi qui a quelque rapport... presque rien, un effet de l'imagination. Il y a dans certaines classes des personnes à qui il devrait être défendu de ressembler à des gens comme il faut. Il est vrai que c'est en France.

PACHÉCO.

On ne le permettrait pas en Espagne.

LE DUC.

Eh bien! voyons enfin, quelle est cette personne?

VALDÉSILLAS.

Une petite danseuse de l'Opéra de Paris.

PACHÉCO, à part.

Ah! mon Dieu!

15.

LE DUC, avec indignation.

Par exemple !

JUDITH, d'un air dédaigneux.

Monsieur le marquis connaissait donc ces personnes-là ?

VALDÉSILLAS, vivement.

Du tout ! j'ai dit que je croyais trouver quelque ressemblance, et décidément il n'y en a aucune. J'ai pu aisément me tromper : je voyais si peu ces dames, et toujours de si loin !

JUDITH, à part.

Le menteur !

(On entend un appel de trompettes en dehors.)

LE DUC.

C'est le roi qui entre dans sa loge.

Les rideaux du fond s'ouvrent ; on aperçoit dans le lointain l'extrémité opposée du cirque, des gradins en amphithéâtre et chargés de spectateurs.)

LE CHOEUR en dehors.

Le roi !... le roi !...
A lui nos vœux et notre foi !
Vive le roi !

(Valdésillas et le duc se tiennent près de la balustrade, debout et la tête découverte. Ils s'inclinent pour saluer le roi.)

LE DUC.

Le roi nous a salués. Ma nièce, ne venez-vous pas ? le coup d'œil est magnifique.

JUDITH.

Je suis à vous ; je voudrais parler à Pachéco. (L'amenant au bord du théâtre pendant que le duc et Valdésillas, assis au fond, lorgnent les spectateurs.) Un mot, seigneur alcade !

PACHÉCO.

Señora !

JUDITH, à demi-voix.

Tout le monde à Madrid obéit à l'alcade-mayor, et j'entends que l'alcade soit à mes ordres, sinon je parle.

PACHÉCO.

Par pitié !

JUDITH.

Sinon je dis que le fidèle Pachéco a gardé pour lui les cinquante mille piastres de mon père et m'a abandonnée pendant quinze ans, moi, pauvre orpheline, aux soins d'une portière qui m'a mise à l'Opéra...

PACHÉCO.

Silence !

JUDITH.

Cela dépend de toi. Quels renseignements as-tu recueillis ? qu'est devenu ce jeune homme ?

PACHÉCO.

Voici mes notes : M. Arthur de Villefranche...

JUDITH, avec émotion et à part.

Arthur ! (Haut.) C'est bien cela.

PACHÉCO.

Déshérité par son oncle le cardinal, qui est mort; il a quitté Paris, suivi l'armée française, s'est battu en Catalogne sous le maréchal Moncey...

JUDITH.

Après ?

PACHÉCO.

Blessé...

JUDITH, vivement.

Dangereusement ?

PACHÉCO.

Non. Nommé capitaine, puis aide de camp du prince...

JUDITH.

Et maintenant ?

PACHÉCO.

Avec lui sans doute à Madrid.

JUDITH, avec joie.

A Madrid ! quelle rue ? quel hôtel ?

PACHÉCO.

Je l'ignore.

JUDITH.

Il faut le savoir.

PACHÉCO.

A quoi bon ?

JUDITH.

Je le veux.

PACHÉCO.

Vous le saurez.

JUDITH.

Cet or que je t'ai donné, tu le lui porteras sans qu'il sache d'où cela vient.

PACHÉCO.

Un tel présent...

JUDITH.

Ce n'en est pas un, c'est une dette... et ne t'avise pas de faire comme pour les piastres paternelles !...

PACHÉCO.

Je suis riche maintenant.

JUDITH.

Et honnête homme ?

PACHÉCO.

Je n'ai plus que cela à faire.

(On entend des fanfares bruyantes, et Judith va se placer au fond de la loge auprès du duc; Valdésillas est debout derrière elle et lorgne.)

FINALE.

LE CHŒUR, en dehors.

A la gloire, à l'honneur fidèles,
Marchez, marchez, beaux cavaliers!
Pour briller aux yeux de vos belles,
Lancez vos rapides coursiers!

VALDÉSILLAS à Judith, lui montrant le cirque.

Voilà le combat qui commence,
Voyez ce léger piccador!

LE DUC, regardant aussi.

Joyeux, dans l'arène il s'élance
Couvert de son beau manteau d'or.

JUDITH.

Oui, dans les airs s'agite et vole
La pourpre de sa banderole.

PACHÉCO, regardant aussi.

Et du drapeau qui l'éblouit
Le taureau s'irrite et mugit!

LE CHŒUR.

A la gloire, à l'honneur fidèles, etc.

LE DUC, regardant toujours dans le cirque.

Mais voyez donc!... voyez! que veut dire cela?
Tous les regards vers nous se tournent.

PACHÉCO.

                Prenez garde!
C'est nous, monseigneur, qu'on regarde!

VALDÉSILLAS.

Non vraiment, c'est la señora.
Dès qu'on l'a vue paraître, elle a fait la conquête
De ce peuple enchanté!
Voyez-vous? chaque lorgnette
Se dirige de ce côté!

LE DUC.

Écoutez... écoutez... mon oreille fidèle
Ne m'a pas abusé!... parmi les spectateurs
Quelqu'un tout haut s'est écrié : « C'est elle!

C'est elle ! »
Entendez-vous quelles rumeurs?

PACHÉCO, se penchant et regardant.

C'est un jeune homme... on veut qu'il s'asseye, il menace.

LE DUC, se levant.

Quoi ! troubler le spectacle... ici... le roi présent !
C'est manquer de respect... une pareille audace
Doit avoir un prompt châtiment.
Voyez donc, Pachéco ! qu'on l'arrête à l'instant !
(Pachéco sort par la porte à gauche, qu'il laisse ouverte.)

VALDÉSILLAS, LE DUC, JUDITH, et LE CHOEUR en dehors.

Quel bruit et quel tapage !
Sur lui quelle clameur !
Ah ! c'en est fait, l'orage
Eclate avec fureur !

JUDITH, regardant du côté du cirque.

Dans l'arène il se jette au péril de sa vie.
Voyez... ni les pieds des coursiers,
Ni la lance des cavaliers,
Ni le taureau dans sa furie,
Rien ne l'arrête !... il court.

LE DUC.

Il s'élance éperdu
Vers cette estrade...

VALDÉSILLAS, allant regarder aussi.

Et puis, tout à coup disparu,
Nous ne le voyons plus !

LE CHOEUR.

Quel bruit et quel tapage ! etc.

SCÈNE V.

Les mêmes ; ARTHUR, en uniforme d'officier français, se précipitant pâle et en désordre par la porte que Pachéco a laissée ouverte.

ARTHUR.
C'est elle ! c'est elle... j'en suis sûr !
Je la verrai...

JUDITH et VALDÉSILLAS, chacun à part.
Grands dieux ! Arthur !...

LE DUC, à Arthur.
D'où vous vient une telle audace ?
Entrer ainsi chez moi !... dans ma loge !...

ARTHUR, troublé.
De grâce,
Excusez-moi !... pardonnez-moi !
La voilà !... je la voi...
(Courant à elle.)
Judith !... Judith !... le ciel vous rend donc à mes vœux !

JUDITH, froidement.
Que voulez-vous de moi, monsieur?...

ARTHUR, hors de lui.
Ce que je veux
(Avec désespoir.)
Ce que je veux !

Ensemble.

ARTHUR.
Je sens dans mon âme oppressée
Se glisser le froid du trépas !
Judith ! toi, ma seule pensée,
Judith, ne me reconnaît pas !

JUDITH.
Tourment dont je suis oppressée !
Je ne puis voler dans ses bras !

C'est lui !... lui, ma seule pensée,
Que je dois méconnaître, hélas !

LE DUC et VALDÉSILLAS.

Oui, c'est l'objet de sa pensée,
Qu'il cherche, et qu'il ne trouve pas ;
Et dans son ardeur insensée,
Partout il croit la voir, hélas !

ARTHUR, s'avançant et apercevant Valdésillas.

Valdésillas !...

VALDÉSILLAS.

Moi-même ! et je comprends sans peine
Une pareille erreur : ce fut aussi la mienne.
La ressemblance a produit, je le voi,
Même effet sur vous que sur moi.
(En riant.)
C'est dona Séraphine, une noble comtesse !

ARTHUR.

Que dites-vous ?...

VALDÉSILLAS, à demi-voix.

Du ministre la nièce,
De plus ma prétendue !...

JUDITH, à part.

O ciel !

ARTHUR, s'inclinant avec respect.

Pardon ! pardon !
Madame... j'ai cru voir l'objet de ma tendresse,
Et cette image enchanteresse
Pouvait, vous le voyez, égarer ma raison !

Ensemble.

ARTHUR.

Je sens dans mon âme oppressée
Se glisser le froid du trépas.
Unique objet de ma pensée,
O Judith ! je te perds, hélas !

JUDITH.

D'effroi mon âme est oppressée;
Le malheur s'attache à mes pas.
C'est lui ! lui, ma seule pensée !
Je ne puis voler dans ses bras !

LE DUC et VALDÉSILLAS.

Oui, dans son ardeur insensée
Partout il croit la voir, hélas !
Oui, c'est l'objet de sa pensée,
Qu'il cherche et qu'il ne trouve pas.

SCÈNE VI.

LES MÊMES; PACHÉCO, rentrant avec des alguazils qui restent à la porte.

PACHÉCO, montrant Arthur.

Qu'on l'arrête !

JUDITH.

Non pas !... qu'il soit libre, au contraire !
(Le duc et Pachéco font un geste.)
Pour une erreur involontaire
Mon oncle ne saurait conserver de courroux !
(A Arthur, avec dignité.)
Et nous vous pardonnons, monsieur ; retirez-vous !

ARTHUR, à part et avec douleur.

Eh quoi !... c'était une chimère...
(Haut.)
Adieu, je sors.
(Il fait quelques pas, puis revient, et s'adressant à Judith avec amour.)
Judith ! Judith !... n'est-ce pas vous ?...

JUDITH, cherchant à réprimer son émotion.

Monsieur, je vous l'ai dit... votre erreur me fait peine.
Ce n'est pas moi !... sortez !...

ARTHUR, avec colère.

Oui, oui! je partirai,

Et, puisque mon espérance est vaine,
Loin de ces murs pour jamais je fuirai !

JUDITH, vivement et bas à Pachéco.

De Madrid empêchez qu'il sorte !

PACHÉCO, de même.

Et pourquoi ?

JUDITH.

Je le veux.

PACHÉCO.

Et comment ?

JUDITH.

Peu m'importe.
Il le faut, ou je parle !...

PACHÉCO, à part.

O ciel !

(A Judith.)

J'obéirai.

Ensemble.

ARTHUR.

Adieu, si douce image
Gravée en traits de feu !
Adieu, tout mon courage
Et mon bonheur, adieu !
Adieu !...

LE DUC et VALDÉSILLAS.

Entre nous, je l'engage
A faire un autre vœu :
A cette douce image
Il peut bien dire adieu !
Adieu !...

JUDITH, regardant Valdésillas.

O fatal mariage !
Ah ! s'il faut qu'il ait lieu,
Adieu, tout mon courage
Et mon bonheur, adieu !
Adieu !...

PACHÉCO.

Il faut, en homme sage,
Obéir à ce vœu,
Sinon, voici l'orage...
Et ma fortune, adieu !
Adieu !...

(Arthur sort par la porte à droite.)

ACTE QUATRIÈME

Un riche salon dans l'hôtel du duc de **Lémos**.

SCÈNE PREMIÈRE.

JUDITH, seule, assise et rêvant.

AIR.

Je l'ai revu !... c'est lui... c'est lui que j'ai revu !
A mon amour enfin il est rendu !

Jours de bonheur, jours de plaisir,
Où mon amour était ma vie ;
Temps heureux que mon cœur envie,
Vous revenez en souvenir !

De revoir l'ami de mon choix
J'avais dû perdre l'espérance ;
Mais sa tendresse et sa présence,
Je retrouve tout à la fois !

Jours de bonheur, jours de plaisir, etc.

Je revois encor ce théâtre,
Témoin de mes premiers essais ;
J'entends le public idolâtre
Applaudissant à mes succès !

Simple bayadère,
Ou nymphe légère
Effleurant la terre,

D'un pas amoureux,
Je pose avec grâce,
Et par chaque passe
Les cœurs sur ma trace
Ont suivi les yeux.

Dieu ! qu'ai-je dit ? Je dois me taire :
Noble dame et riche héritière,
Je ne dois briller qu'à la cour ;
Oui, j'y consens, je serai fière
Si l'on me laisse mon amour.
Mais s'ils voulaient, dans leur rigueur extrême,
Me priver de celui que j'aime,
J'abandonne tout pour jamais !
Je redeviens ce que j'étais !

Simple bayadère, etc.

SCÈNE II.

JUDITH, LE DUC.

JUDITH.

Mon oncle, le ministre... (A part.) Quel air sombre et embarrassé ! Est-ce que, par hasard, il s'occuperait des affaires publiques ?

LE DUC, levant les yeux et apercevant Judith.

Ma nièce, approchez ! J'ai vu hier soir Sa Majesté, qui m'a dit : « Duc de Lémos, j'ai fixé à demain le mariage de votre nièce et du marquis de Valdésillas. »

JUDITH.

Et vous lui avez répondu...

LE DUC.

Le roi avait parlé !

JUDITH.

Mais moi, mon oncle ?

LE DUC.

Le roi l'a dit !

JUDITH.

Je n'en doute pas ; mais si le marquis de Valdésillas ne me convenait pas ?

LE DUC.

Il convient au roi sous tous les rapports !

JUDITH.

Même sous celui de ses principes ?

LE DUC.

C'est surtout la pureté, je dirai presque la sainteté de ses mœurs, qui a décidé Sa Majesté en faveur de M. de Valdésillas ; car, de ce côté-là, il n'y a qu'une voix sur son compte.

JUDITH, à part.

La sienne, peut-être. (Haut.) Mais si le roi savait...

LE DUC.

Le roi sait tout.

JUDITH.

Ah ! si je pouvais donner des preuves !

LE DUC.

Et lesquelles ? d'où les tenez-vous ? Parlez ; je serai le premier à les soumettre à mon souverain.

JUDITH, à part.

Et être obligée de se taire ! (Haut.) Je voulais vous prier seulement de différer.

LE DUC.

Comme oncle, comme premier ministre et comme Castillan, quand j'ai dit : Je veux ! il faut obéir sur-le-champ.

JUDITH, à part.

Je ne le sais que trop.

LE DUC.

Car, quoi qu'il arrive, je ne change jamais d'idées, jamais !

JUDITH, à part.

Je crois bien ! pour en changer, il en faut au moins deux.

LE DUC.

Ce soir donc le mariage ! (A Pachéco qui entre.) Que nous veut Pachéco ?

SCÈNE III.

Les mêmes, PACHÉCO.

Je souhaite le bonjour à Son Excellence, et lui apporte ses dépêches, ainsi que les rapports de la journée.

LE DUC.

C'est bien !

(Pachéco s'approche de Judith, qu'il salue humblement.)

JUDITH, à demi-voix.

Eh bien ! ce jeune homme, ce Français, est-il encore à Madrid ?

PACHÉCO.

Oui, señora.

JUDITH.

Il ne l'a pas quitté, comme il le disait ?

PACHÉCO.

Je l'en défie.

JUDITH.

Comment as-tu fait ?

PACHÉCO.

J'ai donné un ordre que votre oncle a signé, ainsi que beaucoup d'autres, par lequel aucun Français ne peut aujourd'hui sortir de Madrid sans une permission spéciale.

JUDITH.

C'est bien !

PACHÉCO.

Cela causera peut-être une révolte...

JUDITH.

C'est égal !

LE DUC, regardant les papiers remis par Pachéco.

J'achèverai tout cela après déjeuner, car on n'a pas un moment à soi.

UN DOMESTIQUE, entrant.

Une charitable dame, une quêteuse demande à voir monseigneur, la señora Pachéco.

PACHÉCO.

C'est vrai, ma femme quête ce matin dans les premières maisons de Madrid.

LE DUC.

Je serai enchanté de la voir, car vous ne me l'avez pas encore présentée; une femme charmante, à ce qu'on dit, une Française.

PACHÉCO.

Veuve d'un officier supérieur tué au Trocadéro ! et telle est la force de la sympathie, qu'en la voyant à Madrid pour la première fois il me semblait que je la connaissais et l'aimais déjà !

LE DUC.

On parle avantageusement à la cour de sa vertu et de ses principes.

PACHÉCO.

Vous vous doutez que de ce côté j'ai pris mes informations, et comme par état je sais tout !...

LE DUC.

On ne peut guère te tromper.

PACHÉCO.

Je m'en vante !

LE DUC.

Et si tu surveilles ta femme comme la ville de Madrid...

PACHÉCO.

Mieux encore ! Vous permettez, monseigneur ?
(Il va au-devant de Palmyre, qui entre les yeux baissés, tenant à la main une bourse de quêteuse.)

SCÈNE IV.

Les mêmes ; PALMYRE.

QUATUOR.

PACHÉCO, prenant sa femme par la main, et lui montrant le duc, qui est debout et Judith, qui, pensive, vient de s'asseoir sur le devant du théâtre.

Voici le ministre et sa nièce !
(Au duc.)
Elle manque un peu de hardiesse.
(Bas à Palmyre.)
Allons, allons, n'ayez pas peur ;
Approchez-vous de monseigneur !

PALMYRE, au duc.

Riches de la terre,
Qu'à vous un instant
Monte la prière
De l'humble indigent.
Ame généreuse,
Sensible au malheur,
Voici la quêteuse,
Donnez, monseigneur !

(Le duc lui donne de l'or.)

JUDITH.

Dieu !... cette voix !... est-ce une erreur ?

PALMYRE, lui présentant la bourse et s'arrêtant tout étonnée.

Quoi !... la nièce de monseigneur ?

Ensemble.

JUDITH et PALMYRE, chacune de leur côté.

O surprise !... ô merveille

IV. — VII.   16

Qui confond ma raison !
Je ne sais si je veille ;
Est-ce une vision ?
Ressemblance frappante
Et qui me fait frémir !
Aventure étonnante,
Que je n'ose éclaircir !

LE DUC.

Jeune, fraîche et vermeille,
Pour cette passion
Je comprends à merveille
Qu'on perde la raison !
Vertueuse et décente,
La voyez-vous rougir ?
De sa grâce touchante
Tu dois t'enorgueillir !

PACHÉCO.

Jeune, fraîche et vermeille,
Pour cette passion
Je comprends à merveille
Qu'on perde la raison !
Vertueuse et décente,
La voyez-vous rougir ?
De sa grâce touchante
Je dois m'enorgueillir !

JUDITH.

Je veux aussi m'associer, madame,
A ce pieux tribut que votre voix réclame ;
Mon offrande, la voilà !...

(Elle met une pièce d'or dans la bourse que lui présente Palmyre.)

PALMYRE, faisant la révérence.

Merci !... merci, señora !

(Leurs yeux se rencontrent.)

Ensemble.

JUDITH et PALMYRE, à part.

O surprise !... ô merveille, etc.

LE DUC.

Jeune, fraîche et vermeille, etc.

PACHÉCO.

Jeune, fraîche et vermeille, etc.

LE DUC.

Je vais finir ces dépêches... et toi...

PACHÉCO.

Prendre vos ordres!

LE DUC.

Bien!

PACHÉCO, à Palmyre, qui veut sortir.

Ma femme, attendez-moi!

LE DUC, jetant les yeux sur une lettre qu'il vient d'ouvrir.

Ah! mon Dieu!

PACHÉCO.

Qu'est-ce donc?

LE DUC.

Viens, te dis-je, suis-moi!

(Le duc, après avoir salué Palmyre, sort avec Pachéco par la porte du fond.)

SCÈNE V.

PALMYRE, JUDITH, après un moment de silence.

DUO.

PALMYRE, à part.

Ah! ma frayeur mortelle
Semble encor redoubler!

JUDITH, à part.

Est-ce ou n'est-ce pas elle?...
Je n'ose lui parler!

(S'avançant timidement vers Palmyre et sans la regarder.)

Señora!

PALMYRE, de même.
Votre Altesse?

JUDITH.
Depuis combien de temps
Êtes-vous à Madrid?...

PALMYRE, de même.
Depuis combien de temps
De monseigneur êtes-vous nièce?...

JUDITH.
Palmyre!...

PALMYRE.
Judith!...

PALMYRE et JUDITH.
Ah! plus de déguisements

Jours de notre jeunesse,
Jours d'amour et d'ivresse,
Trop heureux souvenir!
Arrière la noblesse!
Nargue de la richesse,
Et vive le plaisir!

PALMYRE.
C'est toi, Judith! c'est toi
Qu'à Madrid je revoi
Nièce d'un ministre!...

JUDITH.
Et comtesse.

PALMYRE.
Pour de vrai?...

JUDITH.
Pour de vrai. Tu sauras tout cela;
Et toi... toi que mon cœur n'a jamais oubliée...

PALMYRE.
Au seigneur Pachéco me voilà mariée!...

JUDITH.
Pour de vrai?

PALMYRE.

Pour de vrai! chacun te le dira.

PALMYRE et JUDITH, regardant toutes deux autour d'elles et à voix basse.

Taisons-nous! taisons-nous!
De la haine qui veille
Redoutons l'oreille
Et les yeux jaloux!

(Parlant.)

Non, non, personne ici.

Jours de notre jeunesse, etc.

Viens! viens dans mes bras,
Et plus de distance,
L'amour et la danse
N'en connaissent pas.

JUDITH.

Femme de l'alcade-mayor, c'est beau!

PALMYRE.

Oui, une grande fortune, un crédit immense, une réputation irréprochable, c'est agréable, ça me change, car je suis dévote.

JUDITH.

Je le vois bien.

PALMYRE.

Il l'a fallu; ici c'est indispensable, c'est un rôle comme un autre.

JUDITH.

Oui! mais l'autre?

PALMYRE.

Était plus amusant, et parfois je le regrette.

JUDITH.

En vérité! Eh bien! moi aussi! Il est une époque de ma vie que je ne puis oublier.

PALMYRE.

Tes souvenirs de la rue de Provence!

JUDITH.

Tu l'as dit! je vois toujours cet appartement embelli par lui, décoré par ses soins; et ici, à Madrid, j'ai voulu que mon oratoire fût exactement de même.

PALMYRE.

Impie!

JUDITH.

Non, car j'y prie Dieu en pensant à Arthur.

PALMYRE.

Tu penses donc encore à lui?

JUDITH.

Toujours...

PALMYRE.

Tu as bien fait de quitter l'Opéra, tu n'y aurais jamais réussi.

JUDITH.

Et tous mes vœux sont comblés : je l'ai revu!

PALMYRE.

Arthur! Il est ici, à Madrid?

JUDITH.

Et juge de mon malheur, je le retrouve le jour même où, par ordre du roi, on va me marier!

PALMYRE.

A qui?

JUDITH.

A un homme religieux et monarchique, un homme que l'on estime à la cour pour ses mœurs exemplaires, le marquis de Valdésillas.

PALMYRE.

Valdésillas! cet ancien perfide... qui m'avait trahie pour Angéla?

JUDITH.

Lui-même.

PALMYRE.

Ah! si je le pouvais, si ce n'était ma nouvelle position, je le démasquerais aux yeux de tous; mais sois tranquille, peut-être encore et sans me compromettre, il serait possible...

JUDITH.

O ma chère Palmyre, si tu peux empêcher ce mariage!...

PALMYRE.

Allons donc! point de remercîments; c'est comme autrefois, quand il fallait empêcher un début; et entre anciennes camarades, alliance offensive...

JUDITH.

Et défensive... Éloigne-toi, c'est mon oncle.

PALMYRE.

Et mon mari! qu'il ne sache rien! Adieu! bientôt je l'espère tu auras de mes nouvelles... mais comment?

JUDITH.

Là... cette porte... l'escalier dérobé.

(Palmyre sort.)

SCÈNE VI.

LE DUC, PACHÉCO, JUDITH.

LE DUC.

Comment, Pachéco, une affaire aussi importante... et vous n'en saviez rien?

PACHÉCO.

Pas plus que vous, monseigneur, qui êtes le ministre!

LE DUC.

Moi! c'est différent, je sais les choses quand vous me les dites!

PACHÉCO.

Et moi quand on me les apprend.

LE DUC.

Et c'est une lettre du roi qui nous prévient de ce duel!

JUDITH.

Un duel, monseigneur?

LE DUC.

Qui a eu lieu ce matin, pour opinion politique entre M. de Valdésillas, ton prétendu, et un officier français qui l'a provoqué.

JUDITH.

Un Français?

LE DUC.

Un de nos alliés; c'est du plus mauvais exemple! Aussi le prince généralissime est furieux; on parle de faire passer le coupable à un conseil de guerre, et de là, condamné, fusillé; que sais-je?

JUDITH.

O ciel!

LE DUC.

Il n'y a qu'une difficulté, c'est de l'arrêter: le roi veut que je le trouve sur-le-champ, et j'en ai donné l'ordre exprès à Pachéco, dont c'est le devoir.

PACHÉCO.

Oui, monseigneur, et dès que je le connaîtrai...

LE DUC, lui donnant un papier.

Vous avez là son signalement, son rang, son grade.

PACHÉCO, lisant.

« Comte Arthur de Villefranche... »

JUDITH, à part.

O ciel!

LE DUC.

Je vous ordonne de vous en emparer.

JUDITH, à demi-voix.

Et moi je te le défends!

LE DUC.

Il y va de votre fortune.

JUDITH, à demi-voix.

Il y va de votre tête ; je dirai tout.

PACHÉCO, à part.

Voilà la police qui ne sait plus que faire, et qui se trouve elle-même arrêtée dans l'exercice de ses fonctions.

SCÈNE VII.

LES MÊMES; ARTHUR.

ARTHUR, parlant au fond à la cantonade.

Visible ou non, je lui parlerai, j'en ai le droit : je suis aide de camp du prince.

LE DUC.

Qu'y a-t-il donc?

JUDITH, à part.

Grand Dieu!

PACHÉCO, à demi-voix.

C'est lui!

JUDITH, de même.

Du silence!

ARTHUR.

Je viens vous demander, monseigneur, comment il se fait que nous autres Français, vos alliés, qui sommes venus vous secourir, nous soyons prisonniers dans Madrid, et que nous ne puissions en franchir les portes.

LE DUC.

Qui a dit cela?

ARTHUR.

Un ordre donné et signé par vous ce matin.

LE DUC.

Je n'en savais rien! Foi de Castillan, ce Pachéco ne fait aujourd'hui que des maladresses, n'est-il pas vrai, ma nièce?

ARTHUR, se retournant et apercevant Judith.

Votre nièce! Pardon, señora, de me présenter pour la seconde fois devant vous d'une manière aussi brusque et aussi impolie.

LE DUC.

En effet, c'est ce jeune homme d'hier.

ARTHUR.

Oui, monseigneur, il m'est impossible de rester plus longtemps dans cette ville : j'y suis trop malheureux, et comme on ne peut sortir de Madrid sans une permission spéciale, je viens la demander à Votre Excellence.

JUDITH, vivement.

Qui vous l'accordera, monsieur.

LE DUC.

Certainement.

PACHÉCO, voulant le retenir.

Permettez...

JUDITH, lui faisant signe de se taire.

Silence!

PACHÉCO, à demi-voix.

Il va faire une bêtise.

JUDITH.

N'allez-vous pas en être jaloux?

LE DUC, prêt à écrire, s'adressant à Arthur.

Et c'est à cause de l'aventure d'hier que vous quittez Madrid : cette ressemblance vous frappe donc bien encore?

ARTHUR.

Plus que jamais, et maintenant que j'ai perdu tout espoir, je n'y survivrai pas.

JUDITH.

Et pourquoi donc, monsieur? pourquoi désespérer de la retrouver?... Partez, partez aujourd'hui, et puissiez-vous réussir dans vos recherches! je le désire autant que vous, ne fût-ce que pour juger par moi-même d'une ressemblance si extraordinaire.

LE DUC.

Y pensez-vous, ma nièce? voir une pareille femme?

ARTHUR.

N'achevez pas, monsieur! je ne vous la laisserais pas outrager impunément...

JUDITH, l'interrompant.

Pardon, monsieur, vous semblez désirer promptement cette permission, et mon oncle allait l'écrire.

LE DUC.

Très-volontiers! quel est votre grade?

ARTHUR.

Aide de camp du général français, je vous l'ai dit.

LE DUC.

Et votre nom?

JUDITH.

O ciel! (Bas à Arthur.) Ne le dites pas.

ARTHUR.

Et pourquoi donc? je ne l'ai jamais caché! le comte Arthur de Villefranche.

QUINTETTE.

TOUS.

Arthur, Arthur!...

ARTHUR.

D'où vient cette surprise extrême?

TOUS.

Arthur! Arthur!

SCÈNE VIII.

Les mêmes, VALDÉSILLAS.

FINALE.

VALDÉSILLAS.
Oui, vraiment c'est lui-même.

LE DUC, à Arthur.
Au nom de votre général,
Votre épée...

ARTHUR, surpris.
Et pourquoi?...

JUDITH.
Pour ce combat fatal
Avec Valdésillas!...

VALDÉSILLAS, riant.
Oui, pour une grisette
Qui lui fut enlevée... une franche coquette!

ARTHUR, avec colère.
Monsieur!...

VALDÉSILLAS, de même.
Et même encor pour elle il prétendait
M'empêcher d'épouser madame!

LE DUC et JUDITH.
Et la raison?...

ARTHUR, voulant l'empêcher de parler.
Monsieur!...

VALDÉSILLAS.
C'est qu'elle ressemblait
A l'ancien objet de sa flamme!
J'ai ri de sa folie...

ARTHUR.
Et vos traits outrageants...

VALDÉSILLAS.

Ont fait naître un combat...

ARTHUR.

Que j'entends bien reprendre !

LE DUC.

Jamais !...

ARTHUR, à Valdésillas.

Et qui pourrait entre nous le suspendre ?

JUDITH, s'approchant de lui, et à voix basse.

Moi, moi, qui vous le défends...

(Arthur la regarde d'un air étonné.)

Ensemble.

ARTHUR.

O trouble que je ne puis rendre !
Moment de tourment et d'espoir !
C'est elle que je crois entendre !
C'est elle que j'ai cru revoir !

VALDÉSILLAS.

Délire qu'on ne peut comprendre !
Être amoureux et sans espoir !
Soupirer et toujours attendre !
Ah ! je n'y puis rien concevoir !

LE DUC.

A la prison il faut vous rendre !
Ainsi l'ordonne mon devoir.
De son cœur on doit se défendre
Lorsqu'en main on a le pouvoir !

JUDITH.

O trouble que je ne puis rendre !
Pour le sauver aucun espoir !
Comment pourrais-je le défendre ?
Faudra-t-il donc ne plus le voir ?

PACHÉCO.

Ah ! je ne sais quel parti prendre ;
Je tremble ici pour mon pouvoir,

Et je ne sais lequel entendre,
Ou de la crainte, ou du devoir.
(Arthur sort emmené par des gardes.)

VALDÉSILLAS.
Le roi daigne signer au contrat.
Venez, il nous attend...

JUDITH, à mi-voix.
O sort contraire!
Pour rompre cet hymen, mon Dieu, que puis-je faire?
Palmyre ne vient pas.

SCÈNE IX.

LES MÊMES; PALMYRE, entr'ouvrant la porte de l'escalier dérobé et passant à Judith un petit paquet de lettres.

PALMYRE.
Me voici!...

JUDITH, à voix basse et serrant la main de Palmyre.
Ma camarade, merci!
(Palmyre referme la porte doucement et disparaît; Judith s'avance entement vers le duc et vers Valdésillas.)
Un tel hymen, je vous le jure,
D'avance comblait tous mes vœux.
(Montrant Valdésillas.)
J'aimais son âme noble et pure,
J'aimais ses sentiments pieux!

LE DUC.
Voilà pourquoi Sa Majesté l'honore!

JUDITH.
Oui, je croyais, ainsi que notre roi,
A ses vertus comme à sa foi :
Car il jurait...

VALDÉSILLAS.
Et je le jure encore...

JUDITH.

N'avoir jamais aimé que moi!

VALDÉSILLAS.

Et mon amour le jure encore.

JUDITH, remettant au duc le paquet de lettres.

Tenez!...

VALDÉSILLAS, étonné.

Que veut dire cela?...

JUDITH, au duc.

Vous connaissez sa main... tout haut vous pouvez lire.

LE DUC, lisant l'adresse de plusieurs lettres.

« A mademoiselle Palmyre,
« Premier sujet de l'Opéra! »

Ensemble.

JUDITH.

Enfin je respire!
Tout vient nous sourire!
Il ne sait que dire
Et baisse les yeux!
(Au duc.)
Voilà ce saint homme
Que le roi renomme!
Voyez, voyez comme
Il est vertueux!

VALDÉSILLAS.

Que diable veut dire
Ce nom de Palmyre
Qui vient m'interdire?
Je tremble à ses yeux!
Pour un gentilhomme
Que le roi renomme,
Voyez, voyez comme
L'amour est fâcheux!

LE DUC.

Eh! mais que veut dire
Ce nom de Palmyre

Qui soudain m'inspire
Un soupçon affreux?
Voilà ce saint homme
Que chacun renomme!
Voyez, voyez comme
Il est vertueux!

PACHÉCO, riant et se frottant les mains.

Il ne sait que dire;
Cela me fait rire,
Et de son martyre
Je suis tout joyeux.
Voilà ce saint homme
Que chacun renomme!
L'on va savoir comme
Il est vertueux.

LE DUC, lisant une lettre qu'il vient d'ouvrir.

« Mon âme en peine,
« Cherchant le jour,
« Chaque semaine
« Changeait d'amour!
« J'aimai Constance,
« J'aimai Laurence,
« J'aimai Clara,
« Et Maria,
« Et Paméla,
« Et tous les *a*
« De l'Opéra.
« Mais, ô Palmyre,
« Pour tes attraits
« Mon cœur soupire
« A tout jamais. »

LE DUC.

Ah! qu'ai-je lu!

JUDITH.

Qu'ai-je entendu!

VALDÉSILLAS.

Permettez, monseigneur!...

JUDITH.

Ah! c'est votre écriture.

LE DUC.

Oui, marquis, c'est votre écriture.

JUDITH, feignant de pleurer.

Pour mon malheur, je n'en saurais douter.

VALDÉSILLAS.

J'en conviens!...

TOUS.

Il l'avoue!...

VALDÉSILLAS.

Et pourtant je vous jure...

JUDITH, au duc.

Lisez toujours!...

VALDÉSILLAS, voulant parler.

Non pas!...

JUDITH.

Ah! daignez écouter!

LE DUC, qui a pris une autre lettre.

« Ah! si, plus tendre,
« Tu veux m'entendre
« D'un air plus doux,
« Bonheur suprême,
« Et dont Dieu même
« Serait jaloux! »

JUDITH, parlant.

Ah! quelle impiété!

LE DUC, prenant une autre lettre.

« A toi mon âme,
« Et qu'on me blâme
« En mes desseins!
« Mon cœur sensible
« Nargue la Bible
« Et tous les saints!... »

(Parlant.)

Ah! c'est trop fort!...

JUDITH.

Oser parler de mariage
Quand on écrit ces choses-là
Aux danseuses de l'Opéra!
Pour mon amour c'est un outrage
Qui doit tout finir entre nous :
Sortez, monsieur! retirez-vous!

VALDÉSILLAS.

Oui, j'ai fait preuve d'inconstance;
Mais j'ai vécu longtemps en France.
Est-ce ma faute si j'ai pris
Les habitudes du pays?

Ensemble.

JUDITH.

Oser parler de mariage
Quand on écrit ces choses-là
Aux danseuses de l'Opéra!
Pour mon amour c'est un outrage
Qui doit tout finir entre nous :
Sortez, monsieur! retirez-vous!

LE DUC.

Oser parler de mariage
Quand on écrit ces choses-là
Aux danseuses de l'Opéra!
Pour son amour c'est un outrage
Qui doit tout finir entre vous :
Sortez, monsieur! retirez-vous!

VALDÉSILLAS.

Quel mal, avant le mariage,
D'avoir écrit ces choses-là
Aux danseuses de l'Opéra?
A la beauté c'est rendre hommage,
Et je ne vois pas, entre nous,
Qui peut causer votre courroux!

PACHÉCO.

Oser parler de mariage
Quand on écrit ces choses-là

Aux danseuses de l'Opéra !
Pour monseigneur c'est un outrage
Qui doit exciter son courroux :
Sortez, monsieur ! retirez-vous !

(Valdésillas veut encore parler à Judith, qui le repousse. Le duc lui fait signe de sortir.)

ACTE CINQUIÈME

Même décor qu'au second acte. A droite une madone.

SCÈNE PREMIÈRE.

JUDITH, PALMYRE.

JUDITH.

Eh bien, quelle nouvelle ?

PALMYRE, s'avançant mystérieusement.

Sommes-nous seules ?

JUDITH.

Eh oui, dans mon oratoire, où personne ne viendra nous déranger.

PALMYRE, regardant autour d'elle.

En effet, on se croirait encore dans la rue de Provence, si ce n'était cette sainte madone qui nous ramène en Espagne.

JUDITH, avec impatience.

Eh bien... Valdésillas ?

PALMYRE.

Il était furieux ; et, par mon mari, qui sait tout, je sais qu'hier, dans son dépit, il a quitté Madrid !

JUDITH.

Tant mieux !

PALMYRE.

Tant pis : lui seul aurait pu parler en faveur d'Arthur, qu'on accuse de duel politique et d'opinions exaltées.

JUDITH.

Est-ce qu'il y aurait du danger ?

PALMYRE.

Il paraît qu'il y en a toujours ici, à ce que dit mon mari, parce qu'en Espagne on vous condamne d'abord, et puis quelquefois on vous juge après ! Et depuis hier surtout, qu'Arthur est en prison, cela va mal pour lui ; à tout ce qu'on lui demande il ne répond qu'en parlant de toi ou de Judith, car tout cela se confond dans sa tête.

JUDITH.

Il y a de quoi !

PALMYRE.

Un Espagnol croirait au diable ; mais lui ne croit qu'en toi... Il veut te voir ; il réclame sa liberté ; il soutient qu'on n'a pas le droit de la lui ravir... Enfin les opinions les plus séditieuses, à ce que dit mon mari. Hier encore, dans l'interrogatoire qu'on lui faisait subir au nom du roi, il a déclaré se moquer du roi Ferdinand.

JUDITH.

O ciel !

PALMYRE.

Il l'a signé au procès-verbal ; ton oncle l'a vu, et, depuis ce moment, il regarde ce Français comme un réprouvé. Et maintenant, pour faire entendre raison à ce vieux Castillan, quel moyen trouver ?

JUDITH.

Pachéco, ton mari, en trouvera, car je l'ai menacé de tout avouer à mon oncle s'il ne réussit pas à sauver Arthur.

DUO.
Ensemble.

JUDITH.

Partons ! partons ! car je crois les entendre ;
Mon cœur me dit ici
Que c'est lui !

Sans nous montrer, sans nous laisser surprendre,
De loin veillons toujours
Sur ses jours !
C'est ainsi qu'en notre Castille
Le mystère en nos amours brille.
Cœur brûlant bat sous la mantille,
Et, discret,
Il se tait !
Veillons donc en ces lieux,
Toutes deux,
Sur ses jours précieux,
Toutes deux,
Oui ! oui ! toutes deux.

Partons ! partons, car je crois les entendr e, etc.

PALMYRE.

Partons! partons, car je crois les entendre ;
Son cœur lui dit ici
Que c'est lui !
Sans nous montrer, sans nous laisser surprendre,
De loin veillons toujours
Sur ses jours !
C'est ainsi qu'en notre Castille
Le mystère en nos amours brille.
Cœur brûlant bat sous la mantille,
Et, discret,
Il se tait !
Veillons donc en ces lieux,
Toutes deux,
Sur ses jours précieux,
Toutes deux,
Oui ! oui ! toutes deux.

Partons! partons, car je crois les entendre, etc.

(Elles sortent.)

SCÈNE II.

ARTHUR, PACHÉCO.

ARTHUR.

Ah çà ! seigneur alcade, la justice est bien lente dans votre pays !

PACHÉCO.

Ne vous en plaignez pas, puisqu'elle peut donner à vos amis le temps de vous sauver.

ARTHUR.

Moi !

PACHÉCO.

Oui, vous !... C'est dans le petit salon à côté que va s'assembler le conseil des ministres ; j'ai ordre de vous amener devant eux. Mais, si auparavant vous voulez seulement me prêter un peu d'attention.....

ARTHUR.

A vos ordres !... (Levant les yeux et regardant autour de lui.) O ciel !... où suis-je ?...

PACHÉCO.

Dans un oratoire... celui de mademoiselle.

ARTHUR, frappé de surprise.

C'est inconcevable !...

PACHÉCO.

C'est tout simple... Je vous disais donc que son oncle, le premier ministre, a de la morgue comme un Castillan.

ARTHUR, regardant toujours.

Un oratoire !...

PACHÉCO.

Il y en a dans toutes les grandes maisons de Madrid.

ARTHUR.

Madrid!... Madrid!... Vous croyez que nous sommes à Madrid?

PACHÉCO.

A moins que nous ne soyons dans les espaces imaginaires... (A part.) car voilà un jeune homme qui me semble tout à fait lunatique. (Haut.) Je vous disais donc... et je vous prie de me regarder... qu'il y va de votre liberté.

ARTHUR, regardant toujours autour de lui.

Ces meubles... cette table... c'est la sienne?

PACHÉCO.

Certainement... mais il ne s'agit pas ici de l'inventaire du mobilier... Il s'agit, jeune homme... il s'agit de vos jours.

ARTHUR, de même.

C'est là que j'ai trouvé cette lettre... je me rappelle encore...

PACHÉCO.

Rappelez-vous que vous courez les plus grands dangers... et moi aussi.

ARTHUR, de même.

Impossible d'en revenir!...

PACHÉCO.

C'est ce que je crains, si vous ne m'écoutez pas... Savez-vous où nous en sommes?

ARTHUR.

Au milieu de mes souvenirs et de mes illusions... de mon bonheur en France... à Paris... rue de Provence.

PACHÉCO.

Il a perdu la raison!

ARTHUR.

Je le crois... mais tant mieux!... Voilà les lieux où pour la dernière fois je l'ai vue... où elle m'a dit : « A bientôt!... à ce soir!... » Oui, ce souper auquel je m'étais invité, c'est ici... c'est ici... Et si vous saviez, qu'elle était belle !... qu'elle était séduisante !... que de grâces... que d'amour ! Et tous ces biens qui m'appartenaient, je les ai méconnus... dédaignés... perdus à jamais !...

PACHÉCO.

Et si vous pouviez retrouver mieux encore ?

ARTHUR.

Et comment ?

PACHÉCO, criant.

En m'écoutant !

ARTHUR.

Parle donc !... je t'écoute... je ne dis mot... parleras-tu ?

PACHÉCO.

Le ministre est furieux contre vous, et pour l'apaiser...

ARTHUR.

A quoi bon ?

PACHÉCO.

Il faut attaquer, non son cœur, mais sa vanité, son orgueil... car il en a.

ARTHUR.

Peu m'importe !

PACHÉCO.

Il m'importe à moi... et si vous voulez lui écrire...

ARTHUR.

Moi !

PACHÉCO.

Vous me refusez ?

ARTHUR.

Du tout... c'est déjà fait... Pendant que j'étais là, dans la chambre du conseil... plume, papier, encre, j'avais tout sous la main... j'ai écrit à ce fier hidalgo une lettre où il n'y a qu'une réponse.

PACHÉCO.

Et laquelle ?

ARTHUR.

Je me plains, moi, officier français, de l'arrêt arbitraire qui me retient prisonnier... Je lui en demande raison dès que je serai libre... et dans des termes tels qu'en noble Castillan, il doit sur-le-champ me rendre la liberté pour se mesurer avec moi !

PACHÉCO.

Un ministre !...

ARTHUR.

Tout ministre qu'il est, ma lettre est assez injurieuse pour qu'il oublie son rang, et se rappelle qu'il est homme.

PACHÉCO.

Malheureux ! vous vous perdez ! et moi aussi... C'est le duc !

SCÈNE III.

Les mêmes; LE DUC.

LE DUC.

J'ai reçu votre lettre, monsieur !

PACHÉCO, à part.

Sa voix tremble de colère.

ARTHUR.

J'aurai sans doute votre réponse ?...

LE DUC.

Vous la trouverez dans la chambre à côté. Pachéco, conduisez monsieur... Je vous suis à l'instant.

ARTHUR.

Je vais vous y attendre.

(Il sort.)

PACHÉCO.

Que va-t-il donc trouver ?...

LE DUC.

Son arrêt !

PACHÉCO, à part.

Et le mien !... (Voyant Judith qui entre.) Plus d'espoir !... tout est perdu !

JUDITH.

Peut-être... laisse-nous !...

PACHÉCO.

Saint Dominique !... que va-t-elle faire ?

(Il sort.)

SCÈNE IV.

LE DUC, JUDITH.

JUDITH.

Oserai-je vous demander, mon oncle, d'où vient l'agitation où je vous vois ?

LE DUC.

Un Français, dont l'audace... dont l'insolence...

JUDITH.

Dont l'étourderie peut-être...

LE DUC.

Mérite un châtiment exemplaire !

JUDITH.

Un de nos alliés...

LE DUC.

Son général nous a laissés maîtres de son sort, et promet de ratifier la sentence, quelle qu'elle soit.

JUDITH.

Elle sera indulgente...

LE DUC.

Point d'indulgence !... point de pitié... quand il s'agit d'injures contre le roi.

JUDITH.

Et contre vous !... ce qui vous rend juge et partie.

LE DUC.

Aussi, ma nièce, soit qu'on l'enferme pour toujours dans une forteresse de l'Etat, soit que la punition soit plus juste et plus sévère encore... je ne me prononcerai pas, et laisserai faire... voilà, señora, tout ce que je peux pour lui.

JUDITH.

Non, mon oncle... vous ferez plus... vous parlerez en sa faveur.

LE DUC.

Moi !...

JUDITH.

Et si par hasard il était condamné... vous, premier ministre, vous refuseriez de signer l'arrêt, ou vous demanderiez sa grâce au roi.

LE DUC.

Et pour quelles raisons, s'il vous plaît ?

JUDITH.

Je vais vous le dire : M. Arthur de Villefranche est d'une des premières familles de France.

LE DUC.

Que vous importe ?...

JUDITH.

Sa naissance égale la nôtre... et quoique maintenant il soit sans fortune... quoiqu'il ait perdu tous ses biens, il n'y a pas de maisons qui ne s'honorent de son alliance.

LE DUC.

Où voulez-vous en venir ?

JUDITH.

A ceci, mon oncle : que mon mariage avec M. de Valdésillas est rompu ; que vous et le roi tenez toujours à me marier ; que vous me pressiez ce matin encore de faire un choix ; eh bien ! je l'ai fait : j'ai choisi M. Arthur de Villefranche !

LE DUC.

Est-il possible ! mais vous n'êtes pas dans votre bon sens !

JUDITH, froidement.

Si, mon oncle !

LE DUC.

Vous n'y pensez pas, señora, vous n'y pensez pas !

JUDITH.

Depuis longtemps, au contraire !

LE DUC.

Et je vous déclare, moi, que ce mot seul suffirait pour me le faire condamner ! je vous déclare que jamais un tel homme n'entrera dans une famille comme la nôtre !

JUDITH.

Jamais !

LE DUC.

Vous savez si je reviens sur mes serments ; et je jure ici...

JUDITH.

N'achevez pas ! car enfin, mon oncle, si je l'aimais !

LE DUC, avec colère.

Sans ma permission !

JUDITH.

Je n'ai pas pu vous la demander avant, je vous la demande après.

LE DUC, sèchement.

Je la refuse! moi, votre oncle, et le chef de la famille de Lémos!

JUDITH, avec émotion.

Et si je ne pouvais vivre sans lui?

LE DUC, sèchement.

Mon autorité d'abord!

JUDITH.

Même avant votre nièce!

LE DUC.

Avant tout! car je suis Castillan, et je n'ai jamais fléchi!

JUDITH, avec indignation.

Eh bien! c'est ce que nous verrons! Vous rappelez-vous hier l'émotion d'Arthur, et la surprise de M. de Valdésillas, lorsque tous les deux croyaient reconnaître en moi?...

LE DUC, avec dédain et haussant les épaules.

Quelle extravagance! Une danseuse de l'Opéra!

JUDITH.

Eh bien! ils ne se trompaient pas!

LE DUC, hors de lui.

Vous!... qu'est-ce que vous me dites là!...

JUDITH.

La vérité! moi, votre nièce, Séraphine de Lémos, ex-pensionnaire de l'Académie royale de musique : je ne cache pas mes titres.

LE DUC.

Est-il possible! mais non, non, vous voulez m'abuser, cela n'est pas; l'héritière d'un grand nom n'aurait pas pu déroger à ce point!

JUDITH.

Ah! vous ne voulez pas croire que j'aie été danseuse? eh bien! mon oncle, vous allez en juger.

(Elle s'approche de la table, où sont des castagnettes.)

LE DUC.

Comment, qu'allez-vous faire?

JUDITH.

Vous montrer mes talents.

LE DUC.

Y pensez-vous? ici, quand le conseil est réuni dans la salle à côté!

JUDITH.

Raison de plus.

DUO.

LE DUC.

Non, non, je n'y puis croire, et mes yeux infidèles
M'ont abusé : vous vous trompez.

JUDITH.

Je vais donc vous montrer, par des preuves nouvelles,
Que mes titres ici ne sont point usurpés!
(Prenant les castagnettes qui sont sur la table et s'accompagnant.)
  Voyez par vous-même
  Si ces poses-là
  Offrent l'art suprême
  Du grand Opéra.
   Sous la mantille
   Je suis gentille,
   Et la famille,
   Grâce à moi, brille
  Dans la cachucha!

LE DUC.

O surprise! ô fureur extrême,
Qui couvre mon front de rougeur!
C'en est fait, je vois, par moi-même,
Sa honte et notre déshonneur!

JUDITH.

  Voyez par vous-même
  Si ces poses-là
  Offrent l'art suprême
  Du grand Opéra!

LE DUC.
Assez! assez! ah! ce n'est que trop bien
    Pour une noble Castillane!...

JUDITH.
Ah! vous ne voyez encor rien,
    Et cette danse profane
    Aura ce soir plus de crédit
    Au grand théâtre de Madrid.

LE DUC, hors de lui.
Ma nièce, ô ciel! ma nièce!... une telle pensée...

JUDITH.
Rien ne peut désarmer votre âme courroucée,
M'avez-vous dit, et, loin de vous laisser fléchir,
    Vous aimez mieux me voir mourir
    Et de douleur et de tristesse,
    Moi! votre sang!... moi! votre nièce!
Vous l'avez dit!... et moi, monseigneur, j'aime mieux
Et l'amour, et la danse, et tous mes jours heureux!
Je les retrouverai ce soir à l'Opéra.

LE DUC.
Grand Dieu!

JUDITH.
    D'un beau début je suis sûre d'avance.

LE DUC, avec colère.
Ma nièce!...

JUDITH.
    La cour y sera,
Et vous aussi...

LE DUC, de même.
Ma nièce!

JUDITH.
    Au premier rang, je pense.

LE DUC.
Eh! quoi! mon désespoir sur toi ne pourra rien?...

JUDITH.

Vous avez bien été sans pitié pour le mien!

Ensemble.

JUDITH.

Voyez par vous-même, etc.

LE DUC.

O surprise! ô fureur extrême, etc.

JUDITH.

Eh bien! vous le voulez! je serai généreuse.
Je renonce pour vous, mon oncle, à mes débuts,
A des succès certains dont j'étais glorieuse.

LE DUC, avec joie.

Est-il possible?

JUDITH.

Je fais plus :
Sur le passé je garde le silence,
Votre honneur est sauvé!...

LE DUC.

Quelle reconnaissance!

JUDITH.

J'en demande une preuve.

LE DUC.

Et laquelle?

JUDITH.

A l'instant
Arthur aura sa grâce!...

LE DUC.

Oh ciel! sa grâce?
Jamais!... jamais!...

JUDITH, froidement.

J'y compte cependant!

LE DUC.

Non, non, je dois punir une pareille audace.

JUDITH, de même.

Vous lui pardonnerez !...

LE DUC.

Ma nièce, y pensez-vous !

JUDITH, de même.

Et ce n'est rien encor !... il sera mon époux !

LE DUC, hors de lui.

Votre époux !...

JUDITH.

Mon époux,
Nommé... choisi par vous.

LE DUC.

Jamais, jamais !

JUDITH, reprenant les castagnettes.

Alors...

Tra, la, la, la, la, la,
D'après votre réponse,
Tra, la, la, la, la, la,
A la cour je renonce,
Tra, la, la, la, la, la,
Et je reviens à l'Opéra,
Tra, la, la, la, la, la,
Tra, la, la, la, la, la,
Ah !

LE DUC.

Mon Dieu, que faire ?
Ah ! de colère
Et de dépit
Mon cœur frémit !
O mes aïeux,
Fermez les yeux !
(A Judith.)
Tais-toi, de grâce !
Tais-toi ! tais-toi !
Ce bruit me glace,
Hélas ! d'effroi !
Tais-toi ! tais-toi !

SCÈNE V.

Les mêmes; PALMYRE.

FINALE.

PALMYRE.

Eh! mais d'où vient un bruit semblable?

LE DUC, l'apercevant.

La señora Pachéco!
(Bas à Judith.)
Finissez!
Devant une personne à ce point respectable
Cessez, au nom du ciel! cessez!

JUDITH.

Tra, la, la, la, la, la, la, la.

LE DUC, vivement, à Palmyre.

Un pas de boléro que ma nièce étudie
Pour le bal de la cour.

SCÈNE VI.

Les mêmes; PACHÉCO, sortant de la porte à droite, un papier à la main.

PALMYRE, l'apercevant.

Ah! grand Dieu!

JUDITH, de même.

Je frissonne...

LE DUC.

Pachéco!

PACHÉCO.

Ces messieurs ont signé.

LE DUC, prenant le papier.

Donne! donne!

Oui! c'est bien son arrêt!

PALMYRE et JUDITH.
Son arrêt !...

JUDITH, jouant des castagnettes et chantant.
Tra, la, la.

LE DUC, indécis, regardant tour à tour Judith et le papier qu'il tient.
O mes aïeux, que faire ?

JUDITH, jouant plus fort.
Tra, la, la, la.

PACHÉCO, regardant Judith.
Je ne sais où j'en suis !... étonnement nouveau !
Dans un pareil moment danser un boléro !

JUDITH.
Tra, la, la, la, la, la, la
Je crois qu'on le dansera
Tra, la, la, la, la,
Ce soir à l'Opéra !...
Tra, la, la, la.

LE DUC.
O mortelles alarmes !
(Tout effrayé.)
Je cède... et je me rends !

JUDITH, jetant les castagnettes.
Et moi, je rends les armes !
Et vous réponds de ma fidélité !

SCÈNE VII.

LES MÊMES ; ARTHUR, sortant de la porte à droite.

TOUS.
C'est Arthur !

ARTHUR.
C'en est fait !... je m'y devais attendre...
Et puisqu'on me condamne...
(Il lève les yeux et aperçoit en face de lui, assise sur le canapé, Judith

habillée comme au second acte ; les autres personnages, qu'il n'aperçoit pas, sont derrière lui au fond du théâtre.)
O ciel ! que vois-je ici !...

JUDITH, lui tendant la main.
Vous venez bien tard, mon ami !

ARTHUR, poussant un cri et tombant à ses genoux.
Judith !... Judith... en croirai-je ma vue ?...

JUDITH.
Oui, Judith, qui vous est rendue,
Et vous offre à la fois votre grâce...

ARTHUR.
Ah ! grands dieux !

JUDITH.
Et sa main !...
(Montrant le duc qui redescend le théâtre avec Palmyre et Pachéco.)
Car mon oncle a comblé tous mes vœux !...

LE DUC, s'avançant avec noblesse.
Oui ! monsieur...
(Déchirant le papier.)
Cet arrêt n'existe plus.

ARTHUR.
Qu'entends-je !...

LE DUC.
Voilà, monsieur, comment un Castillan se venge !
Par moi soyez heureux !
(A demi-voix.)
Et surtout taisez-vous !
(Arthur, étonné, regarde Judith, puis Palmyre, et fait un geste.)

JUDITH et PALMYRE, à demi-voix.
Taisez-vous !...

PACHÉCO.
Taisons-nous !

Ensemble.

ARTHUR.
Dieu, qui daigne m'entendre,
Après tant de douleur
Vient enfin de me rendre
La joie et le bonheur !

JUDITH.
Dieu, qui daigne m'entendre,
Après tant de douleur
A mon cœur vient de rendre
La joie et le bonheur !

LE DUC.
Je n'ai pu m'en défendre,
Et, tremblant de frayeur,
Il a fallu me rendre
Pour moi, pour mon bonheur !

PACHÉCO.
Ils semblent tous s'entendre,
Ah ! c'est un grand bonheur,
Et, sans y rien comprendre,
J'applaudis, monseigneur !

PALMYRE.
Ah ! je crois les comprendre,
Et, pour un tendre cœur,
Souvent ne rien apprendre,
C'est encor du bonheur !

RÉGINE
ou
DEUX NUITS

OPÉRA-COMIQUE EN DEUX ACTES

MUSIQUE D'ADAM.

THÉATRE DE L'OPÉRA-COMIQUE. — 17 Janvier 1839.

PERSONNAGES.　　　　　　　ACTEURS.

ROGER, soldat . . . . MM. Roger.
SAUVAGEON, marchand de draps, maire de la ville.　Henri.
1er SOLDAT. . . . .　—
2e SOLDAT. . . . .　—

Mlle RÉGINE DE VOLBERG . . . . Mmes Rossi.
TIENNETTE, sa suivante. . . . .　Berthault.
LA COMTESSE DE LICHSTEINSTEIN, tante
　de Régine . . . .　Boulanger.

Invités. — Officiers. — Soldats. — Valets.

A Dunkerque, au premier acte; au château de Volberg, en Moravie, au second acte.

RÉGINE
ou
DEUX NUITS

ACTE PREMIER

Un petit salon élégant. — Au fond une croisée. A droite et à gauche une porte à deux battants. Au fond, à gauche du spectateur, une petite porte à pan coupé donnant sur la rue ; en face la porte d'un cabinet. Une table, un clavecin et des fauteuils ; et sur le premier plan, à droite du spectateur, une cheminée avec pendule.

SCÈNE PREMIÈRE.

TIENNETTE, RÉGINE.

INTRODUCTION.

TIENNETTE, assise et travaillant, regarde de temps en temps Régine qui se promène d'un air agité.

Mamzell', qu'avez-vous donc, de grâce ?
(A part.)
Ell' n' m'entend pas !... C'est étonnant !
Elle ne peut rester en place...

RÉGINE, à part.
Ma crainte augmente à chaque instant!
TIENNETTE, de même, voyant Régine qui vient d'ouvrir la fenêtre.
Et quand l'orage nous menace,
Elle ouvr' la f'nêtre... est-ce imprudent !
RÉGINE, après avoir ouvert la croisée et regardé pendant quelques instants, redescend le théâtre en écoutant.

AIR.

En vain dans l'ombre et le silence,
J'espère le bruit de ses pas...
Le temps s'enfuit, l'heure s'avance,
Il ne vient pas !
Le bonheur qui pouvait m'attendre,
Pour lui, mon Dieu, daignez le réserver !
Les jours auxquels je dois prétendre,
Prenez-les tous pour le sauver !

TIENNETTE, s'approchant de Régine, qui vient de se jeter dans un fauteuil.
Ma pauvre maîtresse est souffrante ?...

RÉGINE.
Oui, la migraine...

TIENNETTE.
Oh non, ma foi !
(Montrant la tête.)
Ce n'est pas là qu'est le mal...

RÉGINE, se levant vivement.
Imprudente !

TIENNETTE.
Quoi ! vous vous défiez de moi ?
Dans ces temps d' trouble, j' sais qu'en France
On peut tout craindre, mais jamais
Ceux qui vous aiment dès l'enfance
Et qui vivent de vos bienfaits !

RÉGINE, lui tendant la main.
Ah ! tu dis vrai.

TIENNETTE.

Tenez, j' devine.
Vous attendez un amoureux ?...

RÉGINE.

Y penses-tu ?..

TIENNETTE.

Pardon ! mais j'imagine
Qu'on n' peut rien attendre de mieux...

RÉGINE.

Tu sauras tout !

TIENNETTE, à part.

Ah ! qu' c'est heureux

RÉGINE.

Oui, c'est à toi, ma seule amie,
A toi qu'ici je me confie !

TIENNETTE, à part.

Quel bonheur ! je vais tout savoir !

RÉGINE.

Apprends donc que j'attends ce soir...
(On entend au dehors une musique militaire.)
Cette musique militaire...
Entends-tu ?... qu'est-ce donc ?...

TIENNETTE.

C'est quelque régiment qui s' rend à la frontière,
Ou bien qui vient ici pour tenir garnison.

RÉGINE, à part.

O nouveau contre-temps qui me glace d'effroi !...

TIENNETTE.

Qu'avez-vous ?...

RÉGINE.

Laisse-moi.

Ensemble.

TIENNETTE, avec dépit.

Je déteste le militaire ;
Devant lui faut toujours se taire.
Voyez quel malheur est le mien !
Voilà que je ne saurai rien !

RÉGINE.

Ce bruit, cet appareil de guerre
Cache quelque sanglant mystère...
O mon Dieu ! quel sort est le mien !
Je tremble, et je n'espère rien !

(On frappe en dehors à la petite porte, qui donne sur la rue à gauche du spectateur.)

TIENNETTE.

On frappe !...

RÉGINE se soutenant à peine.

Ah ! si c'est lui ! mon Dieu, je meurs d'effroi !
(A Tiennette.)
Va donc ouvrir !... as-tu peur ?

TIENNETTE.

Non, mamzelle,
Mais vous tremblez, vous, je le voi !
(A part.)
Et ça m' rend tremblante comme elle !

RÉGINE.

Va donc !...

TIENNETTE.

J'y vais ! c'était bien la peine, vraiment,
De fair' venir ici ce régiment !

Ensemble.

RÉGINE.

Si c'est lui, quel destin contraire...
A leurs yeux comment le soustraire ?
O mon Dieu ! quel sort est le mien !
Je tremble, et je n'espère rien.

TIENNETTE.

Je déteste le militaire,
Devant lui faut toujours se taire ;
Voyez quel malheur est le mien !
Voilà que je ne saurai rien !

(Tiennette va ouvrir.)

SCÈNE II.

TIENNETTE, RÉGINE, SAUVAGEON.

TIENNETTE.
C'est M. Sauvageon, le municipal...

RÉGINE.
Le maire de notre ville ?...

TIENNETTE.
Ça n'empêchera pas votre souper... car voici l'heure.

SAUVAGEON.
Je serais désolé de vous gêner... quoique j'aie à vous parler.

RÉGINE, à Tiennette.
Fais-moi servir ici, au coin du feu... (Tiennette sort.) Me parler à moi, monsieur le maire !...

SAUVAGEON.
Oui, mademoiselle, je dirai même mademoiselle de Volberg... quelque hardi que ce soit dans le temps actuel... Mais nous sommes seuls, et l'on ne peut nous entendre.

RÉGINE.
De quoi s'agit-il ? et pourquoi cette musique militaire ?...

SAUVAGEON.
Ne vous effrayez pas... c'est un régiment qui arrive... pas autre chose... Grippardin, mon adjoint, leur distribue en ce moment, à la mairie, des billets de logement... Un régiment d'infanterie qui traverse notre ville, et se rend à la

frontière du Nord, où l'on se bat toujours... C'est fâcheux... mais, en revanche, ces pauvres conscrits, tous jeunes gens de dix-huit ans, sont dans un état... à peine habillés... ce qui est avantageux... pour le commerce.

RÉGINE.

Vous êtes marchand de draps, monsieur Sauvageon ?

SAUVAGEON.

Le plus riche marchand de draps de la ville de Dunkerque, et en ma qualité de maire, je me suis fait une commande pour l'habillement des troupes.

RÉGINE.

Et qui paiera ?...

SAUVAGEON.

La commune, que nous imposons extraordinairement pour un don patriotique et volontaire.

RÉGINE, souriant.

J'entends... vous venez m'obliger à souscrire... Je ne demande pas mieux !

SAUVAGEON.

Plus tard, je ne dis pas... mais en ce moment, mademoiselle, voici la chose... voici la situation : l'ancien duc de Volberg, votre père, a d'immenses propriétés en Allemagne et en France... Votre famille était la plus noble et surtout la plus riche du pays... c'est un tort !...

RÉGINE.

Que vous avez bien atténué... car la moitié de nos biens a déjà été confisquée...

SAUVAGEON.

Pourquoi ? parce qu'une partie de votre famille a émigré et est passée en Autriche...

RÉGINE.

Mais moi, je reste !...

SAUVAGEON.

N'importe !... cela n'empêche pas que vous ne soyez suspecte, qu'on ne vous soupçonne l'intention de vouloir les rejoindre, et que l'on ait l'œil sur vous... Après cela, si jusqu'ici on ne vous a pas inquiétée... c'est que vous êtes aimée... vous avez des protecteurs...

RÉGINE.

M. Sauvageon, qui braverait tout pour moi !...

SAUVAGEON.

Oui, certes !... tant que je ne risquerai rien... parce que, *primo mihi*... ce qui veut dire : Charité bien ordonnée commence par soi-même... et après pour les autres... s'il en reste !... Or, dans ce moment, voici l'embarras où je me trouve. Pour inspecter notre ville de Dunkerque, et pour y réchauffer le patriotisme qui s'affaiblit... il nous est arrivé de Paris, par la diligence, une des autorités de la nation, un fameux... un terrible !... Aussi, en le recevant à bras ouverts... je tremblais de tous mes membres.

RÉGINE, souriant.

Vous êtes peureux ?...

SAUVAGEON.

De naissance !...

RÉGINE.

Et par habitude ?...

SAUVAGEON.

C'est la seule chose qui m'empêche d'avoir du courage.

(Sur la ritournelle des couplets suivants, rentre Tiennette, apportant sur un plateau tout ce qu'il faut pour le souper de sa maîtresse.)

COUPLETS.

Premier couplet.

J'ai peur de l'orage qui gronde,
J'ai peur du calme qui renaît,
J'ai peur enfin de tout au monde,

Et j'y trouve mon intérêt :
Si je frémis, c'est pour moi-même,
Et, grâce à mon prudent système,
J'arrive à tout ce que je veux...
Comment? comment?... je suis peureux!
Et les peureux
Se conservent toujours le mieux!

Deuxième couplet.

J'ai peur du trouble et du tapage,
J'ai peur du bruit à la maison :
Aussi j'ai peur du mariage,
Et je reste toujours garçon.
J'en vois tant au front pâle et blême...
Moi, grâce à mon prudent système,
Je conserve un air radieux.
Pourquoi? pourquoi?... je suis peureux!
Et les peureux
Se conservent toujours le mieux!

RÉGINE.

J'entends à merveille!... Et quelles sont les mesures que réclame en ce moment votre conservation?...

SAUVAGEON.

Les voici : il s'agit de fêter dignement l'autorité de la nation, et comme autorité locale, c'est moi que cela regarde... pour un jour seulement... car, grâce au ciel... il part demain. J'avais donc pensé pour ce soir à un bal... un bal d'enthousiasme.

RÉGINE.

C'était bien!

SAUVAGEON.

Sans doute!... il n'y a que le local qui m'embarrasse... La grande salle de la mairie ne peut recevoir que douze personnes, et chez notre premier restaurateur, le salon de cent couverts ne tient que vingt-cinq, un peu serrés.

RÉGINE.

C'est désolant!

SAUVAGEON.

Alors, j'ai songé à votre maison, qui est la plus belle de Dunkerque.

RÉGINE, à part.

O ciel !

SAUVAGEON.

A la grande galerie qu'a fait bâtir votre père... et qui, éclairée, illuminée, ornée de guirlandes de chêne, présentera ce soir un coup d'œil magnifique.

RÉGINE, avec effroi.

Ce soir !... impossible, monsieur, impossible !

SAUVAGEON.

Et pourquoi donc ?...

RÉGINE.

Mon nom... mes opinions...

SAUVAGEON.

Raison de plus ! c'est quand on pense d'une manière qu'il faut agir d'une autre.

RÉGINE, élevant la voix.

Moi ! la fille et la sœur du duc de Volberg !...

SAUVAGEON.

Voulez-vous bien vous taire !... Si vous parlez ainsi, je ne vous connais plus... je ne vous ai jamais vue... car vous m'avez fait une peur... et moi, la peur me rend féroce, elle me rendrait capable de tout.

RÉGINE, effrayée.

Ah ! mon Dieu !...

SAUVAGEON.

Calmez-vous !... Ne voyez-vous pas que ce service que vous me rendez vous en rend un à vous-même, que cela assure votre tranquillité ?...

RÉGINE, avec inquiétude.

Vous croyez ?...

SAUVAGEON.

Et puis enfin, ce que je vous demande... je pouvais m'en emparer légalement, et par décision du conseil municipal... mettre en réquisition votre salle de bal... mais alors, vous étiez perdue... On s'établissait chez vous d'autorité... on surveillait tout!

RÉGINE, vivement.

Ah! vous avez raison... je vous remercie... je consens, monsieur Sauvageon... je consens... mais dans la situation d'esprit où je suis, il me serait impossible de diriger... de surveiller...

SAUVAGEON.

Vous ne vous occuperez de rien... et tout sera prêt dans une heure... l'orchestre du bal sera la musique du régiment qui vient d'arriver... Quant aux couronnes de chêne, au banquet, aux rafraîchissements et à l'enthousiasme... c'est moi qui fournis tout... aux frais de la ville... Vous n'aurez à vous mêler de rien, qu'à faire les honneurs... ce qui vous en fera un infini... et à moi aussi... On en parlera dans le journal du département, et après cela, je l'espère, nous en voilà débarrassés pour longtemps... car toutes ces cérémonies-là me font un plaisir et une peur... Adieu, mademoiselle; dans une heure, je reviens.

(Il sort.)

SCÈNE III.

RÉGINE, TIENNETTE, qui pendant la fin de la scène précédente a commencé à mettre le couvert.

RÉGINE, s'appuyant sur une chaise.

Ah! mon Dieu!...

TIENNETTE.

Eh bien! mademoiselle, qu'avez-vous donc?... comme vous voilà troublée et tremblante!...

RÉGINE.

Je meurs de peur!

TIENNETTE.

Comme M. Sauvageon... ça se gagne, à ce qu'il paraît...

RÉGINE.

Ah! Tiennette... (A demi-voix.) Il y va de la vie de quelqu'un, et de la mienne peut-être.

TIENNETTE.

Qu'est-ce que vous me dites là?...

RÉGINE.

Sais-tu quelle est la personne que j'attends?... un proscrit, un Vendéen... le duc de Volberg, mon frère!

TIENNETTE.

Est-il possible! moi qui désirais tant le connaître!...

RÉGINE.

Oui, c'est la première fois qu'il sera venu ici, et dans quelles circonstances, mon Dieu!... Voilà deux ans que nous sommes séparés, deux ans qu'exposé à tous les périls, et craignant d'augmenter les miens, il ose à peine me donner de ses nouvelles... Les dernières que j'ai reçues sont désastreuses : son corps d'armée a été anéanti... Lui-même, errant et poursuivi, n'a échappé que par miracle à toutes les recherches, et depuis deux mois il essaie en vain de se rapprocher des côtes et de s'embarquer.

TIENNETTE.

La surveillance est si active!

RÉGINE.

J'étais cependant parvenue à préparer sa fuite... Un de nos anciens serviteurs, qui est maître pilote, le vieux Georges, doit partir au point du jour dans un bateau pêcheur, avec son fils André.

TIENNETTE.

Eh bien?

RÉGINE.

Eh bien! André a été prévenir hier mon frère, qui est caché dans une ferme à six lieues d'ici, pour qu'il eût à se tenir prêt... Aussi il a dû ce soir, à la nuit tombante, se mettre en marche, afin d'entrer dans la ville avant qu'on en fermât les portes... et il va arriver.

TIENNETTE.

Ici?...

RÉGINE.

Eh! mon Dieu! oui... quel autre asile pouvais-je lui offrir?... Il doit s'y tenir caché une partie de la nuit... puis, avant le jour, André viendra le chercher pour le conduire à la chaloupe, et de là en pleine mer...

TIENNETTE.

C'était à merveille!...

RÉGINE.

Sans doute!... mais ce bal... cette fête patriotique, que je ne pouvais prévoir... Comment le faire entrer mystérieusement?... comment le cacher, dans une maison où il va y avoir deux cents invités?

TIENNETTE.

Raison de plus!... Est-ce qu'on y fera attention?... Est-ce qu'on ira s'imaginer surtout que dans un pareil moment vous donnez asile à un proscrit?... Ça ne peut venir à l'idée de personne.

RÉGINE.

Et moi qui me faisais une fête de recevoir mon pauvre frère!... Il est si malheureux, et si bon, si aimable... Ah! tu l'aimerais comme moi, si tu le connaissais... Et puis il y a si longtemps que je ne l'ai vu, que je ne l'ai embrassé!

TIENNETTE.

Pas d'imprudence, mamzelle!... car, voyez-vous bien, il n'y a que vous qui me faites peur... A quelle heure ce soir l'attendez-vous?

RÉGINE.

D'un instant à l'autre... et même il devrait déjà être ici...
Il doit arriver seul et déguisé... J'ignore par exemple sous
quel costume.

TIENNETTE.

Peu importe !... Par où doit-il arriver ?

RÉGINE, montrant la porte du fond à gauche.

Par cette petite porte... qui donne sur une rue déserte.

TIENNETTE.

Très-bien !... Tandis que tout le beau monde entrera par
la grande porte... eh bien ! mademoiselle, allez les recevoir...
faites-leur les honneurs... moi, pendant ce temps, j'attendrai
votre frère.

RÉGINE.

Le pauvre garçon !... six lieues à pied !... Il sera bien
fatigué ; il aura bien froid... Fais-lui un bon feu... donne-
lui à souper.

TIENNETTE.

Voilà le vôtre... Soyez tranquille ; on le recevra comme
le fils de la maison.

RÉGINE.

Pas de lumières !... éteins-les... Qu'on ne voie pas du
dehors qu'il y a quelqu'un ici.

TIENNETTE.

N'ayez donc pas peur !

RÉGINE.

Et puis surtout un bon lit... le meilleur... le mien !

TIENNETTE.

Il n'aura pas envie de dormir.

RÉGINE.

C'est égal... une heure ou deux seulement, ça le délas-
sera... Et puis, dès qu'il sera arrivé... dès qu'il sera ici
viens m'avertir.

TIENNETTE.

Pour que cela fasse un événement... pour qu'à votre trouble, à votre émotion, tout le monde devine qu'il y a quelque chose !

RÉGINE.

Non, non... tu ne me diras pas un mot... Convenons du moindre signal... Tu entreras dans la salle du bal... tu me présenteras une assiette de fruits... un verre d'eau... je te comprendrai... et un instant après, je sortirai sous le moindre prétexte.

TIENNETTE.

Quelque imprudence !...

RÉGINE.

Un moment... une minute... le temps de l'embrasser, et je retourne après dans la salle du bal... Je ne pourrais pas sans cela... je n'y tiendrais pas... ça serait bien plus dangereux... Tandis qu'ainsi je me modérerai... je prendrai sur moi... j'aurai le courage d'attendre que tout le monde soit parti.

TIENNETTE.

Écoutez ! écoutez ! voici déjà qu'on arrive.

RÉGINE.

Je ne crois pas.

TIENNETTE.

Je vous dis que si... Allez, madame, allez vite !

RÉGINE.

Tu auras bien soin de lui ?

TIENNETTE.

Eh ! oui, sans doute !

(Régine sort par la porte à droite.)

SCÈNE IV.

TIENNETTE, seule, arrangeant le souper.

Ma pauv' maîtresse !... je crois bien qu'elle doit être inquiète... Car moi-même, c'est étonnant l'effet que ça me fait... en pensant que tout à l'heure il va frapper là... à cette petite porte... On ne frappe pas... c'est ennuyeux !

COUPLETS.

Premier couplet.

Je ne sais pas pourquoi je tremble
En me disant : Il va venir !
C'est singulier... mais il me semble
Que ça me fait peine et plaisir !
Je n'attends que mon jeune maître,
Et pourtant mon cœur bat pour deux !
   Ta, ta, ta, ta, ta, ta, ta.
Mon Dieu ! mon Dieu ! qu'est-c' qu' ça doit être
Quand on attend un amoureux !

Deuxième couplet.

Jamais on n' vit, tant je suis sage,
Un seul galant m'offrir sa foi !
Jamais garçon de mon village
N' m'a dit : Tiennette, attendez-moi !
Mais l' peu que je viens de connaître
M'en donne l'idée... et je veux,
   Ta, ta, ta, ta, ta, ta, ta,
Oui, j' veux savoir c'que ça doit être
Quand on attend un amoureux !

(On frappe.)

Ah ! mon Dieu !... on frappe... c'est lui !

(Elle va ouvrir.)

SCÈNE V.

TIENNETTE, ROGER.

TIENNETTE, allant ouvrir.

Entrez, entrez, monsieur !... (Le regardant.) Tiens, il est en soldat !... Il a eu raison... c'est l'habit que maintenant on respecte le plus.

ROGER.

Mademoiselle Régine de Volberg ?...

TIENNETTE.

Silence !... c'est ici !

ROGER, à voix haute, et jetant sur le clavecin à gauche son sac, qu'il portait attaché au bout de son sabre.

Je voulais...

TIENNETTE.

Taisez-vous !... Elle m'a chargée de vous recevoir.

ROGER.

Vous saviez donc que je devais venir ?

TIENNETTE.

Eh ! oui, sans doute.

ROGER.

Moi ?

TIENNETTE.

Pas si haut, vous dis-je !... Si on vous entendait... Tenez, voilà votre souper qui vous attend, là au coin du feu... un poulet et une bouteille de Bordeaux.

ROGER.

En vérité !... moi qui meurs de faim

TIENNETTE.

Silence !... Et puis vous devez être si fatigué

ROGER.

C'est vrai.

TIENNETTE.

Voilà la chambre de madame... Elle a voulu vous donner son lit.

ROGER, vivement.

Hein ?...

TIENNETTE.

Et cette lumière... Imprudente que je suis !...

(Elle éteint les bougies.)

ROGER.

Nous voilà dans l'obscurité... Qu'est-ce qu'elle fait donc ?

TIENNETTE.

Silence ! au nom du ciel !... Mangez, buvez, et surtout réchauffez-vous ; car il a les mains toutes froides... (A demi-voix.) Adieu, monsieur !

ROGER.

Mais dis-moi... au moins...

TIENNETTE.

Adieu !... Ne vous gênez pas ; faites comme chez vous... c'est ce que veut madame... et moi je vais la prévenir.

(Elle sort.)

SCÈNE VI.

ROGER, seul.

Parbleu ! quelle qu'elle soit... c'est une brave dame !... Et nous autres, pauvres soldats d'infanterie, ne sommes pas habitués à pareille réception... J'arrivais ici pas trop à mon aise, avec le billet de logement que M. l'adjoint m'a délivré à la mairie... et je m'attendais à la figure ordinaire réservée aux défenseurs de la patrie quand ils viennent loger chez le bourgeois... Pas du tout... une gentille servante... qui m'attend... la maîtresse de la maison qui est remplie de soins et de prévenances pour le militaire, et qui même veut me céder son appartement... Ça, c'est trop fort... je ne le souffrirai pas... Mais pour ce bon feu qui me réchauffe et me ranime... pour le souper et le vin de Bordeaux... c'est différent !... Depuis trois mois que je suis soldat, je ne me suis pas encore rencontré face à face avec un ennemi comme celui-là... et il ne tiendra pas longtemps devant moi... Je n'y vois goutte; mais c'est égal... je sens là une volaille qui exhale un parfum... (Il s'est mis à la découper, et mange une aile, lorsque, dans la chambre à droite, l'orchestre du bal commence à se faire entendre. — Gaîment.) De la musique dans la chambre à côté... un orchestre complet pendant que je soupe... rien n'y manque... En honneur, je ne sais plus où je suis... et j'ai peur de m'éveiller avant d'avoir soupé... Dépêchons-nous !

Il ôte son chapeau militaire, et ne trouvant pas à le placer sur la table il le met par terre, sous son fauteuil.)

CAVATINE.

Est-ce un prestige, un songe qui m'abuse ?
Me traiter avec tant d'éclat !...
Est-ce une fée en ces lieux qui s'amuse
Aux dépens du pauvre soldat ?

(Gaîment.)

Ma foi, si l'on m'attrape,
Je demande aujourd'hui
Que d'étape en étape
On se conduise ainsi ;
Quand le plaisir arrive,
Quand viennent les amours,
Sans leur crier : Qui vive ?...
Accueillons-les toujours !
Pauvre soldat, prenons toujours...
Demain, les clairons ! les tambours !
Mais aujourd'hui, les plaisirs, les amours !

C'est magique, et peut-être
Ce souper séduisant

Soudain va disparaître...
Oui, mais en attendant,
(Mangeant.)
Ce poulet chimérique
Est rempli de saveur !
(Buvant.)
Et ce vin fantastique
D'une douce chaleur
A réjoui mon cœur !

Ma foi, si l'on m'attrape,
Je demande aujourd'hui
Que d'étape en étape
On se conduise ainsi...

SCÈNE VII.

ROGER, RÉGINE, sortant de la porte à droite.

(Elle marche sur la pointe du pied, vient à Roger, qui est dans le fauteuil devant la table, s'élance dans ses bras et l'embrasse.)

RÉGINE, à Roger, qui veut parler, et lui mettant la main sur la bouche.

Tais-toi !... tais-toi !... Maintenant, je puis prendre patience... Je reviendrai dès qu'ils seront partis... et nous pourrons passer ensemble le reste de la nuit. (L'empêchant de parler.) Tais-toi !... Adieu !

(Elle disparaît par la porte à droite. L'orchestre, qui jusque-là avait joué en sourdine, reprend le premier motif.)

SCÈNE VIII.

ROGER, se levant.

Ma foi, si l'on m'attrape,
Je demande aujourd'hui
Que d'étape en étape

On se conduise ainsi !
Quand le plaisir arrive,
Quand viennent les amours,
Sans leur crier : Qui vive ?...
Accueillons-les toujours !
Pauvre soldat, prenons toujours...
Demain, les clairons, les tambours !
Mais aujourd'hui, les plaisirs, les amours

SCÈNE IX.

ROGER ; puis TIENNETTE.

ROGER.

On revient !... c'est elle !... (Apercevant Tiennette qui rentre une bougie à la main.) Non, c'est la petite servante, qui, à coup sûr, est fort gentille... mais dans ce moment, ce n'est plus ça !...

TIENNETTE.

Ne restez pas ici, monsieur...

ROGER.

Et pourquoi donc ?

TIENNETTE.

On a voulu, dans l'intervalle des contredanses, faire de la musique ici dans ce petit salon... et madame m'envoie vous le dire, de peur qu'on ne vous voie...

ROGER.

C'est juste... Et où me cacher ?

TIENNETTE.

Là... dans sa chambre.

ROGER, hésitant.

Laisse donc !...

TIENNETTE.

C'est elle qui l'a dit.

ROGER, gaiement.

C'est différent !... j'obéis... Dis-lui de se dépêcher... que j'attends, que je meurs d'impatience...

TIENNETTE.

Pardine !... et elle aussi... Elle voudrait bien que tout ce monde-là fût parti.

ROGER.

En vérité !... (L'embrassant.) Tu es charmante !

TIENNETTE.

Mais partez donc !...

ROGER, entrant dans la chambre à gauche.

Dépêche-toi, car dans cette chambre que je ne connais pas... on n'y voit goutte.

TIENNETTE, lui donnant son havresac et son sabre qu'elle prend sur le clavecin.

Et votre sabre que vous oubliez !...

SCÈNE X.

TIENNETTE, se frottant le cou, que Roger vient d'embrasser.

Ces jeunes seigneurs... comme ça se reconnaît tout de suite... Quelles bonnes manières !... Et on voudrait les supprimer !... Qui vient là ?... M. Sauvageon, un marchand... un bourgeois... Quelle différence !...

SCÈNE XI.

TIENNETTE, RÉGINE, SAUVAGEON.

RÉGINE, entrant, à part.

Grâce au ciel, il n'y est plus !

SAUVAGEON.

Pourquoi donc, mademoiselle, cet air d'inquiétude que je vous ai vu toute la soirée ?

RÉGINE, s'efforçant de rire.

Moi ! par exemple !

SAUVAGEON.

Oui, vraiment, vous n'étiez pas comme à votre ordinaire.

TIENNETTE, à part.

L'imprudente !

SAUVAGEON.

Et pourtant, tout a été à merveille ; le farouche proconsul a été enchanté de votre amabilité, de votre salon et de mon patriotisme... aussi il m'a dit, en me frappant sur l'épaule avec une force !... c'était une gracieuseté...

RÉGINE.

Qui vous a fai peur ?

(Pendant cette scène, Tiennette va serrer dans le cabinet à droite le couvert et les restes du souper.)

SAUVAGEON.

C'est vrai ! il m'a dit que ma demande me serait accordée.

RÉGINE.

Laquelle ?

SAUVAGEON.

L'habillement de l'armée du nord, fourniture honorable, qui me permettra d'écouler tous mes draps inférieurs, parce que pour aller au feu c'est toujours assez bon ; et c'est à vous que je devrai ma fortune... à vous, et au citoyen représentant, qui pour comble de bontés vient de s'en aller.

RÉGINE.

Je l'ai bien vu, et j'ai respiré.

SAUVAGEON.

Moi aussi !

RÉGINE.

Pourquoi s'est-il retiré de si bonne heure ?

SAUVAGEON.

S'il faut vous le dire, vous lui avez parlé avec tant de grâces et de bonnes manières que ça le gênait, ça le déroutait... il n'était plus chez lui, et il a profité pour s'en aller du premier prétexte qui s'est présenté... un incident dont on est venu le prévenir.

RÉGINE.

Lequel ?

SAUVAGEON.

Un homme suspect et déguisé a été vu rôdant autour de la maison ; mais effrayé sans doute par le bruit de la fête, il s'est éloigné en se dirigeant vers le port, à ce qu'on dit, car d'autres prétendent l'avoir vu entrer par cette petite porte, ce qui n'est guère vraisemblable... vous en sauriez quelque chose ?

RÉGINE.

Certainement !

SAUVAGEON.

Personne d'étranger n'est venu ici dans ce côté de la maison ?

RÉGINE.

Non, sans doute !

SAUVAGEON.

Il faudrait le dire d'abord, dans votre intérêt, parce que donner asile à un homme suspect, c'est s'exposer soi-même... et le meilleur de mes amis se présenterait chez moi, que je lui dirais : Je t'aime, mais j'ai peur, et quand j'ai peur, il n'y a plus d'amis.

RÉGINE, prenant un fauteuil et lui faisant signe de s'asseoir.

Vous avez bien raison, et je vous répète que personne d'étranger n'est venu ici.

SAUVAGEON, tirant un fauteuil à droite et apercevant le chapeau que
Roger a laissé sous le fauteuil.

J'en doute, j'en doute maintenant, car voici un chapeau militaire qui n'est pas venu tout seul.

RÉGINE.

Ah ! mon Dieu !

TIENNETTE.

C'est à moi !

SAUVAGEON.

A vous ?

TIENNETTE.

C'est-à-dire, c'est moi, monsieur, moi seule qui à l'insu de mademoiselle...

RÉGINE.

Non pas, je ne souffrirai pas qu'elle s'expose pour moi !

SAUVAGEON.

Il y a donc quelqu'un... quelqu'un de caché ici ; et je ne vois que ce cabinet et cet appartement, qui est le vôtre.

RÉGINE.

Arrêtez, monsieur, arrêtez, et ne me perdez pas !... eh bien ! oui, il y a là un jeune homme...

SAUVAGEON.

Un amoureux !

RÉGINE, avec indignation.

Un amoureux ? qu'osez-vous dire ?

SAUVAGEON.

Alors, qu'est-ce que c'est ?

RÉGINE, vivement.

Si, monsieur, si, j'en conviens, c'est quelqu'un que j'aime, qui m'aime tendrement... mais croyez que dans un tel sentiment il n'y a rien que de pur et de légitime.

SAUVAGEON.

De légitime... là, dans votre chambre à coucher ? à moins que ce ne soit un mari ?

RÉGINE, vivement.

Oui, monsieur... oui, un mari !

TIENNETTE, à part.

Voilà qu'elle s'embrouille !

SAUVAGEON.

Un mariage secret !

RÉGINE.

Oui, monsieur... justement, des raisons de famille... de convenances. Et n'en parlez pas, je vous prie, gardez-moi le silence, parce que, dans cette petite ville, les bavardages, les propos...

SAUVAGEON.

C'est juste ! on est bavard... bavard... aussi l'on ne saura rien, je vous le promets... il n'y aura que moi... et vous me le présenterez, j'espère.

RÉGINE.

Comment donc ! dès demain... Silence ! on vient.

SCÈNE XII.

TIENNETTE, RÉGINE, SAUVAGEON, TOUS LES INVITÉS,
sortant du salon à droite.

FINALE.

LE CHOEUR, s'adressant à Régine.

Heureuse nuit ! agréable soirée !
Qui, grâce à vous, n'offre que des amis ;
Tout dans ces lieux séduit l'âme enivrée,
Et les plaisirs y sont tous réunis.

(Pendant le chœur précédent l'on a approché et ouvert le clavecin.)

SAUVAGEON, bas à Régine.
Nous espérons bien vous entendre !
RÉGINE.
Moi !... je voudrais, et je ne puis...
SAUVAGEON, à Régine.
Un tel refus pourrait surprendre ;
Tous ceux qui sont chez vous ne sont pas vos amis !
RÉGINE, vivement.
Ah ! j'essairai du moins...
(A part.)
Je tremble...
TIENNETTE, bas et l'encourageant.
Allons, mamzelle !
SAUVAGEON.
L'auditoire est très-indulgent !
(Lui montrant un papier de musique.)
Tenez... cette chanson nouvelle...
RÉGINE, regardant du côté de la porte à gauche.
Chanter en un pareil moment !
LE CHŒUR, se groupant autour du clavecin.
Heureuse nuit ! agréable soirée ! etc.
RÉGINE, chantant.

CHANSON.

Premier couplet.

Un jeune et beau trompette,
Trottant et galopant
  Sur son cheval blanc,
Portait en estafette
Un avis important
  De son commandant.
Une forêt bien sombre
A ses yeux vient s'offrir.
Seul, sans guide, et dans l'ombre,
L'osera-t-il franchir ?...
Bravement il s'élance...

Quand soudain sur ses pas
Dans la forêt immense
Il croit entendre, hélas!
(Baissant la voix.)
Il croit entendre, hélas!...

Tra, ta, ta, ta, ta, ta, ta, ta,
Sonnez, sonnez, pauvre trompette...
Sonnez!... vos sons retentissants,
Qu'au fond du bois l'écho répète,
Ont mis en fuite les brigands!
Tra, ta, ta, ta, ta, ta,
Tra, ta, ta, ta, ta, ta.

SAUVAGEON et LE CHŒUR.

Ah! c'est charmant! oui, c'est charmant!
Ah! quel plaisir j'éprouve en l'écoutant!

RÉGINE.

Deuxième couplet.

En voyant leur déroute,
Sans songer au danger,
Notre messager
Gaîment reprend sa route,
Habile à diriger
Son coursier léger...
A sa jeune maîtresse
En son cœur il rêvait...
C'est elle que sans cesse
En route il invoquait!...
O nouvelles alarmes!
Et pour lui quel moment!
Il voit briller des armes,
Et soudain il entend...
(Baissant la voix.)
Oui, voilà qu'il entend.

(On entend tomber un meuble dans la chambre où est Roger, et Régine, pour cacher ce bruit, reprend à pleine voix :)

Tra, ta, ta, ta, ta, ta, ta, ta,
Fuyez, fuyez, pauvre trompette!

Fuyez, fuyez, sauvez vos jours
N'attendez pas qu'on vous arrête ;
La fuite est votre seul recours !
(Chantant encore plus haut.)
Tra, ta, ta, ta, ta, ta,
Tra, ta, ta, ta, ta, ta.

LE CHŒUR, à demi-voix.

C'est étonnant... c'est étonnant !
Quelqu'un est donc dans cet appartement ?

RÉGINE.

Tra, ta, ta, ta, ta, ta,
Tra, ta, ta, ta, ta, ta.

SAUVAGEON, à part.

Ah ! l'imprudent ! ah ! l'imprudent !
On sait qu'il est dans cet appartement !
(On entend dans la chambre où est Roger le bruit d'une personne qui trébuche et s'embarrasse dans un meuble.)

LE CHŒUR, à Sauvageon.

Vous avez entendu !...

SAUVAGEON.

Non vraiment ! non vraiment !

LE CHŒUR.

Voyons toujours... voyons, c'est plus prudent.
(Plusieurs hommes entrent dans la chambre à gauche.)

RÉGINE.

C'en est fait de mon frère... et ses jours qu'il expose...
(Apercevant Roger qui sort de la chambre.)
O ciel !... ce n'est pas lui !...

SAUVAGEON, allant parler à toutes les personnes de la société qui sont au fond du théâtre.

Je savais tout... c'est son mari !
Je vous expliquerai la chose...

ROGER, bas à Régine, qui se trouve sur le devant de la scène.

Je n'y comprends rien... mais commandez ! j'obéis.
Vos ordres à l'instant par moi seront suivis !

Ensemble.

RÉGINE, se soutenant à peine, et hors d'état de répondre.
La surprise et la crainte
Dont mon âme est atteinte
M'enlèvent à la fois
Et la force et la voix !

ROGER, SAUVAGEON et LE CHOEUR, regardant Régine.
La surprise ou la crainte
Dont son âme est atteinte
Lui ravit à la fois
Et la force et la voix !

(A la fin de cet ensemble on apporte une lettre à Sauvageon.)

SAUVAGEON.

De mon adjoint, une lettre pour moi !...
(La décachetant et lisant.)
« Monsieur le maire... »
(Faisant un mouvement de surprise.)
O ciel !...

RÉGINE, voyant Sauvageon qui examine tour à tour elle et Roger.
Ah ! je tremble d'effroi !...

SAUVAGEON, lisant la lettre à demi-voix.
« Le comte de Volberg, un ci-devant seigneur...
« Rôde dans ce canton, on vient de m'en instruire,
   « Et dans la maison de sa sœur
« S'il est vrai qu'en secret il cherche à s'introduire,
« Sans éclat, il faudrait peut-être, prudemment,
« L'empêcher d'en sortir, car demain l'on attend
« L'accusateur public... le terrible... »
(S'arrêtant.)
Ah ! je tremble !

« Il décidera de leur sort ! »
(Regardant Roger et Régine.)
Mais d'ici là, dans le doute... il me semble
Que je dois par devoir songer... à moi d'abord !

Ensemble.

SAUVAGEON.

Songeons à ma place ;

Le péril menace
Ma tête et ma place,
Et je suis tremblant !
J'y tiens d'amour tendre,
Et pour les défendre,
Moi, je ferais pendre
Le département !

RÉGINE.

Nouvelle disgrâce
Ici nous menace.
Ah ! d'effroi se glace
Mon cœur tout tremblant.
    (Regardant Sauvageon.)
Que va-t-il m'apprendre ?
Comment nous défendre ?
Et quel parti prendre
En un tel moment ?

ROGER, regardant Régine.

Que d'attraits, de grâce !
Mais quelle disgrâce
Ici nous menace ?
J'ignore vraiment
Quel sort doit m'attendre ;
Mais, sans rien comprendre,
Un soldat doit prendre
La vie en chantant !

LE CHŒUR.

Savez-vous, de grâce,
Ce qui nous menace,
Et ce qui se passe ?
Le maire est tremblant !
Que vient-il d'apprendre ?
Comment nous défendre,
Et quel parti prendre ?
Ah ! c'est effrayant.

SAUVAGEON, s'avançant vers Roger.

Quel que soit votre nom, sur lequel tout m'éclaire,

Je n'interroge pas... ce n'est pas là d'un maire
Le devoir... et d'ailleurs vous mentiriez tous deux.
Mais je dois m'assurer de vous... et de ces lieux
Vous ne sortirez pas !

ROGER.

Moi, soldat !

SAUVAGEON.

Peu m'importe !
(Donnant des ordres au dehors.)
Un surveillant à chaque porte !
(Revenant à Roger et à Régine.)
Et toute cette nuit vous resterez ici !

RÉGINE, effrayée.

Ensemble !

SAUVAGEON.

Pourquoi pas ?... si c'est votre mari !...
Comme vous l'avez dit... c'est fort bien, fort honnête,
Et s'il ne l'était pas, si vous aviez menti,
Il y va de la tête !...

ROGER, vivement.

Ah ! je suis son mari !

SAUVAGEON, à Roger.

Et si vous nous trompez... la vôtre tombe aussi !

ROGER.

N'importe ! je suis son mari,
Quand cet honneur devrait me conduire au supplice.
(Bas à Régine.)
Que le calme renaisse en vos sens éperdus !...
Si je suis votre époux pour vous rendre service,
Quand vous l'ordonnerez... je ne le serai plus !...

Ensemble.

SAUVAGEON.

Songeons à ma place ;
Le péril menace
Ma tête et ma place,
Et je suis tremblant !

J'y tiens d'amour tendre,
Et pour les défendre,
Moi, je ferais pendre
Le département !

RÉGINE.

Fatale disgrâce !
Oui, tout nous menace,
Et d'effroi se glace
Mon cœur tout tremblant !
Comment nous défendre,
Et quel parti prendre ?
Dieu, daigne m'entendre
En un tel moment !

ROGER.

Allons, de l'audace !
Mais quelle disgrâce
Ici nous menace
J'ignore vraiment ;
Quel sort doit m'attendre ;
Mais sans rien comprendre,
Un soldat doit prendre
La vie en chantant !

LE CHŒUR.

Savez-vous, de grâce,
Ce qui nous menace,
Et ce qui se passe ?
Le maire est tremblant !
Que vient-il d'apprendre ?
Comment nous défendre,
Et quel parti prendre ?
Ah ! c'est effrayant !

SAUVAGEON, au chœur.

Amis, amis, retirons-nous,
Et laissons ces heureux époux

RÉGINE.

Mon Dieu, mon Dieu protége-nous !

ROGER.
Ne craignez rien d'un tel époux,
Son honneur veillera sur vous !

LE CHŒUR.
Amis, amis, retirons-nous,
Et laissons ces heureux époux.

SCÈNE XIII.

LES MÊMES ; TIENNETTE, entrant par la porte à droite et courant près de sa maîtresse.

TIENNETTE, à demi-voix et sans voir Roger.
Ah ! madame, ah ! madame, ah ! j'ignore comment...
Mais Pierre le pêcheur me l'annonce à l'instant !
Votr' frère est embarqué !...

RÉGINE, avec joie.
Ciel !...

TIENNETTE.
Sauvé !...
(S'avançant et apercevant Roger.)
Non, vraiment
Le voici !... je le voi !...

RÉGINE, à demi-voix.
Il y va de nos jours ! tais-toi !...

SAUVAGEON, passant entre Régine et Tiennette.
Allons, Tiennette, allons, retirons-nous !
Et laissons ces heureux époux !

TIENNETTE, étonnée.
Ces époux ?

ROGER.
Oui, ces époux !

Ensemble.

RÉGINE.
Mon Dieu, mon Dieu, protége-nous !

ROGER.
Ne craignez rien, rassurez-vous,
C'est l'honneur d'un soldat qui veillera sur vous!

TIENNETTE.
Comment! comment! ils sont époux!...

SAUVAGEON et LE CHŒUR.
Amis, amis, retirons-nous!
Et laissons ces heureux époux!

(Tout le monde se retire. On entend au dehors fermer les portes et placer des factionnaires. Régine se laisse tomber sur un fauteuil, et Roger, à quelques pas d'elle, la regarde avec respect.)

ACTE DEUXIÈME

Un riche salon ; porte au fond, deux portes latérales ; une table à gauche.

SCÈNE PREMIÈRE.

LA COMTESSE, assise sur un fauteuil et lisant un journal.

« Gazette de la cour. Prague, 28 novembre 1805. — On
« ne s'aperçoit pas ici de la guerre avec la France.
« Les bals et les réjouissances y continuent toujours. Le
« jeune comte de Libnitz, chambellan de l'empereur d'Au-
« triche, vient de nous donner une fête charmante pour ses
« fiançailles avec la belle mademoiselle de Volberg, sœur
« du duc de Volberg, et... » (S'interrompant.) Et nièce de madame la comtesse de Lichsteinstein ; car c'est ma nièce...
voilà ce qu'on aurait dû ajouter... mais ces gazetiers n'y
entendent rien, même ceux de la cour... et à moins de faire
les articles soi-même... (Continuant.) « La belle mademoiselle
« de Volberg, malgré ses biens confisqués en France pen-
« dant la révolution, est encore une des plus riches héri-
« tières d'Allemagne... » (S'interrompant.) Et, ce qui vaut
mieux, une des plus nobles ! (Continuant.) « C'est, dit-on, à
« la fin de novembre, que ce mariage doit se célébrer dans
« son château de Volberg, en Moravie ! » Nous y voici ! et
comme c'est moi qui sers de mère à ma nièce, j'aurai soin
que tout se passe dans les plus strictes règles de l'étiquette
allemande.

SCÈNE II.

LA COMTESSE, TIENNETTE.

LA COMTESSE.
Eh bien! mademoiselle Tiennette, quelle nouvelle?

TIENNETTE.
Aucune, madame la comtesse; ni M. le duc de Volberg, votre neveu, ni M. de Libnitz, le fiancé, ne sont encore arrivés. C'est étonnant!

LA COMTESSE.
Si ce n'était que cela!... mais c'est inconvenant, d'une haute inconvenance... Et que dit ma nièce?

TIENNETTE.
Elle ne dit rien. Je viens de l'habiller, et l'ai laissée, en toilette de mariée, calme et tranquille dans un grand fauteuil.

LA COMTESSE.
C'est inconcevable! un mariage superbe!... car le comte de Libnitz est neveu de Metternich, favori de l'empereur d'Autriche; et exilées de France, comme nous le sommes, nous retrouvons par là, à la cour de Vienne, un rang, une position.

TIENNETTE.
Ma maîtresse sait bien tout cela!

LA COMTESSE.
Pourquoi alors a-t-elle résisté pendant si longtemps aux instances de son frère et aux miennes?

TIENNETTE, secouant la tête.
Oh! il y avait pour cela des raisons...

LA COMTESSE.
Que tu sais, toi?

TIENNETTE.

Peut-être bien... car en France comme en Allemagne, je n'ai jamais quitté ma maîtresse... elle m'avait défendu de parler, ce qui m'a coûté plus d'une fois... il est vrai qu'à présent, aujourd'hui surtout, on peut se dédommager et tout dire.

LA COMTESSE.

Alors, parle donc!

TIENNETTE.

Eh bien! madame, c'est qu'il y a bien longtemps, en France, et avant de venir ici en Allemagne, ma maîtresse a été mariée!

LA COMTESSE, stupéfaite.

Mariée! mariée! sans qu'on me l'ait dit! et moi qui ai attesté au comte de Libnitz qu'il épousait mademoiselle de Volberg!

TIENNETTE.

Cela n'empêche pas!

LA COMTESSE.

Mariée! et à qui donc? à quelque grand seigneur de l'ancienne cour?

TIENNETTE.

Non, madame.

LA COMTESSE.

Quelle indignité! à quelqu'un du nouveau régime... elle a eu raison de me cacher un pareil mariage... quelque ministre du Directoire ou du Consulat?

TIENNETTE.

Non, madame, c'était un militaire.

LA COMTESSE, avec mépris.

Un général de la république?

TIENNETTE.

Non, madame. (A demi-voix.) Un soldat, un paysan!

20.

LA COMTESSE, avec indignation.

Tiennette! vous m'insultez... vous insultez notre famille!

TIENNETTE.

Mais, madame...

LA COMTESSE.

Sortez!

TIENNETTE.

Comme vous voudrez... je ne dirai plus rien, mais ça n'empêche pas que cela n'ait été vrai.

LA COMTESSE, la rappelant.

Attendez donc! je me rappelle maintenant... quand ma nièce était si malade, est arrivée pour elle une lettre que j'ai ouverte, une lettre sans orthographe, et si extravagante, que je me suis bien gardée de la lui montrer. C'était signé Roger, sergent.

TIENNETTE.

C'est bien cela.

LA COMTESSE, vivement.

Et comment se fait-il?... parle donc! parle bas!

TIENNETTE.

Laissez-moi le temps d'abord! Il y a qu'à Dunkerque, le jour même où M. de Volberg, votre neveu, s'échappait, arriva chez nous avec un billet de logement un jeune soldat, que par un embrouillamini trop long à vous expliquer, on prit d'abord pour le frère, et puis pour le mari de mademoiselle... ce qu'on leur laissa croire, parce que cela favorisait d'autant l'évasion de votre neveu.

LA COMTESSE.

Je comprends et respire... c'était une feinte, une ruse... inconvenante peut-être, mais jusqu'à un certain point permise pour sauver un frère.

TIENNETTE.

Attendez donc... Lorsque le lendemain, dans la ville de

Dunkerque, on sut décidément que le vrai duc de Volberg s'était échappé, grâce aux soins de sa sœur, le peuple ameuté enfonce la maison de mademoiselle pour la tuer, pour nous tuer tous... et alors, Roger, ce jeune soldat qui était avec nous, se jette devant elle, le sabre à la main, et, profitant du mensonge de la veille, déclare à haute voix qu'elle était sa femme et qu'il la défendrait! et ses camarades du régiment qui étaient là, dans la foule, prirent parti pour lui, et ils criaient tout haut qu'ils ne laisseraient pas conduire à l'échafaud la femme d'un défenseur de la patrie; et comme alors on respectait l'uniforme, le représentant du peuple, quoique furieux, répondit : « Si la ci-devant est réellement la femme du citoyen soldat, on lui fera grâce. Que l'on nous prouve seulement qu'ils sont mariés. » Et tout le monde répondit : « C'est juste, où est votre extrait de mariage ? » Et vous jugez de l'embarras de ma maîtresse et du pauvre soldat, qui répondit brusquement : « Est-ce que j'en ai ? est-ce qu'un soldat porte sur lui d'autres papiers que celui de ses cartouches ? — Soit ! dit le représentant. A quelle époque avez-vous été mariés ? — Il y a un an. — Dans quelle ville ? A quelle municipalité ? » Ah ! dame, ce pauvre jeune homme ne savait que dire ; mais à tout hasard, et pour gagner du temps, il répondit : « Dans la ville de Lyon, aux Brotteaux. — On y enverra, dit froidement le représentant. Si vous avez dit vrai, vous êtes libres, sinon votre tête tombera à tous deux, et pendant les dix jours nécessaires pour aller à Lyon et en revenir, vous resterez dans la maison de la citoyenne, et sous la surveillance d'un municipal ! » Ce qui fut fait.

LA COMTESSE.

Impossible de s'échapper ?

TIENNETTE.

Pas moyen !

LA COMTESSE.

Et pendant dix jours logés sous le même toit ?

TIENNETTE.

Si ce n'était que cela...

LA COMTESSE.

Qu'est-ce que tu dis?

TIENNETTE.

Je dis... je dis que le soir, quand je voulus donner à M. le soldat un appartement séparé... « Pourquoi donc? s'écria le municipal... est-ce qu'ils ne seraient pas mari et femme? est-ce qu'on aurait trompé la nation? » Et alors...

LA COMTESSE, effrayée.

Ah! mon Dieu!

TIENNETTE.

Dame! pour ne pas éveiller les soupçons et par égard pour la nation...

LA COMTESSE.

Mais c'est affreux!

TIENNETTE.

Une chambre immense... lui, dans un grand fauteuil, bien loin.

LA COMTESSE.

C'est égal.

TIENNETTE.

Et je vous jure que l'on pouvait dormir tranquille sous la sauvegarde de son honneur, car il se serait fait tuer pour mademoiselle, et à peine osait-il la regarder ou lui adresser la parole.

LA COMTESSE.

A la bonne heure!

TIENNETTE.

C'était tout naturel! une grande dame, une duchesse, et lui, un simple soldat, le fils d'un fermier, sans éducation, mais plein de générosité et de si nobles sentiments... oubliant pour nous les périls qu'il courait ; renonçant, sans se plaindre, à sa patrie, à son vieux père, à son avenir, car on attendait de jour en jour le messager envoyé à Lyon, et il revint enfin, à notre grande frayeur.

LA COMTESSE.

Eh bien ?

TIENNETTE.

Eh bien ! il annonça que, lors du siége et du bombardement de la ville, la municipalité des Brotteaux avait été incendiée...

LA COMTESSE.

Dieu soit loué !

TIENNETTE.

Ainsi que les papiers de l'état civil.

LA COMTESSE.

Plus rien à craindre !

TIENNETTE.

Ah ! bien oui ! « S'il en est ainsi, s'écria le représentant du peuple, il n'y a pas de loi qui défende d'épouser une seconde fois sa femme, et s'il est vrai que ce mariage ait déjà eu lieu, rien n'empêche de le renouveler ici. »

LA COMTESSE, vivement.

Je m'y oppose, je m'y oppose ! ma nièce devait refuser.

TIENNETTE.

C'est bien aisé à dire ; mais il y allait de la tête ; et puis Roger lui disait à voix basse : « Mademoiselle, ce mariage est nul devant le ciel, et dès que vous le voudrez, dès que vous le pourrez sans danger, vous n'aurez qu'un mot à dire ; je suis prêt à demander moi-même le divorce... fiez-vous à l'honneur d'un soldat ! » Moi, d'abord, j'aurais eu confiance... Mademoiselle fit comme moi, et devant M. Sauvageon, le maire de Dunkerque...

LA COMTESSE.

O ciel ! elle a donc été madame Roger !

TIENNETTE.

Mieux encore... la citoyenne Roger !

LA COMTESSE, se cachant la tête dans ses mains.

Ah ! quelle indignité !

TIENNETTE.

En quoi donc ?... elle était libre... elle n'avait plus rien à craindre... Roger devait rejoindre son régiment, et, protégées par lui, nous traversâmes la France entière... la duchesse de Volberg, la grande dame, eût à chaque pas rencontré la mort ou la prison ; mais partout on respectait la femme du soldat ; et lorsque, arrivés à la frontière, il fallut se séparer, je le vois encore, lui, si brave, était pâle et tremblant. « Adieu ! dit-il ; vous avez ma promesse, et dès que vous le voudrez, je signerai le divorce ; mais vous n'en aurez pas besoin, car je vais me battre, et bientôt, je l'espère, vous serez veuve... » Pauvre jeune homme !... Il me semble que je le vois encore... (Tout émue.) Ah ! je ne l'oublierai jamais !... (A la comtesse.) Et c'est peut-être à ça qu'avait rapport la lettre qu'il avait écrite ?

LA COMTESSE.

A peu près ; il était dangereusement blessé ; et avant de mourir il avouait à ma nièce qu'il l'aimait !

TIENNETTE.

O ciel !

LA COMTESSE.

Cela t'indigne !

TIENNETTE, à part.

Non, je m'en doutais !... (Haut.) Et vous avez répondu ?

LA COMTESSE.

Je ne le voulais pas ; mais comme il parlait de services rendus à ma nièce, je lui envoyai en son nom, et sans lui en rien dire, une centaine de louis !

TIENNETTE.

Qu'avez-vous fait ?

LA COMTESSE.

Pour qu'il fût plus convenablement enterré.

TIENNETTE.

Ce n'est pas possible !

LA COMTESSE, vivement.

Est-ce qu'il ne le serait pas... est-ce qu'il ne serait pas mort ?

TIENNETTE.

Eh ! si vraiment ! ce n'est que trop vrai !... malgré toutes ses recherches, et depuis un an seulement, mademoiselle a appris que le nommé Roger, parti soldat et devenu lieutenant, avait été tué à Marengo ; l'acte bien en forme lui a été expédié. C'est pour ça que pendant un an ma maîtresse n'a pas voulu quitter le noir ; et voilà comment elle s'est trouvée mariée, veuve et demoiselle !

LA COMTESSE.

La voici, laisse-nous.

TIENNETTE.

Mais vous ne lui direz rien ?

LA COMTESSE.

Sois donc tranquille... je suis là à lire la gazette.

(Tiennette sort.)

SCÈNE III.

LA COMTESSE, à la table à droite, lisant la gazette, RÉGINE, en toilette de mariée, entrant par la porte à gauche.

RÉGINE, s'avançant en rêvant sur le bord du théâtre.

AIR.

Ces liens ignorés sont brisés pour jamais !
Il est mort loin de nous, sans avoir pu connaître
Quelle reconnaissance en mon âme ont fait naître
    Son dévoûment et ses bienfaits !

Cette fatale image,
Qui me poursuit toujours,
Comme un sombre nuage
Attristera mes jours.
Il a dû dire : Elle m'oublie !
Celle à qui j'ai donné ma foi,
Celle à qui j'ai donné ma vie,
N'a pas un souvenir pour moi !...

LA COMTESSE, voyant Régine plongée dans sa rêverie.

Mais, ma nièce, qu'avez-vous donc ? .

RÉGINE.

Qui moi ?... moi, non, je n'ai rien !
Je suis gaie, et vous le voyez bien !...

Pardon, pardon, ma tante,
Je sens qu'au fond du cœur
Je dois être contente,
C'est un jour de bonheur !
Aussi voilà
Que je souris déjà.
D'une telle alliance
L'espoir flatteur
Peut tout donner, je pense,
(A part.)
Hors le bonheur !

Pardon, pardon, ma tante, etc.

SCÈNE IV.

LES MÊMES ; TIENNETTE, rentrant avec agitation.

TIENNETTE.

Madame ! madame !

LA COMTESSE.

Eh bien ! est-ce enfin le prétendu ?

TIENNETTE.

Non, mais voici de ses nouvelles !

LA COMTESSE.

Il ne vient pas lui-même ?

TIENNETTE.

C'est un messager, déguisé en paysan, qui apporte cette lettre de la part de M. votre frère et du chambellan.

LA COMTESSE, avec inquiétude.

Qu'est-ce que cela signifie ?

RÉGINE.

Ils auront été retardés malgré eux... les chemins sont si mauvais en Moravie, surtout à cause du passage des troupes...

TIENNETTE.

Alors on part plus tôt... un prétendu doit toujours être pressé.

RÉGINE, souriant.

Pas en Allemagne, à ce qu'il paraît.

LA COMTESSE, qui a parcouru la lettre.

Ah! mon Dieu! voici bien d'autres nouvelles ; ils nous engagent à fuir au plus vite.

RÉGINE et TIENNETTE.

Et pourquoi donc ?

LA COMTESSE.

Parce qu'il y en a d'autres qui arrivent.

RÉGINE.

Et qui donc ?

LA COMTESSE.

Les Français !

RÉGINE.

Ah ! mon Dieu !

LA COMTESSE.

Eh ! oui, vraiment ! les Français ! Ils sont fous, ils perdent la tête ; ils ne savent plus ce qu'ils font ni où ils vont...

Voilà quinze jours qu'ils étaient cernés par les armées russes et autrichiennes, et, au lieu de se tenir tranquilles, ils viennent d'improviser une marche, une manœuvre à laquelle on ne comprend rien, pas même le chambellan, qui, coupé par leur changement d'opérations, est tombé entre leurs mains, ainsi que votre frère !

RÉGINE.

Est-il possible !...

LA COMTESSE.

Prisonnier ! ma chère... prisonnier !... un prétendu qui venait pour se marier en bas de soie et l'épée au côté... Ils l'ont pris !... c'est lui qui nous l'écrit... Les Français concentrent toutes leurs forces de ce côté, autour d'un mauvais petit village qu'on appelle, je crois, Austerlitz, et qui se trouve justement à trois lieues d'ici.

RÉGINE.

Eh bien ! ma tante ?...

LA COMTESSE.

Eh bien ! ma nièce, ils vont arriver, s'emparer de ce château, mettre tout à feu et à sang !

TIENNETTE.

Certainement, car les paysans qui se sont sauvés m'ont annoncé qu'ils avaient aperçu de loin les uniformes de la garde.

RÉGINE.

Eh bien ?

LA COMTESSE.

Eh bien ! ce seul mot ne vous fait pas frémir !... un régiment de la garde qui se dirige de ce côté... la garde impériale, ma nièce !... mais c'est tout dire !... ils ne respectent ni l'âge, ni le rang, ni les enfants, ni les femmes.

RÉGINE.

Laissez donc !

LA COMTESSE.

Les femmes nobles surtout !... et nous qui avons dix-huit quartiers... trois cents ans de noblesse... c'est à faire frémir !... qu'est-ce qui nous attend, bon Dieu !

RÉGINE.

Eh ! ma tante, nous ne risquons rien !

TIENNETTE.

Vous croyez, mademoiselle ?

RÉGINE.

Eh oui ! sans doute !... la garde impériale n'attaque que l'ennemi... et nous sommes des Françaises, des compatriotes.

LA COMTESSE.

Des transfuges... raison de plus ! car ce M. Bonaparte, qui les commande, n'a ni égards ni galanterie... tel chef, tels soldats... Et un jour de mariage encore !... c'est une fatalité... il semble impossible que cette enfant-là soit mariée tranquillement et régulièrement !... Écoutez !

(On entend au dehors le bruit d'une marche militaire.)

COUPLETS.

Premier couplet.

Oui, de la garde impériale
J'entends les fifres, les tambours !
Et de leur rage cannibale
Avant tout préservons mes jours !
   Divine Providence !
   Toi qui vois ma frayeur,
   Sauve mon existence,
   Et surtout mon honneur !

Ensemble.

RÉGINE et TIENNETTE.

Comme elle a peur !

LA COMTESSE.

Ah ! que j'ai peur !

LE CHOEUR, en dehors.

Vive l'empereur!

Deuxième couplet.

LA COMTESSE, regardant les portraits du salon.

Vous, les auteurs de ma noblesse,
O mes ancêtres glorieux!
Ne livrez pas une comtesse
Aux mains d'un soldat sans aïeux!
   Donnez la préférence
   A quelque grand seigneur;
   Sauvez notre existence,
   Et surtout notre honneur!

Ensemble.

TIENNETTE et RÉGINE.

Comme elle a peur!

LA COMTESSE.

Ah! que j'ai peur!

LE CHOEUR, en dehors.

Vive l'empereur!

(Régine et Tiennette entrent dans l'appartement à gauche. Le bruit des tambours et de la musique militaire redouble; la comtesse aperçoit quelques officiers.)

LA COMTESSE, jetant un cri.

Ah! les horribles figures!...

(Elle se précipite sur les pas de Régine, dans l'appartement à gauche.)

SCÈNE V.

PLUSIEURS OFFICIERS, au fond du théâtre; ROGER, entrant, suivi de QUELQUES DOMESTIQUES; UN SOLDAT.

ROGER, à un soldat.

Rassure de ma part les maîtres de ce château; dis-leur que je demande la permission de leur présenter mes respects et de déjeuner avec eux. (Le soldat entre dans l'appartement à gauche. A un officier.) Vous ferez préparer les logements de l'empereur ; il établit ici ce soir son quartier général... et demain, sans doute, la bataille !... la bataille des trois empereurs !... elle sera belle celle-là !... (Avec tristesse.) Heureux ceux de nous qui pourront la raconter !... (Gaiement.) En attendant, messieurs, prenez du repos; après huit heures de marche, on en a besoin... et puis il faut être beaux pour la fête de demain !

(Les officiers sortent.)

LE SOLDAT, sortant de l'appartement à gauche.

Mon colonel, je n'ai trouvé là-dedans qu'une femme sans éducation et sans usage du monde, qui a caché sa tête dans ses mains pour ne pas me voir !

ROGER.

Elle est bien difficile !... une moustache qui a été à Marengo !

LE SOLDAT.

Et quand je lui ai fait part de votre invitation, elle s'est écriée : Déjeuner avec votre colonel !... plutôt mourir !

ROGER.

Qu'elle vive, mon camarade ! et moi aussi !... je déjeunerai sans elle... Dis au maître d'hôtel du château de me monter...

LE SOLDAT.

Quoi donc, mon colonel ?

ROGER.

Ce qu'il y aura... le même déjeuner que ces dames... (Le soldat sort par la porte du fond. A un domestique.) Vous direz cependant à votre maîtresse qu'elle tâche de vaincre son aversion pour les colonels, et qu'elle m'accorde dans une heure cinq minutes d'entretien... il le faut, dans son intérêt... (Le domestique s'incline et sort.) En attendant, je m'établis dans ce salon... et qu'on me laisse tranquille, si c'est possible !

UN AUTRE SOLDAT, entrant.

On demande à parler à M. le colonel !

ROGER, assis.

Déjà !... je n'y suis pas !

LE SOLDAT.

C'est de la part de l'empereur !

ROGER, se levant vivement.

C'est différent ! faites entrer !

SCÈNE VI.

ROGER, s'asseyant près de la table, **SAUVAGEON**, entrant d'un air intimidé.

SAUVAGEON, timidement.

M. le colonel Roger, colonel d'état-major, aide de camp de Sa Majesté l'empereur et roi ?

ROGER.

C'est moi, monsieur ; qu'y a-t-il pour votre service ?

SAUVAGEON.

Il y a, monsieur...

ROGER, regardant Sauvageon.

C'est étonnant !... voilà une physionomie singulière... je veux dire qui ne m'est pas inconnue.

SAUVAGEON.

C'est bien de l'honneur pour elle... du reste, elle est assez remarquable pour ne pas l'oublier quand une fois on l'a vue... Sauvageon, munitionnaire général, fournisseur des armées de l'empire !

ROGER.

C'est cela même !... vous étiez, il y a quelques années, à Dunkerque ?

SAUVAGEON.

J'en ai été maire !

ROGER, souriant.

Je le sais bien !

SAUVAGEON, le regardant.

Et je crois en effet me rappeler... je ne suis pas sûr... car, depuis quelques années, j'ai tant vu d'uniformes, de shakos et de bonnets à poil, que tout cela s'embrouille... sans compter que ce matin j'ai peur... et que la peur trouble les objets. (Un domestique apporte un plateau de thé qu'il place sur la table à gauche.)

ROGER, souriant.

Peur ! en vérité... Voyons alors ce qui vous amène... plus tard, nous renouvellerons connaissance... Voulez-vous d'abord déjeuner avec moi ?

SAUVAGEON.

Je n'ai pas faim, à cause de ce que je vous disais tout à l'heure.

ROGER.

Vous ne m'avez encore rien dit.

SAUVAGEON.

J'ai eu l'honneur de vous dire que j'avais peur.

ROGER.

C'est juste !... et ça ne vous quitte pas ?

SAUVAGEON.

Ça ne me quitte jamais.

ROGER.

Même ici, avec moi ?

SAUVAGEON.

Raison de plus... parce que c'est de vous que dépend mon sort.

ROGER.

Que diable cela peut-il être ?... Asseyez-vous alors, et parlez. (Voyant le déjeuner.) Diable ! du thé... c'est léger. (A

Sauvageon s'asseyant sur le bord de sa chaise.) Asseyez-vous tout à fait !

SAUVAGEON.

Colonel, Sa Majesté l'empereur vous aime beaucoup !

ROGER, déjeunant.

C'est vrai !... il n'a jamais perdu une occasion de m'envoyer aux coups de fusil... il a été pour moi un ami, un père... il m'a pris soldat et m'a fait colonel... aussi, quoi qu'il ordonne de moi... sa volonté soit faite !

SAUVAGEON, tremblant et se levant.

Vive l'empereur !

ROGER, brusquement.

Après ?

SAUVAGEON, se rasseyant vivement.

Jusqu'à présent, cependant, il ne s'est pas encore occupé de votre fortune ?

ROGER.

Ma foi, non... il n'y a jamais songé... ni moi non plus... seulement, l'autre jour, il m'a dit en me frappant sur l'épaule : « Sais-tu bien, Roger, que tu n'as pas le sou ?... — C'est vrai! Sire... mais que m'importe ! les affaires vont bien. — Les miennes, oui ! a-t-il répondu... mais les tiennes, il faudrait pourtant bien y penser un peu !... — Cela vous regarde, Sire. — C'est juste ! nous verrons cela... » Il m'a pincé l'oreille à me faire crier; ce qui est la plus grande marque de faveur... et depuis, il ne m'en a plus parlé.

SAUVAGEON.

Voilà justement l'affaire !... c'est pour cela que je viens !

ROGER.

Vous, monsieur Sauvageon ?

SAUVAGEON.

Écoutez! j'ai été fournisseur sous la république et sous

l'empire... j'ai mené cela avec intelligence et frayeur... c'est-à-dire que je tremblais toujours de perdre; ce qui fait que j'ai gagné beaucoup!... je vous dirai même à vous, à vous seul, que j'ai gagné des sommes immenses!

ROGER.

Eh bien?

SAUVAGEON.

Eh bien! je ne sais pas qui, à ce propos-là, s'est permis de faire des rapports à l'empereur, des rapports écrits; et l'empereur, qui n'a pas le temps de calculer, ni d'examiner les chiffres, s'est écrié : « Des gains aussi insolents, une fortune aussi audacieuse!... » Je vous le demande? moi, qui l'ai faite en tremblant... Et dans le premier moment, il a dit : « Qu'on le fusille! »

ROGER.

Vous?

SAUVAGEON.

Moi! Sauvageon!... ce qui est absurde! ce qui ne peut pas être.... aussi, j'ai regardé cela comme une mauvaise plaisanterie, qui a manqué me faire mourir de frayeur... et j'ai couru me jeter aux pieds de Sa Majesté, lui prouver que j'étais un honnête homme, un père de famille malheureux.

ROGER.

Vous êtes donc marié?

SAUVAGEON.

Depuis quelques années... j'ai épousé sous le directoire, et de peur de perdre ma place, la veuve d'un directeur, qui vous le dira... il existe encore... une veuve qui avait plusieurs enfants... et quand j'ai parlé à l'empereur de ma famille éplorée... il n'y a que cela qui ait paru le toucher : « Vous avez des enfants? — Trois, Sire! — Et des filles? — Une, Sire! — Son âge? — Dix-huit ans, Sire! — C'est heureux pour vous. Écoutez, je vous fais grâce de la vie, et même je ne confisquerai pas vos biens, à une condition!

21.

— Laquelle, Sire ? — C'est que vous donnerez votre fille en mariage au colonel Roger, mon aide de camp. »

ROGER.

A moi ?

SAUVAGEON.

Avec deux millions de dot !

ROGER.

Est-il possible ?

SAUVAGEON.

Je viens vous les offrir et vous supplier de les accepter !

ROGER.

Y pensez-vous ?

SAUVAGEON.

Pour sauver les six autres ! faites-moi ce plaisir-là, je vous en conjure ; ce sera une des meilleures affaires que j'aurai faites de ma vie !

ROGER.

Permettez !...

SAUVAGEON.

En voulez-vous trois ? j'irai jusque-là... car, si vous refusez, si l'empereur se fâche, si je suis fusillé... qu'est-ce que je ferai des autres ? Allons, colonel, vous aurez pitié d'un beau-père tremblant... vous accepterez... qu'est-ce que ça vous coûte à vous, je vous le demande ?

ROGER.

Ça me coûte... que quand même je le voudrais...

SAUVAGEON.

L'empereur a dit : Je le veux !

ROGER.

Ça ne se pourrait pas, c'est impossible !

SAUVAGEON.

Je vous répète que l'empereur a dit : Je le veux !

ROGER.

Si, par exemple, j'étais déjà marié?

SAUVAGEON.

Marié!

ROGER, gaiement.

C'est la première fois que cela m'aura servi à quelque chose.

SAUVAGEON.

Marié! qu'est-ce que vous me dites là!... qui aurait fait une bêtise pareille?

ROGER.

Vous, monsieur Sauvageon.

SAUVAGEON.

Moi!

ROGER.

Vous-même, qui, il y a quelques années, revêtu de votre écharpe municipale, et en présence de deux ou trois mille témoins, avez uni Roger, soldat à la trente-deuxième demi-brigade, avec mademoiselle Régine de Volberg, une grande dame.

SAUVAGEON.

Ah! mon Dieu!... comment! ce serait!... quelle fatalité!... Mais ce mariage-là est nul... il y a eu contrainte... il y a eu violence; ceux qui l'ont fait n'avaient pas le sens commun... je le dirai... ou plutôt, nous nous effrayons pour rien... car moi je commence toujours par là!... vous êtes libre, mon cher ami, vous êtes libre!

ROGER.

Comment cela?

SAUVAGEON.

Mademoiselle de Volberg, en retournant en Allemagne, au sein de sa famille, qui y possède d'immenses propriétés... a été atteinte d'une maladie terrible, dont elle a dû mourir...

dont elle est morte... une fièvre qui l'a emportée... on l'a dit en France, et vous avez dû l'apprendre !

ROGER.

Non, vraiment... blessé moi-même dangereusement et croyant mourir, je lui avais écrit.

SAUVAGEON.

Eh bien ?

ROGER, avec une colère concentrée.

Eh bien ! elle m'a répondu par la lettre la plus sèche, la plus humiliante ! pas un mot d'amitié... et de l'or... de l'or à moi, qui avais sauvé ses jours... à moi qui lui avais donné ma vie, ma liberté !... ah ! plus encore ! (Vivement.) Vous vous doutez bien que j'ai renvoyé sur-le-champ ses présents, et mon consentement à un divorce que j'avais promis, et que je réclamais moi-même avec instance. Mais alors nous nous battions en Italie, contre les Autrichiens... ma lettre est-elle arrivée ? L'or qui l'accompagnait ne l'a-t-elle pas empêchée de parvenir ?... je n'en sais rien ! Depuis, j'ai été aux Pyramides, à Aboukir... et au retour, blessé, prisonnier, je ne peux rien dire, sinon que le divorce n'a pas été légalement prononcé... et que, dans la position où je me trouve, il m'est impossible d'accepter votre proposition.

SAUVAGEON.

Pourquoi donc ? j'aurai des attestations... des actes authentiques... avec de l'or, on a tout ce qu'on veut... et j'espère bien vous prouver que, grâce au ciel, vous êtes libre... complétement libre !

SCÈNE VII.

Les mêmes ; LA COMTESSE.

ROGER.

Taisez-vous ! c'est la maîtresse du château !

LA COMTESSE, se soutenant à peine.

Monsieur, je me rends à vos ordres, et, puisque vous m'avez fait traîner devant vous...

ROGER, galamment.

Pour vous présenter mes respects, madame, et vous demander pardon de notre brusque arrivée, qui vous dérange peut-être... mais dont il nous a été impossible de vous prévenir.

LA COMTESSE.

Monsieur, n'ajoutez pas l'ironie à l'insulte... tout ce que je vous demande... c'est de préserver ma nièce et moi d'une soldatesque effrénée.

ROGER, étonné.

Eh! madame, qui a pu vous donner de pareilles idées?

LA COMTESSE.

Nous sommes Françaises, monsieur, nous sommes nobles et d'une haute naissance!

ROGER.

Je n'en doute pas!

LA COMTESSE.

Ce château appartient à ma nièce, la duchesse de Volberg.

SAUVAGEON.

Hein! que dites-vous?... la duchesse de Volberg...

ROGER.

Celle qui, pendant la révolution, habitait en France?

SAUVAGEON.

A Dunkerque?

LA COMTESSE.

Oui, monsieur!

SAUVAGEON, à part.

Ah! c'est jouer de malheur! (Haut à la comtesse.) Mademoiselle Régine de Volberg, qui autrefois a été mariée...

ROGER.

A un simple soldat?

LA COMTESSE.

Qu'appelez-vous mariée?... qui oserait le dire?... qui oserait faire un tel affront à notre famille? Il n'y a point eu mariage... il était nul de tout droit... et il l'est de fait, puisque enfin l'individu est mort!

ROGER.

Mort!

LA COMTESSE.

Grâce à Dieu!... et au contentement de ma nièce.

ROGER.

Votre nièce, madame, s'est peut-être trop tôt réjouie!

SCÈNE VIII.

LES MÊMES; TIENNETTE, puis RÉGINE.

TIENNETTE, à la comtesse.

Madame, je venais vous dire... (Regardant Roger et restant stupéfaite. Ici commence la ritournelle du morceau suivant.) Ah! mon Dieu... est-ce possible!... Eh! oui... (S'élançant dans la chambre à gauche et appelant.) Madame! madame!
(La ritournelle du morceau continue; paraît Régine, qui sort de la chambre à gauche.)

QUATUOR.

RÉGINE, regardant Roger.

O ciel!... ces traits...

ROGER, la regardant.

C'est elle!

LA COMTESSE.

Ah! je tremble d'effroi!

RÉGINE, courant à Roger.

Ah ! Roger, mon sauveur ! c'est vous que je revoi !
　　　Et mon âme reconnaissante,
　Peut vous bénir...

ROGER, froidement.
　　　　　De ce soin, votre tante
Déjà s'était chargée !...

RÉGINE.
　　　　Ah ! pour nous quel bonheur !
Cette affreuse nouvelle était donc inexacte ?
On nous avait écrit, qu'hélas ! au champ d'honneur
Le lieutenant Roger était mort...

LA COMTESSE.
　　　　　　Même l'acte
Nous fut transmis dûment légalisé.

RÉGINE.
　　Ce qui nous avait causé...

ROGER, brusquement et avec ironie.
　Une fausse joie, et j'atteste
Que je suis désolé d'un quiproquo funeste ;
Mais dans l'armée il est d'autres soldats que moi
Qui portent ce nom-là... c'est fâcheux ! et je voi
　　Que mon importune présence
Des vôtres et de vous renverse l'espérance !

RÉGINE, étonnée.
　Qu'entends-je, ô ciel !

LA COMTESSE, vivement.
　　　　　　Je sais tout ! j'ai tout dit !
Et monsieur sait par moi que l'hymen qui t'accable
Est pour nous odieux, honteux, insupportable !...

RÉGINE, voulant l'interrompre, en voyant la colère de Roger.
Ma tante...

SAUVAGEON.
　C'est très-bien... point d'éclat, point de bruit !
　Plus de détours... de la franchise !

Ainsi que vous, le colonel
Détestait cet hymen cruel...
S'il faut même qu'on vous le dise,
En ce jour nous lui proposons
Une demoiselle charmante,
Qui lui donne deux millions !

LA COMTESSE.

Et pour ma nièce se présente
Un jeune seigneur de la cour.

ROGER, avec amertume.

Vraiment !

LA COMTESSE.

Un jeune seigneur qui l'adore,
Dont elle partage l'amour !...

ROGER, avec colère.

Vraiment !

SAUVAGEON.

Ah ! c'est bien mieux encore,
Point d'éclat, point de bruit !
C'est charmant, tout est dit !
Tout est d'accord ! et nous pouvons, je pense,
Briser ces nœuds à tous deux odieux.
Par mutuelle intelligence
Qu'ils soient rompus... nous le voulons !

ROGER, avec colère.

Et moi, je ne veux pas !

SAUVAGEON, RÉGINE et LA COMTESSE.

Et pour quelles raisons ?

ROGER.

Je ne veux pas !

LA COMTESSE.

Qu'ai-je entendu ?

ROGER.

Je ne veux pas !

SAUVAGEON anéanti.

Je suis perdu !

Ensemble.

SAUVAGEON.

O ma caisse ! ô ma caisse !
O mes pauvres écus !
O frayeur qui m'oppresse !
Nous sommes tous perdus !

ROGER.

Ah ! c'est trop de faiblesse !
Ces nœuds par moi rompus
Leur causaient trop d'ivresse ;
Que leurs vœux soient déçus !

RÉGINE.

Il trahit sa promesse !
Je ne retrouve plus
L'honneur et la noblesse
Qu'en lui j'avais connus !

LA COMTESSE.

O ma nièce ! ô ma nièce !
L'ai-je bien entendu ?
Il manque à sa promesse ;
Tout est donc méconnu !

ROGER, à Régine, avec colère.

Oui, vos affronts qu'enfin je brave
Furent par moi trop longtemps endurés !
Et si jadis je fus esclave,
A votre tour vous le serez !

SAUVAGEON.

Mais moi, monsieur... dont vous causez la mort,
Prenez pitié de mon sort !
Ecoutez ! ô terreur extrême !
(On entend en dehors des cris de : *Vive l'empereur !*
C'est l'empereur lui-même...
Il établit ici son quartier général
Et du courroux impérial
Rien ne peut me sauver... à moins qu'à ma demande.
Vous n'écriviez que ce refus formel

Vient de vous seul, mon colonel,
Et non de moi...

ROGER.
Pourquoi ?...

SAUVAGEON.
Mon salut le commande !
Écrivez que c'est vous qui tenez pour toujours
A cet hymen...

LA COMTESSE, suppliant Roger.
Monsieur !...

SAUVAGEON, tirant de sa poche un portefeuille et un crayon.
Il y va de mes jours !

ROGER.
Volontiers !...

SAUVAGEON.
O bonté propice !

RÉGINE.
De sa part un pareil refus,
Ah ! je ne le reconnais plus !

Ensemble.

SAUVAGEON.
O ma caisse ! ô ma caisse !
O mes pauvres écus !
O lueur d'allégresse !
Vous me serez rendus !

ROGER.
Ah c'est trop de faiblesse !
Ces nœuds par moi rompus
Leur causaient trop d'ivresse ;
Que leurs vœux soient déçus !

RÉGINE.
Il trahit sa promesse !
Je ne retrouve plus
L'honneur et la noblesse
Qu'en lui j'avais connus !

LA COMTESSE.

O ma nièce ! ô ma nièce !
Tout espoir est perdu !
Il trahit sa promesse !
Et tout est méconnu !

(Sauvageon sort.)

SCÈNE IX.

ROGER, RÉGINE, LA COMTESSE ; puis TIENNETTE.

LA COMTESSE.

Je ne m'attendais pas à une telle violence.

RÉGINE.

Ni moi à un tel procédé.

ROGER, avec amertume.

C'est bien mal, en effet ! et tous les torts sont à moi... j'oubliais que quand on a été utile à une grande dame, à une noble famille... on est trop payé par l'honneur même de leur avoir rendu service !

RÉGINE.

Moi, avoir manqué à la reconnaissance !

ROGER.

Je n'en attendais pas... et de ce côté du moins, je n'ai pas été trompé !

RÉGINE.

Ah ! vous m'accusez à tort ! il n'y a pas de jour où je n'aie prié le ciel pour vous... où je ne me sois rappelé cette conduite si noble, si généreuse... jusqu'ici ; et dans ce moment encore... mon seul chagrin est de ne pas vous reconnaître !

ROGER.

A qui la faute, si ce n'est à celle qui m'a froissé... humilié par ses dédains, et plus encore par ses présents ?

RÉGINE.

Moi, Roger!

ROGER.

Tenez donc! puisque vous l'avez si vite oublié... relisez ce billet qui est toujours resté là... il ne m'a jamais quitté!

RÉGINE, le parcourant.

Cette lettre! cette lettre... cet or qu'on vous offrait, pour payer vos bienfaits... jamais je n'ai écrit cela!

ROGER.

Et qui donc m'a répondu?

LA COMTESSE, avec dignité.

Moi, monsieur, qui n'ai pas cru dans les convenances de montrer à ma nièce la lettre que vous lui aviez adressée, et dont les expressions...

RÉGINE.

Quoi! ma tante... en mon nom... et sans m'en prévenir, vous avez écrit?

ROGER.

Il est donc vrai!... moi, qui si longtemps vous ai accusée!... Ah! madame, que je suis coupable!... je m'en punirai... parlez, dictez mon consentement à ce divorce, objet de tous vos vœux. (A la comtesse.) Ou plutôt, madame, écrivez vous-même, je suis prêt à signer!

LA COMTESSE.

Est-il possible!... ce seul mot nous réconcilie et nous rend trop heureuses... (Elle sonne et dit à Tiennette, qui entre.) Ce qu'il faut pour écrire? (A Roger.) Songez donc, monsieur, un mariage magnifique... auquel il fallait renoncer... un parti superbe... qui lui convient, qu'elle a choisi... qu'elle aime... et puis, plus de mésalliance... vous comprenez... égalité de rang, de naissance...

RÉGINE, voulant la faire taire.

Ma tante...

(Pendant ce temps, Tiennette est rentrée, et a posé sur la table ce qu'il faut pour écrire, et pendant que la comtesse écrit, elle s'approche tout doucement de Roger.)

TIENNETTE, timidement.

Monsieur le colonel, voulez-vous me permettre de vous embrasser?

ROGER, lui sautant au cou.

Ah! Tiennette, toi seule ici me reconnais!

TIENNETTE.

Et ça n'est pas facile... qui dirait que c'est là ce pauvre soldat, si gauche et si timide?... et maintenant, cet air martial et distingué... Ah! vous êtes bien mieux qu'autrefois. (A Régine.) N'est-ce pas, madame?... Mais regardez-le donc!... et puis, ces épaulettes de colonel... Savez-vous que c'est beau de faire ainsi son chemin?... de devoir tout à soi-même, de partir de si bas pour arriver si haut?

ROGER, lui serrant les mains.

Tiennette!

TIENNETTE, regardant Régine.

Et puis colonel, ça mène à tout; ça permet d'aspirer à tout... à Vienne, à la cour, s'il m'en souvient, les colonels et les duchesses, ça allait de pair.

LA COMTESSE, se levant et présentant un papier à Roger.

Voici ce consentement au divorce, bien complet, bien en règle... il n'y a plus qu'à le signer.

TIENNETTE, étonnée.

Que dit-elle?

LA COMTESSE.

Ma nièce d'abord... à vous la première.

RÉGINE, hésitant.

Vous croyez?

LA COMTESSE.

Certainement. (A Roger.) A vous, monsieur!

TIENNETTE, à Roger.

Comment! vous signez?

ROGER.

Certainement, et de grand cœur!

TIENNETTE, avec douleur pendant qu'il signe.

Ah! mon Dieu, mon Dieu! qui aurait dit cela? voilà donc tout fini... Séparés à jamais!

LA COMTESSE.

Grâce au ciel!... et ce n'est pas sans peine!... (Pliant le papier.) Quand il le voudrait maintenant, il n'y a plus moyen de revenir; je me charge de tout régulariser avec les gens d'affaires. (A Régine.) Et maintenant, rien ne s'oppose plus à ton mariage avec le chambellan.

RÉGINE.

Rien... si ce n'est que nous sommes séparés... lui au pouvoir de ces messieurs, et moi prisonnière en ce château; car nous sommes prisonnières, ma tante.

ROGER.

N'est-ce que cela, madame?... je puis vous accorder sa liberté et la vôtre.

LA COMTESSE.

Vraiment, nous pourrions repartir?

ROGER.

Quand vous le voudrez.

LA COMTESSE.

Et pour ne pas être arrêtées en route par des soldats de la garde ou des détachements de votre armée...

ROGER.

Je vous donnerai avant votre départ un sauf-conduit... un laissez-passer, qui vous mettra à l'abri de tout danger.

TIENNETTE, à part.

Ah! c'est trop fort!

LA COMTESSE.

C'est trop de bontés!... Viens, Tiennette, viens tout disposer pour notre départ. (A Régine.) En vérité, ma nièce, me voilà presque de votre avis, il méritait de naître gentilhomme, et je le trouve charmant depuis qu'il n'est plus mon neveu.

TIENNETTE, à part.

Nous laisser partir si généreusement... Ah! que c'est mal à lui!

(Elle sort avec la comtesse.)

SCÈNE X.

ROGER, RÉGINE.

DUO.

ROGER, reprenant son chapeau, et saluant Régine, qui lui rend une révérence.

Maintenant qu'entre nous tout lien est rompu,
Recevez mes adieux! et les derniers peut-être!

RÉGINE.

Les derniers!

ROGER.

Oui, madame!

RÉGINE.

Ai-je bien entendu?
Et pourquoi, s'il vous plaît? faites-le-moi connaître!

ROGER.

Demain, notre empereur, dans les champs d'Austerlitz
Doit livrer la bataille à tous ses ennemis!...

RÉGINE.

Et Dieu, qui tant de fois exauça ma prière,
Sur vous encor veillera, je l'espère!

ROGER.

Ne le désirez pas!

RÉGINE.
Pourquoi ?

ROGER.
Ah ! c'est qu'il n'est rien, selon moi,
De plus affreux qu'une existence
Sans avenir, sans espérance !

RÉGINE.
Mais la vôtre est si belle !

ROGER.
Ah ! le ciel en courroux
L'a vouée au malheur !

RÉGINE.
Comment ?... cela m'étonne !
Comment ?

ROGER.
C'est mon secret... un secret que personne
Ne connaîtra jamais !

RÉGINE.
Même moi ?

ROGER.
Même vous !

RÉGINE.

ROMANCE.
Premier couplet.

Ah ! parlez, je vous en supplie !
Qu'au mien votre cœur se confie !
Ne suis-je donc plus votre amie ?
Déjà l'avez-vous oublié ?...
Votre douleur devient la mienne !
Car désormais, plaisir ou peine,
Je prétends que tout m'appartienne,
Et soit à moi pour la moitié !
Tout se partage en amitié,
On doit tout dire à l'amitié !

Deuxième couplet.

Ce secret qui trouble votre âme,
Votre amie ici le réclame,
Car je ne suis plus votre femme,
Et tout peut m'être confié!
Dans un destin tel que le nôtre
On doit tout dire l'un à l'autre...
Et ce secret n'est plus le vôtre!
Il est à moi, pour la moitié;
Tout se partage en amitié,
On doit tout dire à l'amitié!

ROGER.

Eh bien! c'est un amour sans espoir... impossible;
De celle que j'aimais le cœur est insensible;
Un seul de ses regards m'a toujours fait trembler,
Et si de mon amour j'osais jamais parler...

Le dédain, la colère,
Dans cette âme si fière
A l'instant feraient taire
Tout autre sentiment!
Son regard redoutable
Et me glace et m'accable;
La mort est préférable
A ce cruel tourment!

RÉGINE, souriant.

Quoi! vraiment! la colère,
Dans cette âme si fière
A l'instant ferait taire
Tout autre sentiment!
Cela n'est pas croyable!
C'est vraiment une fable!
Son pouvoir redoutable
Ne peut être aussi grand!

ROGER.

Oui, madame, jamais mon cœur n'aurait l'audace
De braver son courroux... il y va de mes jours!
Que je parle ou me taise...

RÉGINE.
           Alors, à votre place,
Je parlerais toujours.

ROGER.
     Vous croyez?... Au fait, quand j'y pense,
On peut toujours parler... et puis mourir après...
Eh bien! celle que j'aime, et que toujours j'aimais,
Celle que sans espoir j'adorais en silence,
Et qui d'un tel aveu bientôt s'indignera,
C'est vous!

RÉGINE, vivement.
Comment, monsieur?

ROGER, avec effroi.
            La!... vous voyez déjà!

Ensemble.

ROGER.
Le dédain, la colère
Dans votre âme si fière
A l'instant ont fait taire
Tout autre sentiment!
Son regard redoutable
Et me glace et m'accable.
La mort est préférable
A ce cruel tourment.

RÉGINE.
Dieu! qu'entends-je? et que faire?...
La fierté, la colère
Ici doivent se taire
Devant l'étonnement!
D'un regard redoutable
Quoi! c'est moi qui l'accable!
Ah! ce n'est pas croyable!
C'est vraiment surprenant!

(A la fin de l'ensemble, Roger va pour sortir par la porte du fond.)

SCÈNE XI.

Les mêmes; SAUVAGEON, LA COMTESSE; puis TIENNETTE.

SAUVAGEON, arrêtant Roger.

Eh bien ! où courez-vous donc ?... quand je viens vous annoncer des nouvelles, d'excellentes nouvelles... j'ai vu l'empereur !

ROGER.

Vous !

SAUVAGEON.

C'est-à-dire, je voulais le voir, il n'a pas voulu ; il était dans le salon, assis devant une table, et rêvant sans doute à sa bataille de demain... quand l'officier de service a annoncé M. Sauvageon ; de l'antichambre où j'étais, j'ai entendu Sa Majesté s'écrier : « Qu'il aille se promener ! » ses propres paroles... les paroles du grand homme... Avant de lui obéir, je lui ai fait remettre le billet que vous avez daigné m'écrire et par lequel vous attestez qu'il existe entre vous et mademoiselle un mariage de nom, qui n'a jamais été réellement célébré.

LA COMTESSE.

Heureusement !

ROGER et RÉGINE.

Eh bien ?

SAUVAGEON.

Eh bien ! ce billet, qui devient un autographe bien précieux, le voici, avec quelques lignes au bas de la page ; sa propre écriture, l'écriture du héros... que j'ai eu bien de la peine à déchiffrer.

ROGER.

Donnez... moi, je la connais. (Lisant.) « Un colonel de

« ma garde s'allier à l'ancienne noblesse, cela me convient
« mieux... »

LA COMTESSE, à part.

Mais cela ne me convient pas, à moi.

ROGER, continuant à lire.

« Et j'approuve... je nomme Roger comte de l'empire;
« et, en faveur de cette union, je fais grâce pleine et en-
« tière à M. Sauvageon le jour où le mariage sera réelle-
« ment célébré. »

SAUVAGEON.

Grâce pleine et entière... signé *Napoléon*.

ROGER, froidement.

Oui, c'est écrit.

SAUVAGEON.

*Le jour où le mariage sera réellement célébré... réelle-
ment*, vous devinez, colonel, ce qu'il entend par là ?

ROGER.

Très-bien!... il n'y a qu'une difficulté; c'est que ce mariage ne se fera pas!

SAUVAGEON.

Hein! qu'est-ce que vous me dites là ?

LA COMTESSE.

Que nous sommes tous d'accord; nous avons le consentement de monsieur... son consentement au divorce, écrit et
signé par lui.

SAUVAGEON.

Ce n'est pas possible!

LA COMTESSE, le lui montrant.

Voyez plutôt.

SAUVAGEON, prenant le papier.

Je ne peux pas lire... j'ai comme un nuage devant les
yeux. « Je consens au divorce, et, s'il le faut, je le ré-

« clame... » (A part.) Décidément, c'est à moi qu'il en veut; il semble qu'il se marie ou qu'il divorce exprès pour me perdre... c'est mon arrêt de mort!

LA COMTESSE.

Vous avez lu?

(Régine prend le papier des mains de Sauvageon, qui, tremblant, va le laisser échapper.)

SAUVAGEON, tremblant.

Oui, j'ai cru lire : Qu'on le fusille!... (Passant près de Roger.) Et comment se fait-il, jeune homme?...

ROGER.

Mademoiselle ne pouvait rester unie à un homme qu'elle n'aimait pas... (Regardant Régine.) et qu'elle ne pouvait jamais aimer!

LA COMTESSE, regardant Régine, qui fait un mouvement vers Roger.

Au moment surtout de contracter une alliance aussi brillante avec une personne qu'elle a choisie, qu'elle aime et qu'elle est impatiente de rejoindre. (A Tiennette, qui entre.) Eh bien?...

TIENNETTE.

Eh bien! madame, la voiture est prête.

LA COMTESSE.

Le grand landau?

TIENNETTE.

Oui, madame!

LA COMTESSE.

Alors, pour partir, il ne nous manque plus que le laissez-passer que M. le colonel a bien voulu nous promettre.

ROGER, après un instant d'hésitation.

Je vais l'écrire, madame.

(Pendant la scène suivante, la comtesse va et vient, et rentre plusieurs fois avec Tiennette, apportant des chapeaux, des fourrures.)

22.

FINALE.

ROGER.

O funeste départ! qui m'ôte tout espoir!
Mais l'honneur parle... il faut obéir au devoir!

RÉGINE.

Allons! je dois partir! l'honneur et le devoir
Me défendent ici de former d'autre espoir!

SAUVAGEON.

O funeste départ! qui m'ôte tout espoir!
Pouvais-je soupçonner, hélas! un trait si noir!

CANON.

SAUVAGEON.

Faut-il que j'expire,
Quand ils n'auraient rien,
Rien qu'un mot à dire
Pour sauver mon bien!

ROGER.

O cruel martyre!
Quel sort est le mien!
Il faut, sans rien dire,
Perdre mon seul bien!

RÉGINE, regardant Roger.

Que faire! et que dire?...
Quel trouble est le mien!
Il souffre, il soupire!
Mais il ne dit rien!

RÉGINE, s'approchant de Roger, qui est à la table, pour écrire le laissez-passer.

Eh bien! donc, est-ce écrit?...

ROGER, qui a commencé.

Pas encor, je le crois...

SAUVAGEON à part.

Ah! puissé-je briser la plume entre ses doigts!...

RÉGINE à Roger.

C'est donc bien long!...

ROGER.

Encore un instant, je vous prie...

RÉGINE.

J'attendrai !

ROGER, troublé.

Ce n'est pas ma faute... je ne sais..
Je n'y vois pas !

RÉGINE.

C'est vrai !

(Montrant la seule bougie qui est allumée.)

Cette seule bougie...
N'éclaire pas assez !

(Elle tortille le consentement au divorce qu'elle retire de son corset, l'allume à la première bougie et se met en devoir d'allumer la seconde.)

ROGER, stupéfait, la regardant.

O ciel !...

(Il se lève hors de lui.)

RÉGINE souriant.

Eh bien ! monsieur... y voyez-vous enfin?..

ROGER à ses genoux.

Ah ! je crains que mes yeux ne m'abusent encore !

SCÈNE XII.

LES MÊMES ; LA COMTESSE, entrant par la porte à gauche, suivie de TIENNETTE, portant des cartons à chapeaux.

LA COMTESSE et TIENNETTE.

Que vois-je, ô ciel ?...

SAUVAGEON, se frottant les mains.

Un époux qui l'adore,
Et dont elle veut bien partager le destin !

LA COMTESSE, avec colère.

Cela n'est pas ! cela n'est pas !
Et l'acte de divorce...

RÉGINE.
Hélas !
Par une maladresse extrême,
Sans le vouloir, je l'ai brûlé moi-même...

LA COMTESSE.
Peu m'importe !... jamais je n'y consentirai !
Choisir un roturier, un soldat !...

SAUVAGEON.
Qu'est-ce à dire ?
Un comte, s'il vous plaît... un comte de l'empire...

LA COMTESSE, soupirant.
Oui... de l'empire... hélas !

SAUVAGEON.
Bonheur inespéré !
Ce mariage enfin sera donc célébré !
(A part.)
Je crains toujours quelque obstacle nouveau !
(A la comtesse.)
Je pense que le landau
De madame la comtesse
Doit être prêt ?...

LA COMTESSE, à Régine.
Eh quoi ! ma nièce,
Partirai-je seule ?...
(Régine reste immobile, les yeux baissés.)

SAUVAGEON, offrant la main à la comtesse.
Je vais,
Si vous le permettez...
(A part.)
Et dans nos intérêts...
(Haut.)
Vous escorter.

LA COMTESSE.
Régine !... Elle se tait et baisse
Les yeux !

SAUVAGEON et TIENNETTE.
Venez, retirons-nous,
Et laissons ces heureux époux!

(Sauvegeon entraîne la comtesse, qui sort en regardant Régine. Roger tombe aux pieds de sa femme.)

TABLE

	Pages.
LE FIDÈLE BERGER.	1
MARGUERITE.	115
LA FIGURANTE OU L'AMOUR ET LA DANSE.	187
RÉGINE OU DEUX NUITS.	315

CLICHY. — Impr. PAUL DUPONT, rue du Bac-d'Asnières, 12. (1270—78.)

www.ingramcontent.com/pod-product-compliance
Lightning Source LLC
Chambersburg PA
CBHW052045230426
43671CB00011B/1797